PRÓLOGO POR LUIS PALAU

CUANDO AYUDAR HACE DAÑO

Cómo aliviar la pobreza sin hacer daño al necesitado ni a uno mismo

STEVE CORBETT
y BRIAN FIKKERT

La misión de Editorial Vida es ser la compañía líder en satisfacer las necesidades de las personas con recursos cuyo contenido glorifique al Señor Jesucristo y promueva principios bíblicos.

CUANDO AYUDAR HACE DAÑO
Edición en español publicada por
Editorial Vida – 2022
Nashville, Tennessee

© 2022 por Editorial Vida
Este título también está disponible en formato electrónico.

Publicado originalmente en EUA bajo el título:
   When Helping Hurts
   Copyright © 2017 por Steve Corbett y Brian Fikkert
Publicado con permiso de B&H, One Lifeway Plaza, Nashville TN, 37234
Todos los derechos reservados

Prohibida su reproducción o distribución.

Todos los derechos reservados. Ninguna porción de este libro podrá ser reproducida, almacenada en ningún sistema de recuperación, o transmitida en cualquier forma o por cualquier medio —mecánicos, fotocopias, grabación u otro—, excepto por citas breves en revistas impresas, sin la autorización previa por escrito de la editorial.

A menos que se indique lo contrario todas las citas bíblicas han sido tomadas de La Santa Biblia, Nueva Versión Internacional® NVI® © 1999, 2015 por Biblica, Inc.® Usada con permiso. Reservados todos los derechos en todo el mundo.

Las citas bíblicas marcadas «RVR60» han sido tomadas de la Santa Biblia, Versión Reina-Valera 1960 © 1960 por Sociedades Bíblicas en América Latina, © renovada 1988 por Sociedades Bíblicas Unidas. Usada con permiso. Reina-Valera 1960® es una marca registrada de la American Bible Society y puede ser usada solamente bajo licencia.

Los enlaces de la Internet (sitios web, blog, etc.) y números de teléfono en este libro se ofrecen solo como un recurso. De ninguna manera representan ni implican aprobación o apoyo de parte de Editorial Vida, ni responde la editorial por el contenido de estos sitios web ni números durante la vida de este libro.

Traducción: *Chalmers Center for Economic Development*
Adaptación del diseño al español: *2K Denmark*

ISBN: 978-0-82977-1794-1

CATEGORÍA: Religión / Vida Cristiana / Inspiración

He dedicado la mayor parte de mi vida a ayudar a los cristianos a servir con eficacia a la gente pobre. Este libro está profundamente cimentado en esta convicción. Los autores combinan una teología acertada, una investigación sólida, principios fundamentales y estrategias de probada eficacia para prepararte para un ministerio transformador entre «los más insignificantes de estos», tanto en tu propio país como alrededor del mundo. Sin embargo, sería un error pensar que el poder de este libro está en las herramientas y las técnicas que presenta; más bien, el mensaje central es que necesitamos a Jesucristo para cambiar no solo a los pobres sino también a nosotros mismos.

Te invito a que leas este libro no solo con la mente sino también con el corazón. Medita en los pasajes bíblicos. Reflexiona sobre las preguntas y ejercicios. Pídele al Espíritu Santo que te quiebre y te cambie. No seas simplemente un oidor de la Palabra, sino alguien que la pone en práctica. Tienes que pedirle a Dios que te muestre lo que tu iglesia y tú pueden hacer para ayudar realmente a los pobres sin hacerles daño... y no salir lastimados en el proceso.

DR. JOHN PERKINS *Fundador y presidente emérito, Christian Community Development Association*

Cuando ayudar hace daño es un recurso importante para los cristianos que se preocupan por transformar las vidas de la gente, que tienen una actitud que va más allá del paternalismo y han adoptado una manera integral de amar, como lo hizo Cristo. Steve Corbett y Brian Fikkert comparten conocimientos que nos ayudarán a los que nos preocupamos por los pobres a entender que nuestras propias falencias podrían ser una gran ventaja en la lucha para sanar heridos en un mundo desesperado por esperanza.

NOEL CASTELLANOS *Director general, Christian Community Development Association*

Por más de quince años, he trabajado junto a otros cristianos en iniciativas para tratar con eficacia la pobreza en forma local y en el exterior. Con sinceridad, puedo decir que *Cuando ayudar hace daño* es el mejor libro que he visto que trata este tema. Resulta fácil de entender para los que están comenzando, pero también provee perspectivas enriquecedoras para veteranos. Contiene explicaciones bíblicas sólidas, atractivas historias de los que están al frente de la batalla y prácticos consejos de sentido común; Corbett y Fikkert ofrecen sabiduría esencial que la iglesia de hoy necesita desesperadamente. Este libro hará que muchos lectores se sientan incómodos: revela las maneras dañinas y francamente no bíblicas que las iglesias han adoptado para ayudar a los pobres en sus propias comunidades y en el extranjero a través de misiones a corto plazo. Pero, enseguida, ofrece esperanza de una forma entendible y factible, con nuevas estrategias que afirman de una mejor manera la dignidad y el futuro de los que sufren una pobreza material. Este libro es de lectura obligada para todo cristiano que quiera seguir a Jesús amando al prójimo de una forma genuina y transformadora para ambos.

DRA. AMY SHERMAN *Directora del Sagamore Institute Center on Faith in Communities; autora de Restorers of Hope*

Steve y Brian nos llaman la atención, con un potente y claro llamado a recapacitar y considerar de qué manera estamos aplicando el evangelio a este mundo quebrantado. *Cuando ayudar hace daño* expone los principios y prácticas para transformar nuestras buenas intenciones en un cambio duradero y genuino. No podría recomendar este libro con más entusiasmo.

STEPHAN J. BAUMAN *Vicepresidente ejecutivo de programas, World Relief*

Los evangélicos tienen una gran oportunidad de hacer algo importante en nuestro mundo a través de la iglesia, ahora que ya estamos en el tercer milenio. Corbett y Fikkert aprovechan el creciente impulso de evangelización global que está afectando no solo a nuestro país sino también al mundo entero. Debido a su trabajo local e internacional, a nivel personal y a través del Chalmers Center, Corbett y Fikkert están altamente cualificados para llevar a los ciudadanos motivados del reino en una travesía integral y centrada en Cristo que tendrá enormes beneficios para la gente pobre y para los cristianos en este mundo quebrantado. *Cuando ayudar hace daño* ayudará a los que sufren... y a nosotros también.

DR. RONALD J. SIDER *Presidente, Evangelicals for Social Action; profesor de teología, Ministerio Holístico y Política Social, Palmer Theological Seminary; autor de Cristianos ricos en la era del hambre*

ÍNDICE

Prefacio a la versión en español 7
Prólogo por Luis Palau 9
Presentación 11
Ejercicio de apertura 17
Introducción 19

PARTE 1: Conceptos fundamentales para ayudar sin hacer daño
  1. ¿Por qué vino Jesús al mundo? 31
  2. ¿Cuál es el problema? 53
  3. ¿Ya llegamos? 79

PARTE 2: Principios generales para ayudar sin hacer daño
  4: No toda pobreza es creada igual 113
  5: Dame a los que están cansados, a tus pobres y sus bienes 135
  6: El «McDesarrollo»: más de dos mil quinientos millones
     de personas mal atendidas 153

PARTE 3: Estrategias prácticas para ayudar sin hacer daño
  7: Cómo abordar misiones a corto plazo sin hacer daño
     a largo plazo 175
  8: Sí, en tu propio barrio 197
  9: Y hasta los confines de la Tierra 217

PARTE 4: Empezar a ayudar sin hacer daño
  10: Perdone, ¿tiene algo de cambio? 239
  11: ¡En sus marcas, listos, ya! 261

Unas palabras finales: el paso más importante 289
Apéndice: El proceso de organización de la comunidad 293
Comentarios finales 301
Agradecimientos 303
Notas 305

PREFACIO A LA VERSIÓN EN ESPAÑOL

A todos aquellos individuos, iglesias y organizaciones que nos solicitaron una versión en español, nos complace poder presentarles este libro. Esta versión es una traducción fiel de nuestro libro en inglés, con pequeños ajustes para que pueda ser mejor entendida por el lector hispano. Además, las preguntas y ejercicios al principio y al final de cada capítulo han sido adaptados para una mejor comprensión en el entorno hispano.

Hemos querido extender nuestro mensaje a los hispanohablantes, pero lo hemos hecho con un poco de «temor y temblor», porque nos damos cuenta de que los lectores necesitarán adaptar esta traducción a su propio contexto. En particular, algunos lectores hispanohablantes se sentirán identificados con la figura del «benefactor» que planteamos en este libro, así como otros se identificarán con la del «beneficiado». El lector necesitará determinar con qué rol se identifica para poder aplicar mejor los mensajes de este libro a su vida. Por favor, tengan en cuenta que el libro se escribió originalmente para ayudar a mejorar los esfuerzos que los cristianos norteamericanos de clase media alta hacen para ayudar a los pobres.

Los esfuerzos de muchos norteamericanos para brindar ayuda material a los pobres suelen llevarse a cabo en comunidades hispanohablantes, no solo dentro de Estados Unidos sino también en los propios países de habla hispana. Cada año, miles de equipos de misiones a corto plazo viajan a ayudar a los pobres en estas comunidades. Como resultado de estos viajes, se han llevado a cabo muchos proyectos, y Dios ha usado algunos de maravillosas maneras. Sin embargo, no se deben olvidar los grandes gastos económicos que estos proyectos han ocasionado, así como el daño que se ha hecho por no tomar en cuenta la capacidad y la dignidad de las organizaciones y comunidades receptoras. Al compartir los principios del alivio integral de la pobreza en esta versión en español, animamos a los hispanohablantes a contribuir al crecimiento de ministerios que den a sus beneficiarios más fuerza y confianza en sí mismos, evitando aquellas prácticas que hacen más daño de lo que ayudan. Que sea Dios el que dirija la colaboración entre nosotros para que trabajemos para el bien de todas las personas.

PRÓLOGO

Es un gran honor poder recomendarles este libro. Los cristianos de todo el mundo, con buena fe y con el fin de obedecer la Palabra de Dios, hemos procurado a través de los siglos ayudar a los necesitados, hambrientos, enfermos y a los que precisan ser estimulados para mejorar sus vidas personales y profesionales.

Por otro lado, con esta misma buena fe, los cristianos hemos cometido errores en nuestros esfuerzos al querer ayudar a los pobres y necesitados.

«Así alumbre vuestra luz delante de los hombres, para que vean vuestras buenas obras, y glorifiquen a vuestro padre que está en los cielos», dijo el Señor Jesús (Mateo 5:16, RVR1960).

Pero, ¿cuáles son las buenas obras que glorifican a Dios? ¿Cuáles son las obras que hacen más mal que bien a la hora de ayudar al pueblo de Dios y a los necesitados y los pobres en general? ¿Cómo podemos ayudar sin dañar? Estas son algunas de las preguntas que este libro responde, a la vez que nos enseña con ejemplos vividos, con experiencias históricas, sinceras y claras.

Creo que este libro nos ayudará a todos los cristianos de habla hispana a servir con integridad, amor, sinceridad y sabiduría a los pobres.

«Sabiduría ante todo; adquiere sabiduría; y sobre todas tus posesiones adquiere inteligencia», insta repetidas veces el libro de Proverbios (4:7, RVR60).

Este libro nos ayudará a cumplir este mandato bíblico, tan sabio y tan necesario para esta generación como lo fue para las pasadas.

Luis Palau
Evangelista internacional

PRESENTACIÓN

Muchos de nosotros disfrutamos de un nivel de vida que ha sido inimaginable durante gran parte de la historia humana. Mientras tanto, el 40% de los habitantes de la Tierra hoy en día apenas sobrevive con menos de dos dólares por día. Desde los barrios marginados del centro de las ciudades hasta las zonas más remotas, la pobreza sigue infligiendo dolor, pérdidas y desesperación a millones de personas. La desigualdad socioeconómica entre los que tienen y los que no tienen aumenta en cualquier país a nivel nacional y entre países a nivel mundial.

Si eres un *cristiano* con recursos económicos, tienes una responsabilidad enorme porque, a lo largo de la Escritura, Dios manda a Su pueblo a demostrar compasión por los pobres. En realidad, hacerlo es simplemente parte de la descripción del trabajo de los seguidores de Jesucristo (Mateo 25:31-46). Mientras que el llamado de la Biblia a ocuparse de los pobres trasciende el tiempo y el lugar, los pasajes como 1 Juan 3:17 deben ejercer una influencia particularmente profunda en el corazón y la mente de los cristianos de hoy que gozan de un buen pasar: «Si alguien que posee bienes materiales y ve que su hermano está pasando necesidad y no tiene compasión de él, ¿cómo se puede decir que el amor de Dios habita en él?».

Por supuesto, no hay solamente una fórmula para discernir la manera en la cual cada cristiano debe responder a este mandamiento bíblico. Algunos son llamados a transformar el alivio de la pobreza en su trabajo diario, mientras que otros lo hacen como voluntarios. Algunos son llamados a participar en un ministerio relacional de forma personal, mientras que otros son las personas idóneas para apoyar a los trabajadores que están al frente y ayudar por medio de donaciones económicas, oración y otros tipos de apoyo. Cada cristiano tiene un conjunto especial de dones, llamados y responsabilidades que influirán en el alcance y la forma en la cual cumplirá con el mandato bíblico de ayudar a los pobres.

Además, el ámbito institucional influye mucho en el tipo y la escala de los esfuerzos para aliviar la pobreza. Algunos cristianos son llamados a trabajar en el ámbito gubernamental para influir en las políticas públicas que promuevan la justicia para los pobres. Otros trabajan en el mundo empresarial, donde pueden proveer oportunidades de trabajo para gente desempleada. Muchos cristianos trabajan para iglesias o ministerios que les permiten comunicar abiertamente el amor de Jesucristo, tanto en palabra como en hecho. Y algunos simplemente ministran de forma individual, ayudando a un vecino necesitado a cruzar la calle.

Por último, nadie puede aliviar la pobreza por su propia cuenta. Como todo ser humano, la gente pobre tiene una variedad de necesidades físicas, emocionales, sociales y espirituales. De ahí que las intervenciones apropiadas para ayudar son diversas e incluyen el desarrollo económico, la salud, la educación, la agricultura, la formación espiritual, etc.

En resumen, todos los cristianos tienen la responsabilidad de ayudar a los pobres, pero hay muchas y diferentes maneras de cumplir este mandamiento bíblico.

EL ALCANCE DE ESTE LIBRO

¿Cómo puede un libro ocuparse de toda esta variedad de circunstancias? Todos tenemos algo en común: cada uno de nosotros es llamado a participar en la vida de una iglesia local. Aunque algunos sean líderes y otros simplemente miembros, cada uno tiene la responsabilidad de participar de alguna forma para ayudar a nuestra congregación a ser todo lo que la

Biblia nos llama a ser, y esto incluye cumplir con el mandato bíblico de cuidar a los pobres.

Creemos que la iglesia local desempeña un papel especial en aliviar la pobreza, y nos hace muy felices ver el reciente resurgimiento dentro de las iglesias de ministerios integrales para ayudar a los pobres, tanto en nuestra nación como en otros países. De la misma manera, nos entristecemos cuando vemos iglesias que emplean estrategias para aliviar la pobreza basadas en suposiciones no bíblicas respecto a la naturaleza de la misma y que contravienen las mejores prácticas y metodologías desarrolladas por teóricos y profesionales a lo largo de muchas décadas.

Por todas estas razones, este libro se enfoca en los caminos a seguir con los que una congregación (y sus misioneros) pueden participar para aliviar la pobreza, tanto en su propio país como alrededor del mundo, tomando en cuenta la misión de la iglesia establecida por Dios y la capacidad de una iglesia típica. Sin embargo, los conceptos, principios e intervenciones descritos en este libro pueden ser aplicados en muchos contextos diferentes. Las organizaciones sin fines de lucro descubrirán que los principios y estrategias descritos en este libro se pueden transferir fácilmente a sus ministerios.

La primera parte del libro establece un marco en el cual podemos entender nuestros esfuerzos para aliviar la pobreza, al explicar la naturaleza fundamental de la pobreza, y extrae algunas repercusiones iniciales. La segunda parte construye sobre esta base y aborda tres temas clave que se deben considerar al diseñar e implementar cualquier estrategia para aliviar la pobreza. La tercera parte aplica todos estos conceptos de «desarrollo económico» a un conjunto de estrategias diseñado para aliviar la pobreza material al incrementar los ingresos y los recursos disponibles de la gente. La cuarta parte describe los pasos a seguir para poder comenzar a aplicar los principios de este libro en diferentes ámbitos.

CÓMO USAR ESTE LIBRO

Queremos que Dios use este libro para influir en tu corazón, en tu mente y en tus acciones. Es menos probable que se cumpla este objetivo si simplemente lees el libro. Por eso hemos incluido una sección de preguntas antes de cada capítulo, titulada «Reflexiones iniciales», una sección al final de cada capítulo llamada «Preguntas y ejercicios de reflexión» y algunos otros ejercicios más largos. Es muy importante que te tomes tu tiempo para orar y reflexionar, y completes todos estos ejercicios y preguntas, porque así podrás relacionarte con el material y aplicarlo a tu propia vida. Este libro es apropiado tanto para el estudio individual como grupal. Por ejemplo, se podría estudiar en una escuela dominical, en grupos pequeños o durante reuniones de personal de organizaciones cristianas.

Si el estudio del libro lo realiza un grupo, es importante que el facilitador dé suficiente tiempo para discutir los diferentes temas, porque pueden pasar cosas extraordinarias cuando varias personas debaten preguntas y temas juntas. Los participantes deben leer cada capítulo y completar las preguntas y los ejercicios de antemano, y la mayoría del tiempo de cada reunión debería dedicarse a conversar acerca de las preguntas y los ejercicios del capítulo. Es importante que el facilitador cree un ambiente seguro para que los participantes se sientan cómodos compartiendo sus ideas, debilidades, preguntas y preocupaciones.

Sugerimos varios formatos para las reuniones en grupo, así como un tiempo para asignar a cada espacio. No obstante, los minutos asignados son sugerencias, ya que el facilitador del grupo deberá adaptar el tiempo según el contexto y las necesidades del grupo.

Proponemos el siguiente formato para la *primera* reunión:

- Para no influir en las respuestas de las personas, *no* se debe comenzar la reunión con una introducción al libro.
- Inmediatamente, divide el grupo en subgrupos de unas cinco personas, y pide que cada subgrupo complete el «Ejercicio de apertura» (sobre el huracán) anterior a la introducción. Los subgrupos deben anotar sus planes, preferiblemente en un papel grande (25 minutos).
- Después, pide que cada subgrupo comparta con los demás sus planes para el viaje a la zona de desastre. El facilitador deberá recoger el plan escrito de cada grupo y mantenerlo en un lugar seguro para poder reexaminarlo durante el «Ejercicio ampliado:

Reconsideremos el ejercicio de apertura» al final del capítulo 6 (15 minutos).
- El facilitador pedirá a los miembros del grupo que lean la introducción y el capítulo 1 antes de la siguiente reunión y que respondan las «Reflexiones iniciales» y las «Preguntas y ejercicios de reflexión» del capítulo 1.

Para todas las reuniones posteriores, sugerimos el siguiente formato:
- Los miembros del grupo deberían llegar a la reunión con el capítulo de la semana ya leído y con las «Reflexiones iniciales» y las «Preguntas y ejercicios de reflexión» completas.
- El facilitador pedirá que los miembros del grupo compartan sus respuestas a las «Reflexiones iniciales» que escribieron *antes* de leer el capítulo (5 minutos).
- Después, el facilitador pedirá que los miembros del grupo resuman los puntos principales del capítulo, clarificando las ideas y agregando los puntos claves que no hayan sido mencionados por el grupo (10-15 minutos).
- Por último, el facilitador dirigirá una discusión de las «Preguntas y ejercicios de reflexión» (25-30 minutos).

La única excepción a este formato ocurre en el capítulo 6, donde el «Ejercicio ampliado: Reconsideremos el ejercicio de apertura» al final del capítulo requiere tiempo adicional. Por lo tanto, sugerimos que se realicen dos reuniones sobre el capítulo 6 para permitir suficiente tiempo para la discusión.

Materiales didácticos adicionales

Este libro solo ofrece una introducción a temas muy complejos. A través del texto y en las notas al final, te remitimos a libros adicionales, artículos, páginas *web* y organizaciones que podrán ayudarte a investigar más sobre la materia. Además, el Chalmers Center for Economic Development at Covenant College [Centro para el Desarrollo Económico Chalmers de la Universidad Covenant], al cual estamos afiliados, provee recursos adicionales y cursos de aprendizaje relacionados con todos los contenidos que introducimos en este libro. www.chalmers.org.

Referente a las historias

Hasta donde sabemos, todas las historias del libro son completamente ciertas. Las únicas excepciones son: María, en la página 66, Creekside Community Church, en la página 68, Grace Fellowship Church en la página 222 y Parkview Fellowship en las páginas 239, que, aunque están basadas en uno o más eventos verdaderos, se les han agregado algunos detalles para explicar varios puntos.

Se han cambiado los nombres de los individuos, las iglesias y las organizaciones en las historias para proteger su identidad, excepto en los casos en los que sus nombres se hayan usado previamente en otras publicaciones.

EJERCICIO DE APERTURA

Considera la siguiente situación:

En tu país, un huracán devastó el pueblo más grande de una zona rural lejana. Destruyó muchos de los pequeños negocios, los cuales pertenecían a gente pobre y eran su principal fuente de ingresos. La mayor parte de las tiendas, equipos, materiales e inventarios quedó destruida. Unas semanas después del huracán, tu iglesia decide mandar a un equipo para asistir con la reconstrucción de estos pequeños negocios.

Responde a las siguientes preguntas en grupos de aproximadamente cinco personas. Si lees el libro tú solo, deberías hacerte estas preguntas:

1. ¿Qué harías para planear y preparar el viaje?
2. ¿Qué recursos llevarías?
3. ¿A quién de la iglesia escogerías para que te acompañe en el viaje?
4. ¿Qué haría tu equipo una vez que llegara?
5. ¿Cuáles serían los componentes específicos de tu ministerio?
6. ¿Cómo implementarías cada componente?

Escribe tus respuestas y guárdalas en un lugar seguro. Se te pedirá que reflexiones en ellas más adelante.

INTRODUCCIÓN

MZUNGU

Podía oler el humo de las hierbas que se quemaban. La curandera-hechicera estaba solo a unos pasos de mí y el olor de las hierbas que estaba quemando llenaba mi nariz.

Los demonios huyen cuando se queman las hierbas... ¿esto significa que están presentes en el humo?, pensé.

Crecí como hijo del pastor en un pueblo rural del estado de Wisconsin (Estados Unidos), con una población de 1200 inmigrantes holandeses de cuarta generación, una cultura en la cual no se hablaba nunca de los demonios. Durante toda mi vida, solamente había sido miembro de iglesias presbiterianas teológicamente conservadoras... por lo tanto, mi conocimiento de demonios era bastante débil.

¿Qué pasa si inhalo?, pensé al oler el humo. Pensando que era una pregunta absurda pero a la vez no dispuesto a correr el riesgo, me tapé la nariz lo más discretamente que pude y pedí la protección de Dios.

Esto ocurrió durante la segunda semana mientras enseñaba un curso de microempresas en la Iglesia San Lucas, ubicada en el corazón de un barrio pobre de Kampala, la capital de Uganda. Mis estudiantes eran refugiados que habían escapado de un sufrimiento inconcebible en la guerra civil en el norte del país. En ese momento, estaban tratando de ganarse la vida vendiendo ropa usada, secando pescado o haciendo carbón. Yo había pedido un tiempo sabático como profesor y ya llevaba cinco meses viviendo en Uganda con mi esposa y mis tres hijos.

Elizabeth, la directora de los ministerios de mujeres de una red eclesial importante de Uganda, accedió amablemente a ayudarme a evaluar un plan de estudios que yo estaba preparando, que se basaba en formación bíblica para microempresas. Elizabeth aceptó traducir mis lecciones y, mientras ella enseñaba los cursos en un barrio muy pobre cada lunes, yo observaría las clases y administraría unos cuestionarios de seguimiento. Pero ahora, por alguna razón, habíamos dejado de encargarnos de dólares y centavos para lidiar con demonios y humo. Así empezó todo...

—¿Ha hecho Dios algo en sus vidas como resultado de la clase de la semana pasada? —preguntó Elizabeth a los participantes, para comenzar la sesión del día.

Una mujer arrugada levantó la mano.

—Yo soy curandera. Después de la lección de la semana pasada, regresé a la iglesia por primera vez en 20 años. ¿Ahora qué debo hacer?

—Ve y trae tus hierbas y medicinas, ¡y las quemaremos aquí mismo en el piso de la iglesia! —respondió Elizabeth con firmeza.

Después de ir a su casa, la curandera regresó a la iglesia y dejó caer una bolsa de hierbas al suelo. A continuación, confesó sus pecados públicamente:

—Hay un demonio que vive dentro de mí y que bebe 50 000 chelines ugandeses [unos 27 dólares estadounidenses] de alcohol al día. Lo alimento con las ganancias de mi negocio de hechicería. Mi especialidad es mantener a los esposos fieles a sus esposas. Vendo estas hierbas a las mujeres y les enseño a aplicarlas a las partes íntimas de sus cuerpos. Cuando las mujeres están con sus esposos, las hierbas se transfieren a ellos y esto hace que se mantengan fieles. Algunas de mis mejores clientas vienen a esta iglesia, pero quiero abandonar la hechicería para hacerme seguidora de Jesucristo —dijo la curandera.

Abandonar su negocio era un gran sacrificio para ella, ya que sus ganancias eran superiores a lo normal en este barrio tan pobre. Es más, el valor *diario* de las bebidas alcohólicas que consumía era mayor que el ingreso promedio *mensual* de muchos de los refugiados en el taller.

Elizabeth encendió un fósforo y lo echó encima de la bolsa de hierbas.

—Los demonios se irán si quemamos las hierbas —anunció, y comenzó a orar. Con una fuerte voz, una mirada penetrante y un dedo señalador, Elizabeth le ordenó al demonio que dejara en paz a la curandera. La Biblia afirma que los demonios tienen miedo de Jesús, ¡pero yo creo que, en ese momento, quizás también tenían miedo de la mirada feroz de Elizabeth!

Cuando Elizabeth dejó de orar, abrazó a la curandera.

—De ahora en adelante, tu nombre será «Gracia» —le dijo Elizabeth.

Fue un momento dramático, aunque el drama aún no se había terminado.

UNA NUEVA CRISIS

Durante las cinco semanas siguientes, Gracia nunca faltó a clase. Su rostro estaba más vivo, parecía irradiar luz, sonreía con frecuencia y estaba en paz. A menudo, daba testimonio de cómo Dios estaba transformando su vida. Solo el Señor lo sabe, pero estoy seguro de que veré a Gracia en el cielo algún día.

Después de un tiempo, Gracia faltó a una reunión un lunes.

—¿Dónde está la curandera hoy? —pregunté (aún teníamos que esforzarnos por llamarla por el nombre de *Gracia*).

Un murmullo recorrió el grupo de 75 refugiados. Finalmente, el líder tomó la palabra.

—Una de las mujeres dice que la curandera está enferma. Quizás alguien debería ir a ver si está bien —dijo.

Elizabeth y yo salimos de la iglesia de inmediato y recorrimos el barrio buscando la casa de Gracia. Nuestro guía nos dirigió al corazón del barrio. Cruzamos cuidadosamente los arroyos que fluían entre las chozas; arroyos llenos de desechos humanos, todo tipo de basura y una baba verde misteriosa. Vimos a niños cubiertos de llagas. Caminamos entre grupos de hombres que estaban apostando mientras bebían cerveza local e inhalaban humo por unos tubos largos. Pocos *mzungus* (personas blancas) entran a estas partes del barrio, y con mi altura de casi dos metros, suelo ser el tema de conversación aun entre los de mi propia cultura. A lo largo del camino, los niños gritaban «¡Mzungu!» y corrían hacia mí para tocar mi piel de color extraño y tirarme de los vellos de mis brazos.

Después de caminar más de diez minutos, entramos en la choza de un solo cuarto de Gracia. Allí estaba en el piso de tierra, acostada en un colchón y retorciéndose de dolor. Un plato con algunos restos de comida lleno de moscas era la única otra cosa que se podía ver en toda la choza. Gracia no podía levantar la cabeza, y apenas podía hablar. Elizabeth se inclinó para entender sus débiles palabras, y luego se enderezó para explicarme la situación.

Gracia había contraído amigdalitis. El hospital local se negó a tratarla, debido a que era pobre y tenía SIDA. En su desesperación, Gracia le había pagado a su vecina para que le cortara las amígdalas con un cuchillo de cocina.

Estamos en las mismas entrañas del infierno, pensé al oír esto.

Elizabeth me pidió que orara, así que oré de la forma en que cualquier presbiteriano conservador habría orado por una excurandera tirada en su choza en un barrio sobrepoblado, con SIDA y con sus amígdalas cortadas con un cuchillo de cocina.

Después, Elizabeth y yo caminamos de regreso a la Iglesia San Lucas, donde el grupo de refugiados que asistía al curso todavía estaba reunido.

—Me temo que va a morir de una infección. ¿Podemos darle penicilina? —pregunté, sintiéndome impotente.

—Sí podemos, pero vamos a necesitar unos 15.000 chelines ugandeses, más o menos ocho dólares estadounidenses —dijo Elizabeth.

Inmediatamente, saqué el dinero de mi bolsillo y se lo di a Elizabeth. No regresé a la iglesia ese día, porque el taxi ya me estaba esperando en la calle principal y el sol ya estaba poniéndose. Quería salir antes de que oscureciera. Elizabeth y su chofer fueron a la farmacia más cercana y le compraron la penicilina a Gracia.

Una semana después, apenas podía creerlo cuando Gracia entró por la puerta de la Iglesia San Lucas para la siguiente sesión del curso de formación de microempresas. Se veía mejor que nunca. Realmente creo que Elizabeth y yo salvamos la vida de Gracia con la penicilina que le dimos ese día.

TRAS UN ANÁLISIS MÁS DETALLADO

Dos semanas después de la crisis de Gracia, mi familia y yo subimos al avión para regresar a Estados Unidos. Había sido un tiempo sabático sorprendente y aún me sentía muy emocionado. ¡Dios me usó para traer a una curandera a Cristo! ¡Y tuvimos la oportunidad de salvar su vida! ¡Totalmente increíble!

Una vez que comenzó a bajarme la adrenalina, empecé a analizar la situación. Pensé en lo que había pasado con Gracia en términos globales, tomando en cuenta los papeles que habían desempeñado las diferentes personas e instituciones.

Estaba la Iglesia San Lucas, una congregación llena de refugiados extremadamente pobres, que intentaba traer luz a la oscuridad. El pastor siempre era amable conmigo y apoyaba mucho el curso de formación de microempresas. Nos daba las gracias cada vez que nos veía a Elizabeth y a mí. Aunque creo que nunca asistió a ninguna clase, sí estuvo en la graduación, una ceremonia en la cual los refugiados nos dieron a mí y a mi familia todo tipo de regalos que realmente no podían costear. El pastor se dio cuenta de que no me sentía muy cómodo.

«No te sientas mal. Recibe sus regalos con alegría. Así es como ellos demuestran su amor por ti», me dijo al oído.

Entre los refugiados del curso de microempresas, la gran mayoría eran mujeres. Cada una había sufrido pérdidas enormes a mano del Ejército de Resistencia del Señor (LRA, por sus siglas en inglés), un grupo rebelde que aterrorizó los pueblos del norte de Uganda durante más de 20 años. El LRA es conocido por secuestrar a niños para usarlos como soldados y a niñas como esclavas sexuales. Como parte de un proceso de lavado de cerebro, a los niños capturados se los suele obligar a matar o a torturar a sus propios padres, parientes o amigos. Cortar las extremidades, las orejas, los labios y las narices de sus víctimas es parte del procedimiento. Por desgracia, la gente de Kampala no recibió a los refugiados con brazos abiertos, y frecuentemente los discriminan por ser de una tribu «inferior».

Allí estaba la curandera, venerada y despreciada a la misma vez. Por un lado, las mujeres locales codiciaban su poder y pagaban un alto precio por sus servicios. Por otra parte, la despreciaban por ser una borracha que se enojaba y se ponía violenta cuando bebía. A veces, los residentes del barrio tenían que someterla a la fuerza, golpeándola y lastimándola. Al dejar la hechicería, la curandera aceptó una gran pérdida de ingresos y se hizo vulnerable a cualquier enemigo que se hubiera creado por su estilo de vida anterior.

También estaba Elizabeth, quien realmente había sido una pieza clave en todo lo que había pasado. Hace diez años, ella había jugado un papel muy importante en la fundación de la Iglesia San Lucas, y ahora tenía una posición de prestigio en la oficina central de la red eclesial de su iglesia. Elizabeth pertenecía a la misma tribu que los refugiados, y también había perdido amigos y familiares por culpa del LRA. Los refugiados la admiraban mucho, pero su nivel superior de educación, sus ingresos de clase media y su carrera exitosa la separaban de ellos. Como yo, todos los lunes por la tarde, ella se iba del barrio pobre cuando terminaba el curso para regresar a su bonita casa.

Por último, estaba yo, el *mzungu*, con todo lo que representa la palabra: dinero, poder, dinero, educación, dinero, superioridad y más dinero.

De repente, mientras pensaba en todo esto cuando volvíamos a casa en el avión, me sentí mal. Sí, Elizabeth y yo le habíamos presentado Cristo a la curandera y le habíamos salvado la vida. Pero también quizás habíamos hecho mucho daño en el proceso: daño a la Iglesia San Lucas y a su pastor, daño a los refugiados en el curso de microempresas y hasta daño a la misma Gracia. Me arrepentí de haber violado muchos de los principios básicos para aliviar la pobreza; ¡principios que enseño con frecuencia a otras personas! Sin embargo, tengo que admitir que esta no ha sido la primera vez que he cometido tales errores. La verdad es que he hecho cosas mucho más tontas en mis esfuerzos para ayudar a los pobres, algunas de las cuales compartiré en este libro.

¿Qué hice mal? ¿Cómo pude haber hecho daño a los pobres en el intento de ayudarlos? No podemos contestar estas preguntas con una respuesta sencilla; por eso escribimos este libro. Después de establecer una base teórica, regresaremos al caso de la curandera en un capítulo posterior.

POR QUÉ ESCRIBIMOS ESTE LIBRO

Mi coautor y yo hemos pasado la mayor parte de nuestras vidas tratando de aprender cómo mejorar las vidas de los pobres. Steve trabajó muchos años con una agencia grande de ayuda humanitaria y desarrollo económico. Allí, se ocupó de varias áreas de desarrollo comunitario, y llegó a ser director nacional y miembro del equipo de administración mundial. Yo tomé la ruta académica y trabajé como investigador y profesor universitario. Hace diez años, nuestros caminos se cruzaron cuando los dos empezamos a trabajar para el Chalmers Center for Economic Development at Covenant College [Centro para el Desarrollo Económico Chalmers en la Universidad Covenant], una iniciativa de investigación y formación que busca preparar a iglesias alrededor del mundo para responder a las necesidades económicas y espirituales de gente con bajos ingresos. También, dictamos un curso de desarrollo comunitario para estudiantes universitarios en Covenant College. Este programa prepara a jóvenes cristianos para que puedan marcar una diferencia en la vida de la gente pobre en Norteamérica y alrededor del mundo.

Steve y yo todavía tenemos mucho que aprender, y los problemas de la pobreza no dejan de desconcertarnos. No pretendemos que el material de este libro sea estrictamente nuestro. Más bien, las siguientes páginas son sencillamente una manera de sintetizar y organizar las ideas de muchas personas en un formato que otra gente, en una gran variedad de ámbitos, ya ha encontrado útil. Estamos profundamente en deuda con todos los autores, investigadores y profesionales del desarrollo comunitario que han desarrollado muchos de los principios, recursos y herramientas que hemos usado. Nuestra meta con este libro es poner sus ideas y herramientas al alcance del lector.

A menos que aclaremos, el que relata soy yo, Brian, debido a que escribí la mayor parte del libro. Sin embargo, Steve nos ha ayudado tanto a mí como al resto del personal del Chalmers Center a entender y aplicar muchos de los conceptos de este libro a nuestro trabajo, y ha sido un gran mentor para todo nuestro equipo. Además, Steve participó de la planificación del contenido de este libro y revisó cuidadosamente cada palabra.

Al escribir este libro nos sentimos muy emocionados por el renovado interés en ayudar a los pobres que se observa entre los cristianos. Aunque el materialismo, el egoísmo y la apatía siguen afectando a los cristianos norteamericanos, no se puede negar el surgimiento de una preocupación social entre los evangélicos durante las últimas dos décadas. Entre los norteamericanos, esta preocupación se ha manifestado en el gran crecimiento de participación en misiones a corto plazo a lugares pobres de Norteamérica y también alrededor del mundo.

Pero la emoción que sentimos al observar el deseo creciente de ayudar a la gente pobre está acompañada de dos convicciones. En primer lugar, los cristianos norteamericanos simplemente no estamos haciendo lo suficiente para ayudar a los pobres. En realidad, la mayoría de nosotros vive como si no existiera nada malo en el mundo. Asistimos a los partidos de fútbol de nuestros hijos, nos concentramos en nuestras carreras y tomamos vacaciones, mientras el 40% de los habitantes de la Tierra lucha para comer todos los días. Las personas sin hogar, los que viven en barrios pobres y muchos de los inmigrantes sufren todos los días, marginados por las corrientes económicas y sociales dominantes de las sociedades donde viven. No tenemos que sentirnos culpables por nuestros recursos materiales. Pero sí es necesario que nos levantemos todas las mañanas con un profundo sentido de que algo está muy mal con el mundo, y anhelar y esforzarnos por hacer algo al respecto. Hoy por hoy, el anhelo y el esfuerzo que hay no alcanzan.

En segundo lugar, muchos observadores (como Steve y yo) creemos que, cuando los cristianos de hoy *sí* intentan responder a la pobreza, los métodos usados suelen hacer mucho daño a los que sufren pobreza material y a los que no. No solo nos preocupa que sus métodos malgasten recursos humanos, espirituales, económicos y organizativos, sino también que estos métodos en realidad empeoran los mismos problemas que intentan solucionar.

Por fortuna, todavía hay esperanza, porque Dios está trabajando. Al renovar nuestro compromiso, ajustar nuestros métodos y arrepentirnos a diario, los cristianos podemos jugar un papel importante en la reducción de la pobreza. Es nuestra oración que Dios use las siguientes páginas para ayudar a la iglesia de Jesucristo a aumentar y agilizar nuestros esfuerzos de servir a un mundo herido.

PARTE

1

CONCEPTOS FUNDAMENTALES *para* **AYUDAR SIN HACER DAÑO**

REFLEXIONES INICIALES

Responde las siguientes preguntas:

1. *¿Por qué vino Jesús al mundo?*
2. *Piensa en la historia de Israel en el Antiguo Testamento. ¿Qué pecados enviaron a Israel al exilio? Intenta ser específico, y no respondas, por ejemplo, algo como: «Por su desobediencia».*
3. *¿Cuál crees que debe ser la responsabilidad principal de la iglesia?*

Capítulo 1

¿POR QUÉ VINO JESÚS AL MUNDO?

¿Por qué vino Jesús al mundo?[1] La mayoría de los cristianos tiene siempre lista una respuesta a esta pregunta. Sin embargo, la realidad es que hay diferencias muy grandes en la interpretación de este tema fundamental por parte de los cristianos. La respuesta que se da a esta pregunta afecta todos los aspectos de la vida, incluso lo que uno piensa de la responsabilidad de la iglesia ante la situación difícil de los pobres. ¿Por qué vino Jesús al mundo? Examinemos cómo Jesús mismo entendió Su misión.

El ministerio de Jesús en la Tierra comenzó un sábado en la sinagoga de Nazaret. Bajo el yugo opresivo del Imperio romano, los judíos se congregaban cada semana en la sinagoga para adorar a Dios. Conscientes de las profecías del Antiguo Testamento, anhelaban que Dios enviara al Mesías prometido que restauraría el reino a Israel y reinaría en el trono de David para siempre. Pero habían transcurrido siglos sin la llegada del Mesías, y los romanos dominaban toda la región; los judíos casi habían perdido toda esperanza. En este contexto, el hijo de un carpintero del mismo pueblo se levantó ante la gente de la sinagoga y le entregaron el libro del profeta Isaías.

Al desenrollarlo, encontró el lugar donde está escrito: «El Espíritu del Señor está sobre mí, por cuanto me ha ungido para anunciar buenas nuevas a los pobres. Me ha enviado a proclamar libertad a los cautivos y dar vista a los ciegos, a poner en libertad a los oprimidos, a pregonar el año del favor del Señor.» Luego enrolló el libro, se lo devolvió al ayudante y se sentó. Todos los que estaban en la sinagoga lo miraban detenidamente, y él comenzó a hablarles: «Hoy se cumple esta Escritura en presencia de ustedes». (Lucas 4:17-21)

Seguramente, los que estaban presentes ese día se estremecieron al escuchar esto. Isaías había profetizado que un rey iba a establecer un reino sin igual, diferente a todos aquellos que el mundo conocía. ¿Podría ser que las profecías de Isaías realmente estuvieran por cumplirse? ¿Podría ser que un reino cuyo dominio aumentaría sin fin estuviera por comenzar (Isaías 9:7)? ¿Era realmente posible que la justicia, la paz y la rectitud estuvieran por establecerse para siempre? ¿Acaso este rey traería en verdad salud y paz a la tierra seca, a las manos débiles, a las rodillas temblorosas, a los corazones temerosos, a los ciegos, a los sordos, a los cojos, a los mudos, a los quebrantados de corazón, a los cautivos y a las almas pecaminosas, y proclamaría el año de jubileo para los pobres (Isaías 35:1-6; 53:5; 61:1-2)? La respuesta de Jesús a todas estas preguntas fue un rotundo *Sí*, al declarar: «*Hoy* se cumple esta Escritura en presencia de ustedes» (Lucas 4:21, énfasis añadido).

En el versículo 43 del mismo capítulo, Jesús resumió Su ministerio, anunciando: «Es preciso que anuncie también a los demás pueblos las buenas nuevas del reino de Dios, porque para esto fui enviado».

La misión de Jesús fue y es predicar las buenas nuevas del reino de Dios, y proclamar al mundo: «Yo soy el Rey de Reyes y Señor de Señores y uso mi poder para arreglar todo lo que el pecado ha arruinado».

«El reino es la renovación del mundo entero mediante la llegada de poderes sobrenaturales. Cuando las cosas vuelven a someterse al mando y la autoridad de Cristo, se restauran a un estado de salud, hermosura y libertad»,[2] afirma el pastor y teólogo Tim Keller.

Por supuesto, hay un *ahora* y un *no todavía* con respecto al reino. Hasta que haya un nuevo cielo y una nueva tierra, no se manifestará el reino en su plenitud. Solo entonces, se nos secarán todas las lágrimas de los ojos (Apocalipsis 21:4). Hace ya 2000 años que Jesús proclamó el *ahora* del reino: «*Hoy* se cumple esta Escritura en presencia de ustedes» (Lucas 4:21, énfasis añadido).

UNA RESPUESTA MÁS COMPLETA

Les hemos hecho a miles de cristianos evangélicos en numerosos ámbitos esta pregunta fundamental: ¿Por qué vino Jesús al mundo? Muy pocos dan una respuesta remotamente parecida a la del mismo Jesús.

La gran mayoría responde algo como: «Jesús vino a morir en la cruz para salvarnos de nuestros pecados y que podamos ir al cielo».

Aunque esto es cierto, la salvación de las almas humanas es solo una parte de la completa restauración del universo que el reino de Jesús ofrece y que era el contenido central de Su mensaje.

Comparemos la respuesta de la mayoría de los evangélicos con el siguiente pasaje que describe la naturaleza de Jesucristo y Su obra.

> Él es la imagen del Dios invisible, el primogénito de toda creación, porque por medio de él fueron creadas todas las cosas en el cielo y en la tierra, visibles e invisibles, sean tronos, poderes, principados o autoridades: todo ha sido creado por medio de él y para él. Él es anterior a todas las cosas, que por medio de él forman un todo coherente. Él es la cabeza del cuerpo, que es la iglesia. Él es el principio, el primogénito de la resurrección, para ser en todo el primero. Porque a Dios le agradó habitar en él con toda su plenitud y, por medio de él, reconciliar consigo todas las cosas, tanto las que están en la tierra como las que están en el cielo, haciendo la paz mediante la sangre que derramó en la cruz. (Colosenses 1:15-20)

Este pasaje describe a Jesucristo como el Creador, el Protector y el Reconciliador de *todo*. Sí, es cierto que Jesús murió por nuestras almas, pero también murió para reconciliar a toda la creación; es decir, para restablecer la relación debida con todo lo que Él creó. La maldición alcanzó todo el cosmos y trajo decadencia, quebrantamiento y muerte a cada rincón del universo. ¡Pero Jesús, el Rey de reyes y Señor de señores, está haciendo nuevas todas las cosas! Estas son las buenas nuevas del evangelio.

Una noche, a los tres años de edad, mi hija Ana inclinó la cabeza.

«Querido Jesús, por favor regresa pronto, porque tenemos muchas heridas y realmente nos duelen», oró.

Se me hizo un nudo en la garganta al escucharla, porque ella había entendido la esencia de la completa sanidad que traerá el reino y anhelaba experimentarla. Ella pedía, en el lenguaje de una niña de tres años, «Venga tu reino, hágase tu voluntad en la tierra como en el cielo» (Mateo 6:10).

¡Ven pronto, Señor Jesús! Sí, tenemos muchas heridas, y realmente nos duelen.

¿Jesús es realmente el Mesías?

Jesús proclamó que era el Rey prometido, pero ¿cómo sabemos que Sus afirmaciones son ciertas? Esta pregunta ha dejado perplejo a todo el mundo, desde los leprosos del tiempo de Jesús hasta los genios del siglo XXI. Además, es un tanto sorprendente que, al final de su vida, el mismo Juan el Bautista todavía dudara de la autenticidad de Jesús. Juan había pasado muchos años comiendo langostas y miel, y vestido con ropa extraña en el desierto, predicando a todos que Jesús era el Mesías prometido, el Rey que reinaría en el trono de David. Sin embargo, tuvo dudas cuando se encontró en la cárcel de Herodes a punto de ser decapitado.

Tal vez haya pensado: *Si Jesús realmente es el Mesías, seguramente llevará a cabo el golpe de estado contra el rey Herodes antes de que yo, Su futuro ministro de Estado, sea ejecutado.*

Pero no hubo ningún golpe de Estado, y, comprensiblemente, Juan tuvo dudas.

Por eso, Juan mandó a dos de sus discípulos a averiguar: «¿Eres tú el que ha de venir, o debemos esperar a otro?» (Lucas 7:19).

Jesús podría haber contestado de muchísimas maneras. Podría haber mencionado que, por formar parte del linaje de David, Su nacimiento en Belén cumplía las profecías sobre el Mesías. O podría haber hecho referencia a Su conocimiento excepcional de la Escritura y Sus habilidades inigualables para enseñar. Jesús podría haberle recordado a Juan que ambos habían visto al Espíritu Santo descender sobre Él en la forma de una paloma.

«Éste es mi Hijo amado; estoy muy complacido con él», habían oído decir al Padre (Mateo 3:17).

Si este último acontecimiento no había podido convencer a Juan, al parecer, ¡nada podría hacerlo! Pero Jesús decidió no hablar de ninguna de estas señales. Juan ya las conocía y, aparentemente, necesitaba algo más que lo consolara. Entonces, Jesús dijo:

> Vayan y cuéntenle a Juan lo que han visto y oído: Los ciegos ven, los cojos andan, los que tienen lepra son sanados, los sordos oyen, los muertos resucitan y a los pobres se les anuncian las buenas nuevas. Dichoso el que no tropieza por causa mía.
> (Lucas 7:22-23)

Con estas palabras, Jesús le estaba revelando cosas de suma importancia a Juan: «No has corrido la carrera en vano. Yo soy el Mesías prometido. Y puedes estar seguro porque tus discípulos *me están escuchando a mí decirlo y me están viendo a mí hacerlo*. Yo estoy predicando las buenas nuevas del reino *y* las estoy demostrando tal como Isaías dijo que lo haría».

Habría sido inútil que Jesús usara solamente palabras y no obras para declarar el reino. Imagínate la historia de Lucas 18:35-43 sobre el mendigo ciego que se sentaba a la orilla del camino si Jesús hubiera usado solo palabras para comunicarse con él:

> «¡Jesús, Hijo de David, ten misericordia de mí!», llamó el mendigo al darse cuenta que Jesús pasaba por allí.
> «Yo soy el cumplimiento de todas las profecías. Soy el Rey de reyes y el Señor de señores. Tengo todo el poder del cielo y de la Tierra. Podría sanarte hoy de tu ceguera, pero solo me importa tu alma. Cree en mí».

¿Qué habría pasado si Jesús hubiera dicho algo así? ¿Quién habría creído que Él era el Rey prometido si no hubiera dado evidencias para probarlo?

«Pueblo de Israel, escuchen esto: Jesús de Nazaret fue un hombre acreditado por Dios ante ustedes con milagros, señales y prodigios, los cuales realizó Dios entre ustedes por medio de él, como bien lo saben», anunció Pedro en Pentecostés (Hechos 2:22).

Las obras de Jesús eran esenciales para demostrar que realmente era el Mesías prometido. Jesús predicó y demostró las buenas nuevas del reino.

¿Qué haría Jesús?

En su libro *The Last Days: A Son's Story of Sin and Segregation at the Dawn of the New South* [Los últimos días: Un hijo recuerda el pecado y la segregación al alba del Nuevo Sur], Charles Marsh describe su niñez en Laurel, Mississippi (Estados Unidos), durante la década de 1960. El gobierno federal buscaba erradicar la segregación, y por esto había mucha tensión racial. Los activistas por los derechos civiles, muchos de los cuales eran del norte del país, se movilizaron en la región con el fin de terminar con los siglos de discriminación contra los afroamericanos. El padre de Charles era un pastor reconocido de la Primera Iglesia Bautista en Laurel y era un pilar de la comunidad. Muy querido por sus sermones sobresalientes y por su vida piadosa, el pastor Marsh era un cristiano ejemplar para sus feligreses.

En el mismo pueblo, también vivía Sam Bowers, el Mago Imperial de los Caballeros Blancos del Ku Klux Klan de Mississippi, quienes aterrorizaban a los afroamericanos de toda la región. Se sospechaba que Bowers había conspirado en al menos nueve asesinatos de afroamericanos y activistas por los derechos civiles, 75 bombardeos de iglesias afroamericanas y numerosos ataques y golpizas.

¿Cómo respondió el pastor Marsh, el cristiano ejemplar, a vivir en la misma comunidad que Sam Bowers? Su hijo Charles explica:

> Sin duda, mi padre aborrecía al Klan si pensaba en ellos. En lo más profundo de su corazón, consideraba que la esclavitud era

un pecado, que el racismo como el de Alemania o Sudáfrica era una ofensa a la fe. Siempre me hablaba de esto al hacer alguno que otro comentario sobre la historia del Sur cuando me ayudaba con mi tarea. Decía: «No se puede justificar lo que hicimos a la raza negra. Fue una maldad y nos equivocamos». Sin embargo, en la obra del Señor, se enfocaba en otra realidad. En el boletín de la iglesia, aconsejaba: «Sean fieles en asistir a la iglesia, porque su presencia puede, aunque más no sea, demostrar que están del lado de Dios cuando las puertas de la Iglesia están abiertas». Por supuesto, llenar la iglesia es el sueño de un ministro; siempre existe el deseo de crecer, crecer y crecer. Sin embargo, los episodios diarios de incendios en Mississippi, la pobreza abrumadora de la población afroamericana, los ritos de la supremacía blanca y el olor a terror que impregnaba las calles no aparecían en sus sermones, en las conversaciones a la mesa ni en las charlas en la iglesia. Para un buen predicador bautista como él, estas cosas eran asuntos de política que tenían poco o nada que ver con la travesía espiritual del peregrino cristiano hacia el paraíso. ¿Molestias no deseadas? Sí. ¿Tristes señales de nuestros fracasos humanos? Ciertamente. Pero pensaba que todas estas cosas solo serían rectificadas en algún futuro escatológico: «Cuando todos lleguemos al cielo, qué día de regocijo será».[3]

Como muchos cristianos de entonces y de ahora, el cristianismo del pastor Marsh enfatizaba correctamente la piedad personal, pero no abarcaba las preocupaciones sociales que deberían emanar de una cosmovisión del reino. En gran parte, creía que el cristianismo consistía en conservar la pureza del alma (al evitar las bebidas alcohólicas, las drogas y la inmoralidad sexual) y en ayudar a los demás a hacer lo mismo. Más allá de la salvación de las almas, el pastor March no tenía demasiado en cuenta el «ahora» del reino. Es más, para muchos cristianos, Santiago 1:27 enseña: «La religión pura y sin mancha delante de Dios nuestro Padre es ésta: [...] conservarse limpio de la corrupción del mundo». Por alguna razón, solemos pasar por alto que la religión pura e impecable incluye en realidad «atender a los huérfanos y a las viudas en sus aflicciones».

Mientras el pastor Marsh predicaba sobre la piedad personal y la esperanza de la vida en el cielo, los afroamericanos en Mississippi sufrían linchamientos como resultado de las conspiraciones de Sam Bowers. Menos llamativo pero con consecuencias mayores, el sistema social, político y económico mantenía a los afroamericanos en una posición marginal. ¿Qué haría el rey Jesús en estas circunstancias? ¿Crees que Jesús evangelizaría a los afroamericanos diciendo algo como «He escuchado sus súplicas, pero su situación terrenal no me preocupa. Crean en mí y llevaré sus almas al cielo algún día. Mientras tanto, absténganse de bebidas alcohólicas, drogas e inmoralidad sexual»? ¿Acaso le respondió así al mendigo ciego que le pidió misericordia?

El pastor Marsh vivía bajo mucha presión. Si hubiera hablado en contra del Ku Klux Klan, podría haber perdido su trabajo y haber puesto a su familia en peligro, tal como temía (y con razón). Es más, sus objetivos teológicos tenían más que ver con cuestiones de piedad personal que con buscar la justicia y reprender al opresor (Isaías 1:17). Por todas estas razones, el pastor Marsh no concentró su atención y energía en la lucha contra el Ku Klux Klan, sino en la falta de piedad personal y en la incredulidad de algunos activistas por los derechos civiles. Sus esfuerzos culminaron en un sermón famoso, «Las penas de Selma», que atacó a los activistas, llamándolos «bohemios sucios», «necios inmorales», «manifestantes degenerados» e hipócritas por no creer en Dios.[4]

Por un lado, el pastor Marsh tenía razón. Muchos de los manifestantes anhelaban la paz, la justicia y la rectitud del reino, pero no querían doblar la rodilla ante el Rey, un requisito para disfrutar completamente de los beneficios del reino. Por el contrario, el pastor Marsh había aceptado al Rey Jesús pero no entendía la plenitud del reino de Cristo ni lo que implicaba para las injusticias de su comunidad. Tanto el pastor Marsh como los activistas por los derechos civiles estaban equivocados, pero de diferentes maneras. El pastor Marsh buscaba al Rey sin el reino. Los activistas querían el reino sin el Rey. La iglesia necesita una visión del reino de Dios integral y centrada en Cristo, para poder responder correctamente a la pregunta: ¿Qué haría Jesús?

¿Cuál es la tarea de la iglesia?

La tarea del pueblo de Dios tiene su fundamento en la misión de Cristo. En síntesis, Jesús predicaba las buenas nuevas del reino en palabra y en obra, así que la iglesia debe hacer lo mismo. Como hemos visto, a Jesús le encantaba compartir las buenas nuevas entre los quebrantados, los débiles y los pobres. Por eso, no es sorprendente que, a lo largo de la historia, el pueblo de Dios haya sido mandado a seguir los pasos de su Rey a lugares de sufrimiento.

En el Antiguo Testamento, la nación de Israel, el pueblo escogido por Dios, debía señalar al Rey venidero anticipando todo lo que sería (Mateo 5:17; Juan 5:37-39, 45-46; Colosenses 2:16-17). Israel tenía que ser el adelanto de la atracción venidera: el Rey Jesús. Como cualquier adelanto, Israel debía ofrecerles a los espectadores una idea de cómo sería el evento principal y hacer que los espectadores desearan verlo. «¡Vaya! Este pueblo sí que es diferente. ¡Qué ganas de conocer a su Rey! Debe ser sumamente especial», tenían que decir los demás cuando miraran a Israel.

Como el Rey Jesús traería buenas nuevas a los pobres, no es sorprendente que Dios quisiera que Israel también cuidara de los menos favorecidos.

De hecho, Dios le dio a Moisés varios mandamientos que requerían que Israel cuidara de los pobres. El sábado garantizaba un día de reposo para el esclavo y el extranjero (Éxodo 23:10-12). El año sabático cancelaba las deudas de los israelitas y permitía que los pobres recogieran el trigo de los campos. También liberaba a los esclavos y los preparaba para ser productivos (Deuteronomio 15:1-18). El año de jubileo enfatizaba la libertad; liberaba a los esclavos y les devolvía la tierra a sus dueños originales (Levítico 25:8-55). Otras leyes referentes a las deudas, al diezmo y a espigar aseguraban el cuidado de los pobres todos los días del año (Levítico 25:35-38; Deuteronomio 14:28-29; Levítico 19:9-10). Los mandamientos eran extensos para alcanzar el objetivo final de erradicar la pobreza entre el pueblo de Dios: «Entre ustedes no deberá haber pobres», declaró el Señor (Deuteronomio 15:4).

Por desgracia, Israel no cumplió con su tarea. Resultó ser un anticipo deficiente del reino venidero y, como resultado, Dios envió a Su pueblo escogido al exilio. ¿Qué opinas al leer estos pasajes?

¡Oigan la palabra del Señor, gobernantes de Sodoma! ¡Escuchen la enseñanza de nuestro Dios, pueblo de Gomorra! «¿De qué me sirven sus muchos sacrificios? —dice el Señor—. Harto estoy de holocaustos de carneros y de la grasa de animales engordados; la sangre de toros, corderos y cabras no me complace. ¿Por qué vienen a presentarse ante mí? ¿Quién les mandó traer animales para que pisotearan mis atrios? No me sigan trayendo vanas ofrendas; el incienso es para mí una abominación. Luna nueva, día de reposo, asambleas convocadas; ¡no soporto que con su adoración me ofendan! [...] ¡Dejen de hacer el mal!¡Aprendan a hacer el bien! ¡Busquen la justicia y reprendan al opresor! ¡Aboguen por el huérfano y defiendan a la viuda! (Isaías 1:10-13, 16b-17)

¡Grita con toda tu fuerza, no te reprimas! Alza tu voz como trompeta. Denúnciale a mi pueblo sus rebeldías; sus pecados, a los descendientes de Jacob. Porque día tras día me buscan, y desean conocer mis caminos, como si fueran una nación que practicara la justicia, como si no hubieran abandonado mis mandamientos. Me piden decisiones justas, y desean acercarse a mí, y hasta me reclaman: «¿Para qué ayunamos, si no lo tomas en cuenta?¿Para qué nos afligimos, si tú no lo notas?». Pero el día en que ustedes ayunan, hacen negocios y explotan a sus obreros. [...] ¿Acaso el ayuno que he escogido es sólo un día para que el hombre se mortifique? ¿Y sólo para que incline la cabeza como un junco, haga duelo y se cubra de ceniza? ¿A eso llaman ustedes día de ayuno y el día aceptable al Señor? El ayuno que he escogido, ¿no es más bien romper las cadenas de injusticia y desatar las correas del yugo, poner en libertad a los oprimidos y romper toda atadura? ¿No es acaso el ayuno compartir tu pan con el hambriento y dar refugio a los pobres sin techo, vestir al desnudo y no dejar de lado a tus semejantes? Si así procedes, tu luz despuntará como la aurora, y al instante llegará tu sanidad; tu justicia te abrirá el camino, y la gloria del Señor te seguirá. Llamarás, y el Señor responderá; pedirás ayuda, y él dirá: «¡Aquí estoy!». Si desechas el yugo de opresión, el dedo acusador y la lengua maliciosa, si te dedicas a ayudar a los hambrientos y a saciar la necesidad del desvalido, entonces brillará tu luz en las tinieblas, y como el mediodía será tu noche. (Isaías 58:1-3, 5-10)

¿Por qué fue enviado Israel al cautiverio? Muchos imaginamos que los israelitas se levantaban cada mañana y corrían al santuario más cercano para adorar ídolos. De hecho, varios pasajes del Antiguo Testamento indican que la idolatría era un problema en Israel. Pero estos mismos pasajes nos dan una idea más amplia. Parece que el pueblo de Israel se caracterizaba por la piedad personal y la expresión externa de formas religiosas: adoraba, ofrecía sacrificios, celebraba fiestas religiosas, ayunaba y oraba. Si traducimos estas actividades a la era moderna, podríamos decir que esta gente asistía fielmente a la iglesia cada domingo, iba a la reunión de oración entre semana, concurría al retiro anual de la iglesia y cantaba alabanzas contemporáneas. Sin embargo, ¡Dios estaba tan indignado con ellos que hasta los llamó «Sodoma y Gomorra»!

¿Por qué estaba Dios tan descontento con Su pueblo? Ambos pasajes enfatizan que Dios estaba enojado porque Israel no atendía a los pobres y oprimidos. Quería que Su pueblo «rompiera las cadenas de la injusticia» y no solo que fuera a la iglesia los domingos. Deseaba que Israel pudiera «vestir al desnudo» además de ir a la reunión de oración entre semana. Quería que se dedicara «a ayudar a los hambrientos» y no solo cantara alabanzas. La fe personal y la participación de los cultos son fundamentales para la vida cristiana, pero deben resultar de la práctica de la justicia y del amor de la misericordia (Miqueas 6:8).

En el Nuevo Testamento, el pueblo de Dios, la iglesia, es más que un anticipo del Rey Jesús. La iglesia es el cuerpo, la novia y la misma plenitud de Jesucristo (Efesios 1:18-23; 4:7-13; 5:32). Cuando la miramos, ¡debemos poder ver la encarnación de Jesús mismo! Tiene que mostrar al que declaró en palabra y en obra al leproso, al cojo y al pobre que Su reino está llevando sanidad a cada rincón del universo.

Es más, podemos ver esto desde el principio del ministerio de la iglesia. Cuando Jesús envió a Sus doce discípulos por primera vez, «los envió a predicar el reino de Dios y a sanar a los enfermos» (Lucas 9:2).

«Sanen a los enfermos que encuentren allí y díganles: "El reino de Dios ya está cerca de ustedes"», dijo luego Jesús a los otros 72 que envió (Lucas 10:9). El mensaje era el reino de Dios y tenían que comunicarlo tanto en palabra como en obra.

En el primer pasaje que habla de la formación de la iglesia, leemos: «No había ningún necesitado en la comunidad» (Hechos 4:34). El teólogo Dennis Johnson explica que Lucas, el autor de Hechos, repite intencionalmente el lenguaje de Deuteronomio 15:4, donde Dios le dice a Israel: «Entre ustedes no debe haber pobres».[5] Lucas indica que, aunque Israel no se había ocupado de los pobres como debía y había terminado exiliado, el pueblo de Dios había sido restaurado y ahora estaba encarnando al Rey Jesús y Su reino, un reino en el que no existe la pobreza (Apocalipsis 21:1-4).

A lo largo del Nuevo Testamento, el cuidado de los pobres es una preocupación central de la iglesia (Mateo 25:31-46; Hechos 6:1-7; Gálatas 2:1-10; 6:10; Santiago 1:27). Quizás ningún pasaje lo diga de una manera más directa que 1 Juan 3:16-18:

> En esto conocemos lo que es el amor: en que Jesucristo entregó su vida por nosotros. Así también nosotros debemos entregar la vida por nuestros hermanos. Si alguien que posee bienes materiales ve que su hermano está pasando necesidad, y no tiene compasión de él, ¿cómo se puede decir que el amor de Dios habita en él? Queridos hijos, no amemos ni de labios para afuera, sino con hechos y de verdad.

Las enseñanzas de la Biblia deberían penetrar en el corazón de los cristianos. En toda la historia humana, nunca ha existido en el mundo una desigualdad económica tan grande como la del presente. Historiadores económicos han descubierto que, durante gran parte de la historia humana, ha habido un escaso crecimiento económico y relativamente poca desigualdad económica. Como resultado, en 1820, después de miles de años de desarrollo humano, el ingreso promedio por persona en los países más ricos era solamente cuatro veces mayor que el ingreso promedio por persona en los países más pobres.[6] Después, llegó la Revolución Industrial, que causó un crecimiento económico sin precedentes en unos cuantos países, pero el resto del mundo quedó atrás. En la actualidad, mientras que el norteamericano promedio vive con más de 90 dólares[7] al día, aproximadamente mil millones de personas viven con menos de un dólar al día, y unos dos mil seiscientos millones (el 40% de la población mundial) viven con menos de dos dólares al día.[8]

Si el pueblo de Dios en el Antiguo y Nuevo Testamento debía ocuparse de los pobres durante épocas de relativa igualdad económica, ¿cuál será el deseo de Dios para la iglesia de hoy con tantos recursos? «Si alguien que posee bienes materiales ve que su hermano está pasando necesidad, y no tiene compasión de él, ¿cómo se puede decir que el amor de Dios habita en él?» (1 Juan 3:17).

¿Cuál es la tarea de la iglesia? Debemos encarnar a Jesucristo al hacer lo que Él hizo y sigue haciendo a través de nosotros: declarar (con palabras y obras) que Jesús es el Rey de reyes y el Señor de señores, y que está estableciendo Su reino de rectitud, justicia y paz. La iglesia necesita hacerlo donde lo hizo el mismo Jesús: entre los ciegos, los cojos, los enfermos, los marginados, los despreciados y los pobres.

UN EJÉRCITO DE MARGINADOS

Dado el enfoque del ministerio de Jesús, el cual siguió adelante a través de Su iglesia, no es sorprendente que Santiago haga la siguiente observación acerca de los primeros cristianos: «Escuchen, mis queridos hermanos: ¿No ha escogido Dios a los que son pobres según el mundo para que sean ricos en la fe y hereden el reino que prometió a quienes lo aman?»

(Santiago 2:5). De manera similar, Pablo enfatiza este punto en su carta a la problemática iglesia de Corinto:

> Hermanos, consideren su propio llamamiento: No muchos de ustedes son sabios, según criterios meramente humanos; ni son muchos los poderosos ni muchos los de noble cuna. Pero Dios escogió lo insensato del mundo para avergonzar a los sabios, y escogió lo débil del mundo para avergonzar a los poderosos. También escogió Dios lo más bajo y despreciado, y lo que no es nada, para anular lo que es, a fin de que en su presencia nadie pueda jactarse. (1 Corintios 1:26-29)

Mark Gornik, un teólogo, pastor y trabajador de desarrollo comunitario, comenta estos pasajes: «En las palabras de Santiago y de Pablo, encontramos un testimonio central que se extrae de la Escritura: Dios, en Su soberanía, ha decidido obrar en el mundo primero con los débiles que están al "margen", en vez de con los poderosos que están "dentro"».[9]

Esta afirmación no significa que los pobres sean inherentemente más justos o santificados que los ricos. No hay ningún lugar en la Biblia que indique que la pobreza es un estado deseado o que las cosas materiales son malas. De hecho, las posesiones se entienden como un regalo de Dios. Sencillamente, lo importante es que, para Su propia gloria, Dios ha escogido revelar Su reino en el lugar donde el mundo, con todo su orgullo, menos lo esperaría: entre los necios, los débiles, los humildes y los menospreciados.

Es verdaderamente extraño que una estrategia para expandir un reino coloque a los pobres en el centro, pero la historia indica que esta estrategia tan original ha tenido mucho éxito. El sociólogo Rodney Stark documenta que la relación de la iglesia primitiva con la gente que sufría fue crucial para su rápido crecimiento. Las ciudades del Imperio romano se caracterizaban por tener malos servicios de saneamiento, agua contaminada, una alta densidad de población, alcantarillados abiertos, calles sucias, pestilencia, crimen desenfrenado, construcciones a punto de derrumbarse y muchas enfermedades y plagas. «La esperanza de vida era menos de 30 años... o quizás aún menor».[10] La única manera de evitar una completa despoblación a causa de la mortalidad era tener un flujo constante de inmigrantes, situación que contribuyó al caos urbano, la conducta perversa y la inestabilidad social.

En vez de huir de los pozos sépticos urbanos, la iglesia primitiva encontró en ellos su lugar. Stark explica que el concepto cristiano del amor sacrificado por los demás, que tiene su origen en el amor de Dios por nosotros, era un concepto revolucionario para los paganos que veían la expresión de misericordia como un acto emocional que la gente racional debía evitar. Como consecuencia, el paganismo no ofrecía ninguna base ética para justificar el cuidado de los enfermos y los indigentes que eran pisoteados por las multitudes urbanas. Stark explica, que, por el contrario:

> El cristianismo revitalizó la vida en las ciudades grecorromanas al ofrecer nuevas normas y formas de relaciones sociales que eran capaces de responder a muchos problemas urgentes de los centros urbanos. Para las ciudades repletas de gente empobrecida y sin hogar, el cristianismo ofrecía tanto caridad como esperanza. Para las ciudades llenas de extranjeros y recién llegados, el cristianismo ofrecía una red inmediata para establecer contactos. Para las ciudades repletas de huérfanos y viudas, el cristianismo proveía un concepto nuevo y expandido de familia. Para las ciudades desgarradas por la violencia y conflictos étnicos, el cristianismo ofrecía una nueva base de solidaridad social. Y para las ciudades que enfrentaban epidemias, incendios y terremotos, el cristianismo ofrecía servicios médicos eficaces.[11]

La estrategia del reino de Dios de ministrar a los que sufren fue tan eficaz que llamó la atención a otros reyes. En el siglo IV, el emperador romano Julio intentó establecer organizaciones de caridad paganas para competir con las exitosas organizaciones cristianas que atraían a tantos conversos.

«Los galileos impíos [los cristianos] dan socorro no solo a sus pobres, sino también a los nuestros; todos pueden ver que no ayudamos a nuestra gente», se quejó Julio, en una carta a un sacerdote pagano.[12]

Mientras el cristianismo se expandía en el mundo romano, los pobres de los centros urbanos estaban en la médula del drama. Y esto está ocurriendo de nuevo ahora. El historiador Philip Jenkins documenta que el cristianismo está experimentando un rápido crecimiento en África, Latinoamérica y partes de Asia, regiones del mundo frecuentemente llamadas el «mundo mayoritario». Por ejemplo, para el año 2025, en términos de cantidades de fieles, África habrá reemplazado a Europa y a Estados Unidos como el centro del cristianismo. Para el año 2050, se estima que Uganda tendrá más cristianos que los cuatro o cinco países más grandes de Europa. Y, al igual que con los primeros cristianos, el crecimiento de la iglesia en el mundo mayoritario está ocurriendo principalmente entre los pobres en el lugar central. Jenkins observa: «Las denominaciones nuevas y más exitosas dirigen su mensaje directamente a los que menos tienen; mejor dicho, a los que no tienen nada».[13]

La Gran Retirada

La idea de que la iglesia debe estar a la vanguardia del ministerio a los pobres no es un concepto nuevo. Muchos académicos han observado que antes del siglo xx en Estados Unidos, los cristianos evangélicos desempeñaron un papel importante respondiendo a las necesidades físicas y espirituales de los pobres.[14] Sin embargo, todo cambió cuando, al inicio del siglo xx, los evangélicos lucharon contra los liberales teológicos por los principios fundamentales del cristianismo. Para los evangélicos, el auge del movimiento del evangelio social (que parecía identificar todo esfuerzo humanitario con la llegada del reino de Cristo) era la causa del retroceso teológico de la nación. Al distanciarse del movimiento del evangelio social, los evangélicos terminaron retirándose de forma masiva de la vanguardia de la lucha contra la pobreza. Este paso de alejarse de los pobres fue tan drástico que historiadores de la iglesia se refieren a la época desde 1900 hasta 1930 como la Gran Retirada [the Great Reversal] en la manera en que la iglesia evangélica respondía a los problemas sociales.[15]

Hay que destacar que la Gran Retirada ocurrió antes de la expansión del estado del bienestar en Estados Unidos. La guerra contra la pobreza, con el presidente Lyndon Johnson al frente, no ocurrió hasta la década de 1960, e incluso la política relativamente moderada del Nuevo Acuerdo de Franklin D. Roosevelt no se puso en marcha hasta la década de 1930. En resumen, el retiro de la iglesia evangélica de la lucha contra la pobreza se debe fundamentalmente a cambios teológicos y no, como muchos han afirmado, a programas gubernamentales que desplazaron a la iglesia del ministerio a los pobres. Aunque la expansión de estos programas acelerara el retiro de la iglesia, no fueron la causa principal. La teología es importante y la iglesia necesita redescubrir una perspectiva integral del reino de Dios totalmente centrada en Cristo.

Una tarea importante pero no exclusiva

Aunque la Biblia enseña que la iglesia local tiene que ocuparse de las necesidades espirituales y físicas de los pobres, no indica que deba ser la única que se encargue de ellos. Podemos encontrar evidencias en la Escritura donde, aun en las sociedades más sencillas, los individuos (Mateo 25:31-46), las familias (1 Timoteo 5:8) e incluso los gobiernos (Daniel 4:27; Salmos 72) tenían responsabilidades hacia los pobres. Hoy en día, en las complejas sociedades existentes, una gran variedad de organizaciones paraeclesiásticas sin fines de lucro ayudan también a los pobres. Aunque estas organizaciones nunca deben realizar funciones que pertenecen exclusivamente a la iglesia (por ejemplo, la administración de los sacramentos), la Escritura indica que el cuidado de los pobres no es una de estas tareas exclusivas.

Por lo tanto, aunque la iglesia tiene que cuidar a los pobres, la Biblia les da cierta libertad a los cristianos para decidir en qué medida y de qué manera la iglesia local debe hacerlo, ya sea directa o indirectamente. A veces, a la iglesia local le parecerá mejor fundar y administrar un ministerio para los pobres bajo su supervisión directa. Otras, llegará a la conclusión de que sería mejor hacer el trabajo de forma indirecta al principio, apoyando a una organización cristiana sin fines de lucro o simplemente animando a sus miembros a ministrar entre los pobres. Se debe emplear la sabiduría para determinar la mejor forma de proceder en cada situación. No obstante, si el pueblo de Dios decide ministrar fuera de la supervisión directa de la iglesia local, por lo menos debería intentar colaborar con ella conduciendo a los pobres a la iglesia, porque es esta quien tiene la autoridad de Dios sobre su vida espiritual.

¿Qué tienen en común Laurel (Mississippi) y Kigali (Ruanda)?

Apenas había terminado de presentar gran parte del material de este capítulo a un grupo de personas en África, cuando un hombre africano muy alto y musculoso se me acercó con lágrimas en los ojos.

—Esto no es lo que los misioneros nos enseñaron. Nos dijeron que solamente debíamos evangelizar para salvar las almas. Sin embargo, usted nos dice que a Jesús le importa toda la creación y que quiere que ministremos al cuerpo y al espíritu de la gente. No puedo discutir contra los pasajes bíblicos que usted citó. Pero ahora, ¿qué debo pensar de los misioneros? Ellos son mis héroes —me dijo. Estaba visiblemente conmocionado.

—Yo no merezco ni llevar las sandalias de los misioneros que tanto te enseñaron. Ellos estaban tan comprometidos con el trabajo del Señor que hasta llevaron sus propios ataúdes en los barcos en los que viajaron a África. Muchos se convirtieron en mártires por la causa del evangelio. Estos misioneros son dignos de admiración, pero, como todos nosotros, tuvieron algunas debilidades —le respondí.

Desgraciadamente, la de este hombre no es una experiencia aislada. La Gran Retirada influyó en las estrategias misioneras de la iglesia norteamericana desde finales del siglo XIX. A menudo, al no entender las implicaciones globales del reino de Dios, muchos misioneros se han enfocado en el evangelismo para salvar almas, pero han abandonado el mandato de hacer «discípulos de todas la naciones». Los nuevos creyentes necesitan ser formados por una cosmovisión bíblica que responda a las repercusiones del reino de Cristo sobre cada aspecto de la vida. Todos necesitamos preguntarnos: *Si Cristo es Señor sobre todas las cosas, ¿cómo vamos a trabajar en la agricultura, los negocios, los gobiernos, la familia, el arte, etc., para la gloria de Dios?*

Las consecuencias devastadoras de un evangelio a medias se pueden ver en el mundo mayoritario en general y en África en particular. Quizás no haya mejor ejemplo que Ruanda. A pesar de que el 80% de los ruandeses afirmaba ser cristiano, una sangrienta guerra civil estalló en 1994, en la cual la mayoría de los hutus llevó a cabo un genocidio brutal en contra de la minoría tutsi y de los hutus moderados. Durante un periodo de tres meses, fueron masacradas aproximadamente 800.000 personas, la gran mayoría tutsi.

¿Cómo pudo ocurrir esto? En su libro, *Changing the Mind of Missions: Where Have We Gone Wrong?* [Un cambio en la mentalidad de las misiones: ¿En qué hemos fallado?], James Engle y William Dyrness (expertos en el ámbito misionero) explican que la respuesta se encuentra en el fracaso de la iglesia de Ruanda a la hora de aplicar una cosmovisión bíblica, una perspectiva integral del reino, a cada aspecto de la vida. Para la mayoría de los ruandeses, el cristianismo era «tan solo una capa superficial y privatizada que cubría un estilo de vida secular caracterizado por valores animistas y períodos largos de odio y guerra entre tribus [...]. La iglesia guardaba silencio sobre temas tan críticos, de vida o muerte, como la dignidad y el valor de cada persona creada a la imagen de Dios».[16] En otras palabras, la iglesia ruandesa carecía de una perspectiva integral del reino de Dios totalmente centrada en Cristo, y por eso, no estaba preparada para cumplir con la Gran Comisión de hacer discípulos de toda la nación.

Entonces ¿qué tienen en común Laurel (Mississippi) y Kigali (Ruanda)? Dos cosas.

Primero, las dos ciudades tenían iglesias que no comprendían la respuesta de la Biblia a la pregunta fundamental: «¿Por qué vino Jesús al mundo?». Como resultado, lo que se enseñaba desde el púlpito los domingos por la mañana no tenía el impacto que el evangelio debía tener en la vida de la gente de lunes a sábado.

Segundo, a pesar de los fracasos de Su pueblo, el Rey Jesús sanó a las iglesias en ambos lugares. Pasado el tiempo, el pastor Marsh llegó a entender por completo las implicaciones del evangelio, predicó el sermón llamado «Sublime gracia para cada raza» y tomó el pulpito para hablar en contra del racismo. Hoy, iglesias en Ruanda están ayudando a los hutus y a los tutsis a reconciliarse. Es imposible frenar la sanidad que trae el reino, y anunciar esta buena nueva (el evangelio del reino) es la razón por la cual Jesucristo vino a la Tierra.

PREGUNTAS Y EJERCICIOS DE REFLEXIÓN

Por favor, escribe las respuestas a las siguientes preguntas:

1. Piensa en tu respuesta a la pregunta que se te presentó al principio del capítulo: ¿Por qué vino Jesús al mundo? ¿Qué impacto ha tenido sobre tu vida tu respuesta a esta pregunta? ¿Cómo podrías reorientar tu vida para que refleje una perspectiva más centrada en Cristo y Su reino?
2. Antes de leer este capítulo, ¿sabías que una de las razones por las cuales Israel fue enviado al cautiverio fue por no cuidar de los pobres? Dada la manera en que algunos cristianos (muchos de ellos, norteamericanos) leen la Biblia, dicen que no conocían las razones. ¿Por qué crees que es así?
3. Si le hicieras a tu iglesia la tercera pregunta de las reflexiones iniciales (¿Cuál crees que tendría que ser el principal cometido de la iglesia?), ¿cuál te parece que sería su respuesta? Quizás no sea demasiado aparente, por lo que deberías buscar la respuesta entre los sermones, los tipos de ministerios que desarrolla y la manera de llevarlos a cabo. ¿Cómo podría tu iglesia mostrar una teología del reino totalmente centrada en Cristo?
4. Cuando los pobres se relacionan con tu iglesia, ¿de qué forma ven en ella la encarnación de Jesucristo y la completa sanidad de Su reino? ¿Qué más podría hacer tu iglesia para enseñar a los pobres que ella es realmente el cuerpo de Jesucristo?
5. Enumera tres cosas específicas que intentarás hacer como resultado de lo que has leído en este capítulo. Pídele a Dios que te dé la fuerza necesaria para poder realizarlas.

REFLEXIONES INICIALES

Por favor, escribe la respuesta a la siguiente pregunta:

¿Qué es la pobreza? Haz una lista de palabras que te vengan a la mente cuando piensas en la pobreza.

Capítulo 2

¿CUÁL ES EL **PROBLEMA?**

LOS POBRES HABLAN SOBRE LA POBREZA

Al final de la Segunda Guerra Mundial, los Aliados fundaron el Banco Mundial para financiar la reconstrucción de Europa, que fue devastada por la guerra. Los esfuerzos del Banco Mundial tuvieron tanto éxito que las economías europeas experimentaron el crecimiento más rápido de su historia. Debido a esto, el Banco Mundial intentó usar una táctica parecida para ayudar a países en vías de desarrollo: con préstamos monetarios generosos para promover el crecimiento económico y reducir la pobreza. En este caso, los resultados fueron menos que exitosos. La inversión de capital había funcionado para reconstruir países como Francia, pero hizo muy poco para ayudar a lugares como India. Desde afuera, los problemas parecían iguales (la pobreza y el hambre, los refugiados, una falta de infraestructura, servicios sociales inadecuados y economías anémicas) pero algo era diferente en el mundo mayoritario, y las medidas que se tomaron para poder resolver estos problemas no funcionaron como se planeaba. A pesar de que el Banco Mundial es una de las principales instituciones del sector público que trabaja para aliviar la pobreza en los países en vías de desarrollo, este problema sigue planteándole un desafío. Durante la década de 1990, después de años de resultados muy variados, el Banco Mundial probó una nueva táctica. Consultó con «los verdaderos expertos en el tema de la pobreza, los pobres mismos»[17] y pidió a más de 60.000 personas pobres de 60 países con pocos recursos que contestaran esta pregunta básica: ¿Qué es la pobreza? Los resultados de este estudio se publicaron en una serie de tres libros titulada *Voces de los pobres*. Esta es una muestra de cómo los pobres describieron su propia situación:

> Para una persona pobre, todo es horrible: la enfermedad, la humillación, la vergüenza. Nos sentimos heridos; tenemos miedo de todo; dependemos de todos. Nadie nos necesita. Somos como la basura de la que todos se quieren deshacer.[18]
> —MOLDAVIA (EUROPA)

> Cuando no tengo nada de comida para traer a mi familia, les pido prestado principalmente a mis vecinos y amigos. Me siento muy avergonzado ante mis hijos cuando no puedo alimentar a mi familia. No me siento bien cuando no tengo trabajo. Es horrible.[19]
> —GUINEA-BISSAU (ÁFRICA)

> Hace más de dos años que no podemos celebrar ninguna fiesta con otras personas. No tenemos suficientes recursos para invitar a la gente a nuestra casa y nos sentimos incómodos visitando a otros sin llevar un regalo. La falta de contacto te deprime y te crea un constante sentimiento de infelicidad y una baja autoestima.[20]
> —LETONIA (EUROPA)

> Cuando uno es pobre, siente que no puede hablar en público, piensa que es inferior. No tiene comida, su familia sufre de hambre; no tiene ni para comprar ropa y nada mejora.[21]
> —UGANDA (ÁFRICA)

Los pobres se sienten impotentes ante su situación y son incapaces de hacerse oír.[22]
—CAMERÚN (ÁFRICA)

Tu hambre nunca se sacia; tu sed nunca se aplaca; nunca puedes dormir hasta ya no tener más sueño.[23]
—SENEGAL (ÁFRICA)

Si tienes hambre, siempre tendrás hambre; si eres pobre, siempre serás pobre.[24]
—VIETNAM (ASIA)

¿Qué determina la pobreza o el bienestar? Ser pobre es el destino de la gente indígena.[25]
—ECUADOR (SUDAMÉRICA)

Lo que no debe faltar son ovejas, porque no se puede vivir sin comida.[26]
—CHINA (ASIA)

Por favor, haz una lista de algunas palabras o frases clave que veas en los testimonios citados arriba. ¿Observas algunas diferencias entre cómo describiste la pobreza al comienzo del capítulo y cómo los pobres perciben su propia pobreza? ¿Hay algo que te sorprenda?

Hemos hecho este mismo ejercicio en decenas de iglesias norteamericanas de clase media alta. En la gran mayoría de los casos, los participantes describen la pobreza de una manera muy diferente a como lo hacen los pobres en países de desarrollo. Aunque los pobres mencionan la carencia de cosas materiales, tienden a describir su condición en términos mucho más psicológicos y sociales que los norteamericanos de clase media alta. Los pobres suelen hablar en términos de vergüenza, inferioridad, impotencia, humillación, temor, desesperanza, depresión, aislamiento social y falta de voz. Los norteamericanos con más medios suelen enfatizar la carencia de cosas materiales como comida, dinero, agua limpia, medicina, vivienda, etc. Como explicaremos más adelante, esta brecha entre las percepciones de los que son pobres y de los que no lo son podría tener consecuencias devastadoras sobre todos los esfuerzos que se están realizando para aliviar la pobreza.

¿Cómo describen los pobres de Norteamérica su propia pobreza? Aunque no parece existir ningún estudio comparable a la encuesta del Banco Mundial, muchos observadores han notado características similares de la pobreza en el contexto norteamericano. Por ejemplo, considera la perspectiva de Cornel West, un académico afroamericano que resume lo que muchos opinan actualmente sobre la pobreza en los barrios marginados[27] de Estados Unidos:

> El problema más básico que enfrenta la raza negra norteamericana [es]: *la amenaza nihilista a su misma existencia*. Esta amenaza no es simplemente una cuestión de relativa privación económica, aunque el bienestar económico y la influencia política son requisitos para un progreso significativo. Estamos hablando principalmente del profundo sentido de depresión psicológica, la falta de valor personal y la desesperación social tan difundida entre la raza negra norteamericana.[28]

Aunque la pobreza en los barrios marginados afroamericanos tiene una dimensión material, la pérdida de significado, de propósito y de esperanza también juega un papel principal como en otros lugares del mundo. Como los problemas van mucho más allá de la dimensión material, las soluciones también deben trascender lo material.

LA DIFERENCIA ES MÁS QUE ACADÉMICA

Definir la pobreza no es simplemente un ejercicio académico, porque la definición que adoptamos influye (ya sea implícita o explícitamente) en nuestros intentos para aliviarla.

Cuando una persona enferma va al médico, este puede cometer dos errores cruciales: (1) tratar los síntomas en vez de la enfermedad; (2) diagnosticar incorrectamente una enfermedad encubierta y recetar la medicina equivocada. Cualquiera de los dos errores dará como resultado que el paciente no mejore o que empeore. Lo mismo sucede cuando trabajamos con gente pobre. Si tratamos solo los síntomas o diagnosticamos incorrectamente un problema encubierto, no mejoraremos su situación, y quizás incluso empeoremos sus vidas. Y, como veremos más adelante, tal vez nos lastimemos a nosotros mismos en el proceso.

La Tabla 2.1 muestra cómo diferentes determinaciones de las causas de la pobreza llevan a distintas estrategias para aliviarla. Por ejemplo, durante la década después de la Segunda Guerra Mundial, el Banco Mundial creyó que la causa de la pobreza era principalmente una falta de recursos materiales (la última línea de la Tabla 2.1) y por eso invirtió mucho dinero en Europa y en la mayoría de los países del mundo. Esta estrategia funcionó al principio, pero no después. ¿Por qué? Porque el problema fundamental del mundo mayoritario no era la falta de recursos materiales. El Banco Mundial diagnosticó incorrectamente la enfermedad y recetó la medicina equivocada.

Si creemos que la causa principal de la pobreza es...	Lo que intentaremos hacer es...
La falta de estudios	Educar a los pobres
La opresión de la gente influyente	Trabajar por la justicia social
Los pecados personales de los pobres	Evangelizar y discipular
La falta de recursos materiales	Darles recursos materiales

[Tabla 2.1]

De igual manera, considera el típico caso de la persona que viene a la iglesia pidiendo ayuda para pagar su factura de la luz. Parece que su problema es de la última fila de la Tabla 2.1, una falta de recursos materiales y, por lo tanto, muchas iglesias responden dándole el dinero suficiente para pagar esta factura. ¿Pero qué pasa si el problema fundamental de la persona es no tener suficiente disciplina para mantener un trabajo estable? Darle dinero solamente es tratar los síntomas en vez de la enfermedad encubierta y, en vez de ayudar a largo plazo, la ayudará a seguir actuando sin autodisciplina. En este caso, dar dinero hace más daño que bien, y sería mejor no hacer nada. ¡De verdad! En vez de responder así, una solución mucho más valiosa sería que la iglesia desarrollara con esta persona una relación en la que sienta que le estás expresando: «Estamos aquí para caminar contigo y ayudarte a usar tus dones y habilidades para evitar que estés en esta situación en el futuro. Permítenos conocerte y trabajar contigo para determinar la razón por la cual estás en esta situación difícil».

Desafortunadamente, los síntomas de los pobres son, en gran parte, similares en todo el mundo: ellos no tienen «suficientes» cosas materiales.[29] Sin embargo, las enfermedades encubiertas que dan origen a estos síntomas no siempre son visibles y pueden variar de una persona a otra. Tal vez, un proceso de ensayo y error sea necesario antes de encontrar un diagnóstico adecuado. Como todos nosotros, los pobres no son completamente conscientes de todo lo que afecta sus vidas, y, al igual que nosotros, no siempre son del todo sinceros con ellos mismos ni con los demás. Incluso, aunque des con el diagnóstico apropiado, a veces puede llevar años ayudar a una persona a superar sus problemas. Además, probablemente habrá muchos altibajos en el proceso. Y, sin duda, requerirá mucho tiempo: «si *te dedicas* a ayudar a los hambrientos y a saciar las necesidades del desvalido, entonces brillará tu luz en las tinieblas, y como el mediodía será tu noche» (Isaías 58:10, énfasis añadido). «Dedicarse» muchas veces significa más que darle una limosna a una persona pobre; una limosna que probablemente le haga más daño que bien.

Un diagnóstico apropiado es indispensable para ayudar a la gente pobre sin dañarla. Pero ¿cómo podemos diagnosticar una enfermedad tan compleja? Se necesita la sabiduría divina. Aunque la Biblia no es un libro de texto para aliviar la pobreza, nos ofrece percepciones valiosas de la naturaleza humana, la historia, la cultura y de Dios para dirigirnos en la dirección correcta. Por eso, en lo que queda de este capítulo y en el siguiente, estableceremos nuestro concepto de la pobreza y cómo aliviarla en la gran narrativa de la Biblia: la creación, la caída y la redención. Reconocemos que algunos de los materiales en estos dos capítulos serán un poco abstractos. Por favor, ¡no te rindas! No serán tan pesados.

Por diseño, este libro se mueve de lo teórico a lo práctico. Necesitamos establecer una base teórica sólida si queremos tener éxito en nuestros esfuerzos para aliviar la pobreza.

LA POBREZA: UN MARCO BÍBLICO

En el principio

Bryant Myers, un destacado investigador del desarrollo comunitario cristiano, argumenta que necesitamos considerar la naturaleza fundamental de la realidad, comenzando con el Creador de esta realidad, para diagnosticar la enfermedad de la pobreza correctamente. Myers afirma que la relación está en la esencia del Dios trino, quien ha sido tres en uno desde la eternidad. Explica que, antes de la caída, Dios estableció cuatro relaciones fundamentales para cada persona: (1) una relación con Dios, (2) una relación consigo mismo, (3) una relación con el prójimo, y (4) una relación con el resto de la creación (ver la Tabla 2.1).[30] Estas relaciones son el fundamento de la vida. Cuando las cuatro funcionan como deben,

[Figura 2.1]
Adaptado de Bryant Myers, *Walking With The Poor: Principles and Practices of Transformational Development* [Caminar con los pobres: manual teórico-práctico de desarrollo transformador] (Maryknoll, NY: Orbis Books, 1999), 27.

experimentamos la plenitud de vida que Dios estableció, porque cumplimos el propósito para el cual fuimos creados. *Cuando estas relaciones funcionan como deben, las personas pueden cumplir con su llamado de glorificar a Dios por medio del trabajo y mantenerse a sí mismas y a sus familias con el fruto de su trabajo.* Esto incluye todos los tipos de trabajo que glorifican a Dios, incluso las tareas domésticas que no son remuneradas.

¡Debemos tener en cuenta que no podemos vivir la vida como a nosotros nos dé la gana! Dios creó a los seres humanos para que fueran de una forma determinada y operaran de una manera específica en el contexto de las siguientes relaciones:

- La relación con Dios: Esta es nuestra relación principal, y las otras tres se fundamentan en ella. El *Westminster Shorter Catechism* [Catecismo resumido de Westminster] enseña que el propósito principal de los seres humanos es «glorificar a Dios y gozar de Él para siempre». Este es nuestro *llamado*, la razón esencial por la cual fuimos creados. Los humanos fuimos creados para servir y alabar a nuestro Creador a través de nuestros pensamientos, palabras y acciones. Cuando lo hacemos, experimentamos (como Sus hijos que somos) la presencia de Dios como nuestro Padre celestial en una alegre y profunda relación.
- La relación consigo mismo: El ser humano fue creado a imagen y semejanza de Dios; por lo tanto, tiene un valor y una dignidad inherentes. Aunque debemos recordar que no somos Dios, tenemos la *responsabilidad*, *debido al llamado de Dios*, de reflejar Su ser, y por tener esta *responsabilidad*, somos superiores al resto de la creación.
- La relación con los demás: Dios nos creó para vivir en una relación de amor con otros. ¡No somos islas! Estamos hechos para conocernos, amarnos y animarnos unos a otros usando los dones que Dios le ha dado a cada uno para cumplir con nuestro *llamado*.
- La relación con el resto de la creación: El «mandato cultural» de Génesis 1:28-30 enseña que Dios nos creó para ser administradores: gente que entiende, protege, domina y administra

el mundo que Dios creó para preservarlo y hacerlo un lugar de abundancia. Hay que tener en cuenta que, a pesar de que Dios creó el mundo perfecto, lo dejó incompleto. Es decir, aunque el mundo fue creado sin defectos, Dios *llamó* a los humanos a interactuar con la creación para convertir posibilidades en realidades y a mantenerse con los frutos obtenidos de su propia administración.

Las flechas que apuntan a los seres humanos y las imágenes de la Figura 2.1 muestran que estas relaciones fundamentales son la base para toda la creación. Las formas en las cuales los humanos crean la cultura, incluidos los sistemas económicos, sociales, políticos y religiosos, reflejan nuestros compromisos básicos con Dios, con nosotros mismos, con los demás y con el resto de la creación. Por ejemplo, como William Wilberforce veía a «los demás» como seres creados a imagen y semejanza de Dios, dedicó su vida como político a la prohibición del comercio de esclavos en Inglaterra al comienzo del siglo xix. Wilberforce hizo cambios en el sistema político que reflejaban su compromiso fundamental de amar a otros seres humanos; entre ellos, a los africanos. Los sistemas creados por la humanidad, que incluyen las instituciones formales (gobiernos, escuelas, negocios, iglesias, etc.) y las normas culturales (roles de género, actitudes hacia el tiempo y el trabajo, conceptos de autoridad, etc.), reflejan la naturaleza de nuestras relaciones fundamentales con Dios, con nosotros mismos, con los demás y con el resto de la creación.

La cultura refleja mucho más que la expresión del esfuerzo humano. Consideremos nuevamente Colosenses 1:16-17: «porque por medio de él [Jesús] fueron creadas *todas las cosas* en el cielo y en la tierra, visibles e invisibles, sean tronos, poderes, principados o autoridades, *todo* ha sido creado por medio de él y para él. Él es anterior a todas las cosas, que por medio de él forman un todo coherente» [énfasis añadido]. Debemos tener presente que, en este pasaje, Cristo es el Creador y Protector, no solo del mundo material, sino que Su mano creadora y protectora se extiende a «todas las cosas». La protección de Cristo es continua, aun en un mundo caído. Cristo protege activamente los sistemas económicos, sociales, políticos y religiosos en los cuales vive la humanidad. ¿Cómo puede hacer todo esto? Es un misterio. Sin embargo, las Escrituras dejan en claro que, cuando los humanos participan en actividades culturales (por ejemplo, políticas o económicas), están descubriendo una creación creada, protegida y, como veremos más adelante, redimida por Cristo.

Como ilustra la Figura 2.1, las flechas que conectan al individuo con los sistemas apuntan en ambas direcciones. *La gente afecta los sistemas y los sistemas afectan a la gente.* Por ejemplo, pasamos mucho tiempo en ambientes de trabajo que influyen en nuestra forma de ser: moldean nuestra imagen, la relación con colegas y la manera en que cumplimos con el mandamiento bíblico de administrar la creación. Nuestro trabajo determina el ámbito en el cual respondemos a Dios y Él nos responde. Estos ambientes laborales operan en el contexto de sistemas locales, nacionales y globales, caracterizados por flujos rápidos de información, capital y tecnología que afectan el alcance y la naturaleza de sus operaciones.

Ahora más que nunca, los lugares donde trabajamos son moldeados según lo que pasa al otro lado del mundo. Por ejemplo, el desarrollo de las políticas económicas de China afecta la economía global. Así que el contexto en el cual nos relacionamos con Dios, con nosotros mismos, con los demás y con el resto de la creación ¡recibe la influencia de las acciones del gobierno de China!

¿De qué nos sirve todo esto?

La importancia de la doctrina de la creación se va a ir haciendo más evidente en el transcurso de este libro, pero veamos ahora algunas de sus implicaciones:

- Las cuatro relaciones claves destacan que los seres humanos son polifacéticos, lo que implica que los esfuerzos para aliviar la pobreza deben ser polifacéticos también. Si reducimos a los seres humanos a un simple cuerpo, algo físico (según la tendencia del pensamiento occidental), nuestros esfuerzos para aliviar la pobreza se deberán concentrar en soluciones materiales. Pero si recordamos que los humanos son seres espirituales, sociales, psicológicos y físicos, nuestros esfuerzos para aliviar la pobreza deberán ser integrales en su diseño y ejecución.

- La tierra es importante, como también las jirafas, los pozos, las familias, las escuelas, la música, los cultivos, los gobiernos y los negocios. Necesitamos ocuparnos de toda la creación, incluida la cultura humana, porque nuestro Creador está profundamente dedicado a ella.

- Nuestra predisposición hacia las comunidades pobres (su gente, organizaciones, instituciones y cultura) debe incluir la noción de que son parte del mundo bueno que Cristo creó y está protegiendo. Estas comunidades no son únicamente lugares de suciedad y escombros. (Si te estás preguntando sobre los efectos del pecado, deberás esperar hasta la próxima sección).

- No llevamos a Cristo a las comunidades pobres; Cristo ha estado activo en estas comunidades desde la creación del mundo, protegiéndolas «con su palabra poderosa» (Hebreos 1:3). Por lo tanto, una parte significativa de trabajar en comunidades pobres es descubrir y apreciar lo que Dios ya ha estado haciendo allí por mucho tiempo. Esta certeza nos debería dar un sentimiento de humildad y de asombro cada vez que entremos en una comunidad pobre, porque parte de lo que veamos en ella refleja la misma mano de Dios. Por supuesto, los habitantes de estas comunidades tal vez no reconozcan que Dios ha estado trabajando allí. Puede que ni siquiera sepan quién es el Señor. Por esto, parte de nuestro trabajo debería incluir presentarle a Dios a la comunidad y ayudarles a apreciar todo lo que Él lleva haciendo por ellos desde la creación del mundo. Volveremos a este tema en el capítulo 6.

La caída fue un hecho real

Por supuesto, la gran historia de la Escritura no termina con la creación. Adán y Eva desobedecieron a Dios y sus corazones se oscurecieron. Génesis relata que las acciones de Adán y Eva distorsionaron de inmediato las cuatro relaciones: su relación con Dios quedó dañada, ya que su confianza con Dios fue reemplazada por temor; la relación de cada uno consigo mismo se estropeó; su relación con los demás se quebrantó, ya que Adán rápidamente culpó a Eva por su pecado; y su relación con el resto de la creación quedó distorsionada cuando Dios maldijo la tierra y el proceso de la maternidad.

Además, como muestra la Figura 2.2, puesto que las cuatro relaciones son la base de toda actividad humana, los efectos de la caída se manifiestan en los sistemas económicos, sociales, religiosos y políticos que los humanos han creado a lo largo de la historia. Por ejemplo, por no amar a los demás como deben, los políticos han aprobado leyes que institucionalizan la esclavitud y la discriminación racial. En otros casos, por no cuidar del resto de la creación, los accionistas han permitido que sus compañías contaminen el medioambiente. Los sistemas están rotos y reflejan las relaciones rotas de los seres humanos. Además de la naturaleza y la conducta pecaminosas del ser humano, Satanás y sus legiones están causando estragos tanto en los individuos como en los sistemas.

Estas consideraciones nos llevan a la descripción de Myers de la naturaleza fundamental de la pobreza:

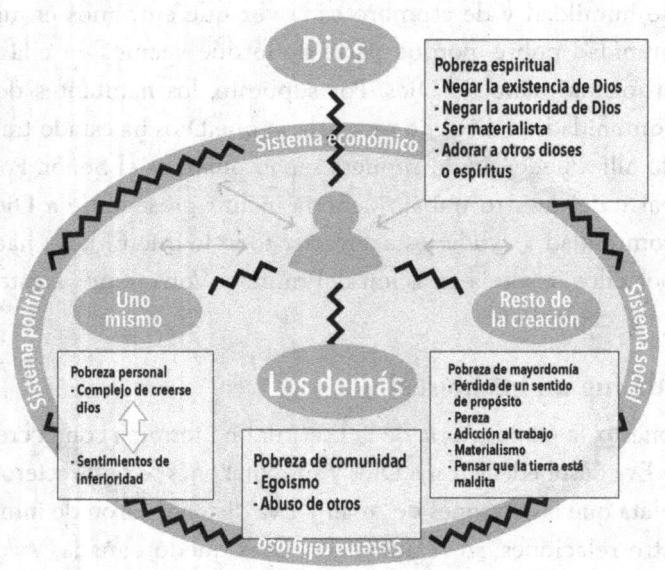

[Figura 2.2]
Adaptado de Bryant Myers, *Walking With The Poor: Principles and Practices of Transformational Development* [Caminar con los pobres: manual teórico-práctico de desarrollo transformador] (Maryknoll, NY: Orbis Books, 1999), 27.

Aunque la definición de Myers apunta correctamente a todos los efectos de la caída, es importante tener presente que ni los seres humanos ni los sistemas que ellos crean son tan malos como podrían llegar a ser. Cristo sigue sosteniendo «todas las cosas con su palabra poderosa». Por lo tanto, aunque la creación buena (que incluye tanto los individuos como los sistemas que estos crean) ha sido profundamente distorsionada, aún retiene algo de su bondad innata. Las flores todavía son bonitas. La sonrisa de un bebé trae alegría a todos los que la ven. La gente es a menudo amable con los demás. Los gobiernos construyen carreteras que nos ayudan a viajar con más facilidad. En general, las empresas pagan bien a sus empleados. Y tanto los individuos como las comunidades pobres siguen manifestando dones y bienes dados por Dios.

> **La pobreza es el resultado de relaciones que no funcionan, que no son justas, que no dan vida, que no son armoniosas ni agradables. La pobreza es la ausencia de *shalom* [paz absoluta] en todo su significado.**[31]

¿QUIÉNES SON LOS POBRES?

Detente un segundo a pensar: Si la pobreza está arraigada en el quebrantamiento de las relaciones fundamentales, entonces ¿quiénes son los pobres?

Debido a la naturaleza comprensiva de la caída, cada ser humano es pobre en el sentido de que no experimenta estas cuatro relaciones fundamentales según Dios las estableció. Como muestra la Figura 2.2, cada ser humano sufre una pobreza de confianza espiritual, una pobreza personal, una pobreza de no sentirse parte de una comunidad y una pobreza de mayordomía. Por más que queramos, todos somos simplemente incapaces de ser lo que Dios desea y no podemos experimentar la plenitud de alegría que Él creó para estas relaciones. Desde el momento de la caída, cada ser humano experimenta la realidad de sentirse como un pez fuera del agua. No encajamos porque fuimos formados para algo diferente.

Para algunas personas, la ruptura de las cuatro relaciones fundamentales tiene como resultado la pobreza material; es decir, no tener suficiente dinero para suplir sus necesidades básicas o de sus familias. Por ejemplo, imagina a María, que vive en un barrio pobre en la zona occidental de Kenia. Como mujer en una sociedad dominada por los hombres, María ha sido sometida a la poligamia, el abuso físico y verbal, una educación inadecuada y un sistema cultural que le dice continuamente que es inferior. Como resultado, María sufre una pobreza personal y carece de la confianza que necesita para buscar trabajo. Además, experimenta la pobreza material.

Desesperada, María decide trabajar por cuenta propia, pero necesita un préstamo para iniciar su negocio. Por desgracia, su pobreza de comunidad se manifiesta de una manera desagradable cuando el prestamista la explota demandando una tasa de interés del 300% por un préstamo de 25 dólares. Y esto, sin lugar a duda, contribuye más aún a su pobreza material. Sin tener ninguna otra opción, María acepta el préstamo y abre un negocio vendiendo carbón casero en el mercado local, al igual que cientos de personas más. El mercado está saturado con comerciantes de carbón, por lo que el precio se mantiene muy bajo. Aún así, a María no se le ocurre vender otra cosa porque no entiende que, cuando fue creada por Dios, se le otorgó la creatividad y la capacidad de tener dominio sobre la creación. Su pobreza de mayordomía la confina a un negocio improductivo y empeora aún más su pobreza material. Frustrada por su situación, María busca la ayuda del curandero tradicional (hechicero o brujo); una manifestación de su pobreza de confianza espiritual en el Dios verdadero. El curandero le dice que tiene una vida difícil porque los espíritus de sus antepasados están enojados y necesitan ser aplacados con el sacrificio de un toro. Hacer este sacrificio le cuesta a María una cantidad considerable de dinero, lo que aumenta aún más su pobreza material. María sufre por no tener suficientes ingresos, pero sus problemas no se resolverán al darle más dinero u otros recursos materiales. Todas estas cosas son las que hacen muy difícil cerrar la brecha de sus cuatro relaciones fundamentales.

El quebrantamiento de María se manifiesta en la pobreza material, pero para otras personas, los efectos de estas relaciones rotas se presentan de diferentes maneras. Por ejemplo, la mayor parte de mi vida he luchado con la tendencia a ser adicto al trabajo, lo cual refleja una pobreza de mayordomía, una relación quebrantada con el resto de la creación. En lugar de ver mi trabajo simplemente como uno de los caminos para glorificar a Dios, en algunas ocasiones, he hecho de mi trabajo un dios, intentando encontrar todo mi significado, propósito y valor en ser productivo. Esto no representa el diseño de Dios para la relación del ser humano con el resto de la creación. Por supuesto, es probable que no experimente pobreza material, ya que mi alto nivel de productividad suele garantizar mi sustento. Sin embargo, a veces mi pobreza de mayordomía ha tenido graves consecuencias, como relaciones tensas con mi familia y mis amigos, malestares físicos y emocionales provocados por el estrés, y debilidad espiritual por no tener suficiente tiempo para una vida piadosa en todos los sentidos.

La caída fue un hecho real y causa estragos en nuestras vidas. Todos estamos quebrantados, aunque sea de diferentes maneras.

CUANDO LA AYUDA HACE DAÑO

Una de las principales premisas de este libro es que hasta que no aceptemos nuestro propio quebrantamiento, nuestro trabajo con gente de bajos ingresos probablemente hará más mal que bien. Como vimos anteriormente, investigaciones hechas en muchos países del mundo han descubierto que la vergüenza (una «pobreza personal») es una parte fundamental del sufrimiento que la gente pobre experimenta en la relación consigo misma. La gente pobre, en lugar de verse creada a imagen y semejanza de Dios, muchas veces se siente inferior a los demás. Esto puede paralizarlos e impedir que tomen iniciativas y aprovechen oportunidades que mejoren su situación, por lo que seguirán manteniendo un estado de pobreza material.

De la misma forma, los que tienen solvencia económica (entre ellos, muchos de los lectores de este libro) también sufren la pobreza personal. Jayakumar Christian, un promotor del desarrollo, argumenta que los ricos sufren un «complejo de creerse Dios»: un sentimiento de superioridad sutil e inconsciente que nace de la creencia de que han alcanzado su patrimonio por sus propios esfuerzos y que han sido ungidos para decidir qué es lo mejor para los pobres; personas que consideran inferiores a sí mismos.[32]

Pocos de nosotros somos conscientes de tener un complejo de dios, lo cual es gran parte del problema. Muchas veces, somos engañados por Satanás y por nuestra naturaleza pecaminosa. Por ejemplo, ¿por qué quieres ayudar a los pobres? Piénsalo. ¿Qué es lo que verdaderamente te motiva? ¿Amas de verdad a la gente pobre y quieres servirla? ¿O tienes otros motivos? Te confieso que parte de lo que me motiva para ayudar a los pobres es la necesidad de hacer algo con mi vida que merezca la pena, de ser una persona de importancia, de sentir que he contribuido a una causa noble... de ser un poco como Dios. Me hace sentir bien usar mi preparación en economía para «salvar» a la gente pobre. En el proceso, sin querer, a veces convierto a la gente pobre en objetos que puedo usar para satisfacer mi propia necesidad de lograr algo. Es una verdad muy fea y me duele admitirlo, pero «cuando quiero hacer el bien, me acompaña el mal» (Romanos 7:21).

Con esto, llegamos a un importante punto: *uno de los problemas más grandes que surge con muchos esfuerzos para aliviar la pobreza es que su diseño e implementación aumentan la pobreza personal de los que tienen una riqueza material: su complejo de dios. Además, aumenta la pobreza personal de los que sufren una pobreza económica: sus sentimientos de inferioridad y vergüenza.* La forma en que actuamos muchas veces hacia los pobres, aunque no sea intencional, les hace creer que somos superiores y que ellos son inferiores. En este proceso, hacemos daño a los pobres y a nosotros mismos. Esta dinámica perjudicial suele verse en particular cuando los que intentan ayudar a los pobres son cristianos norteamericanos de clase media alta, porque tienen una perspectiva occidental y materialista de la pobreza.

Para explicar este punto, nos serviremos del ejemplo de Creekside Community Church, una iglesia predominantemente anglosajona de jóvenes profesionales urbanos, ubicada en el centro de una ciudad estadounidense. Motivada por el espíritu de la Navidad, la iglesia decidió ayudar a los residentes afroamericanos de una zona cercana de viviendas públicas con una tasa alta de desempleo, violencia doméstica, abuso de drogas y alcohol, y una gran cantidad de embarazo adolescente. Varios miembros de la iglesia expresaron su desdén hacia los residentes de las viviendas, y todos tenían miedo de entrar allí. El pastor Johnson insistió en que Jesús también amaba a la gente que vivía en ese lugar y que la Navidad era el tiempo perfecto para demostrar Su compasión.

Pero ¿qué podrían hacer para ayudar? Como creían que la pobreza era principalmente una falta de recursos materiales (la última fila de la Tabla 2.1), los miembros de la iglesia decidieron enfrentarla comprando regalos de Navidad para todos los niños del complejo de viviendas. Así que, cuando llegó el momento, fueron de puerta en puerta cantando villancicos y entregando juguetes envueltos en papel navideño a los niños de cada apartamento. Aunque al principio la situación fue un poco incómoda, los miembros de Creekside se fueron conmovidos por las grandes sonrisas de los niños y la cálida acogida por parte de las madres. De hecho, la congregación se sintió tan bien al ver la alegría que había causado que decidió expandir su ministerio, entregando canastas de dulces durante la celebración de la Pascua y pavos para el Día de Acción de Gracias.

Desafortunadamente, después de varios años, el pastor Johnson notó que era difícil encontrar suficientes voluntarios para entregar los regalos a los vecinos pobres. En una reunión de la congregación, preguntó a los miembros por qué había decaído su entusiasmo, pero fue difícil recibir una respuesta clara. Por fin, un miembro habló:

«Pastor, estamos cansados de intentar ayudar a esta gente. Les hemos llevado regalos durante muchos años, y su situación nunca mejora. Cada año, los encuentras en las mismas circunstancias. ¿Has notado que no hay ningún hombre en los apartamentos cuando entregamos los juguetes? Todos los residentes son madres solteras que continúan teniendo bebés para poder recibir más y más asistencia social. No merecen nuestra ayuda».

La realidad era que, cuando escuchaban los villancicos y veían los regalos para sus hijos a través de las mirillas de sus puertas, muchos de los padres de estas viviendas sentían vergüenza y salían por la puerta trasera de su apartamento. Por diversas razones, a los hombres afroamericanos de bajos ingresos suele costarles encontrar y mantener un trabajo. Esto contribuye a un sentimiento profundo de vergüenza e incapacidad, el cual les hace aún más difícil pedir trabajo. La última cosa que estos padres necesitaban era un grupo de gente blanca de clase media alta que les diera regalos de Navidad a sus hijos... regalos que ellos mismos no podían comprar. En el intento de aliviar la pobreza material por medio de regalos, esta congregación aumentaba la pobreza personal de estos padres. Irónicamente, todos los esfuerzos de la iglesia hacían que los padres se sintieran aún más incapaces, por lo que es probable que las acciones de la congregación estuvieran aumentando la misma pobreza material que intentaban aliviar.

Además de dañar a los residentes de las viviendas públicas, los miembros de Creekside Community también se estaban dañando a sí mismos. Se había generado una sutil sensación de orgullo por haber ayudado a los residentes de las viviendas a través de sus buenas obras. Luego, cuando observaron que no mejoraba su situación, comenzaron a sentir más y más desdén hacia estos residentes. Por último, se manifestó lo que frecuentemente se denomina «fatiga de compasión», que surgió cuando los miembros empezaron a estar menos dispuestos a ayudar a los residentes de bajos ingresos. Como resultado, la pobreza personal aumentó en los miembros de la iglesia. Es más, el proyecto terminó aumentando la separación entre los miembros de la iglesia y los residentes de las viviendas públicas, agravando así la pobreza de comunidad de todos.

Nuestros esfuerzos de ayudar a los pobres pueden dañar tanto a ellos como a nosotros mismos. De hecho, como ilustra esta historia, muchas veces las iglesias con vastos recursos económicos se encuentran encerradas en la siguiente ecuación:

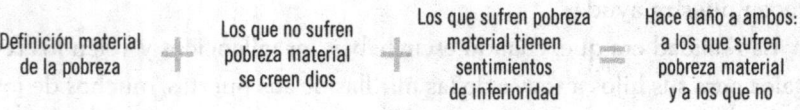

Definición material de la pobreza + Los que no sufren pobreza material se creen dios + Los que sufren pobreza material tienen sentimientos de inferioridad = Hace daño a ambos: a los que sufren pobreza material y a los que no

¿Qué se puede hacer para romper esta ecuación? Para cambiar el primer componente de la misma, *definición material de la pobreza*, es necesario un entendimiento profundo de la naturaleza de la pobreza. Los cristianos norteamericanos necesitan superar el materialismo y ver la pobreza en términos relacionales. Para cambiar el segundo componente, *los que no sufren pobreza material se creen dios*, hace falta un arrepentimiento continuo. Los cristianos norteamericanos deben entender su pecado y aceptar el mensaje de la cruz de forma profunda.

«No estoy bien y tú no estás bien; pero Jesús puede transformarnos», debemos decirnos todos los días. Una vez que hagamos esto, Dios podrá usarnos para cambiar el tercer componente de la ecuación: *los que sufren pobreza material tienen sentimientos de inferioridad*. Con nuestras palabras, nuestras acciones y principalmente un oído dispuesto a escuchar a la gente de pocos ingresos, les podremos mostrar que son personas con dones y habilidades únicos. Si hacemos todo esto, con la ayuda de Dios, podremos ayudarles a recuperar su sentido de dignidad a medida que nosotros nos recuperamos de nuestro sentido de orgullo.

Cómo arrepentirse del evangelio de salud y prosperidad

Un domingo, estaba caminado con un compañero de trabajo por Kibera, uno de los barrios pobres más grandes de África en Nairobi (Kenia). Las condiciones eran simplemente inhumanas. La gente vivía en chozas construidas con cajas de cartón. Olores nauseabundos emanaban de pozos abiertos llenos de excrementos humanos y animales. Era muy difícil mantener el equilibrio, y me resbalaba constantemente en lo que yo esperaba que fuera barro (pero que temía fuera otra cosa). Los niños buscaban cualquier cosa de valor en los vertederos. Al caminar por este lugar, me desesperaba más y más.

Este lugar está completamente olvidado por Dios, pensaba.

Luego, para mi sorpresa, allí en medio del excremento, escuché el canto de un himno conocido.

Seguramente, hay misioneros del occidente dirigiendo un culto al aire libre, pensé.

Al pasar la esquina, me sorprendió ver que la música venía de un edificio pobre, una iglesia construida con cajas de cartón que habían sido abiertas y grapadas a pedazos de madera. Cada domingo, 30 habitantes del barrio se reunían en este humilde santuario para alabar al Dios de

Abraham, Isaac y Jacob. No era bonita, pero era una iglesia; una iglesia formada por algunas de las personas más pobres de la Tierra.

Cuando llegamos al edificio, inmediatamente me pidieron que diera el sermón. Como buen presbiteriano, pensé en enseñarle a la congregación algunas doctrinas históricas de la Reforma, y rápidamente me hice unos apuntes acerca de la soberanía de Dios. Antes de empezar con mi sermón, primero hubo un tiempo para compartir y orar. Yo escuchaba mientras algunas de las personas más pobres del planeta clamaban a Dios.

«Jehová Jireh, por favor sana a mi hijo, se está quedando ciego».

«Misericordioso Señor, por favor protégeme cuando vuelva a casa hoy porque mi esposo siempre me pega».

«Rey soberano, te ruego que les des suficiente comida a mis hijos hoy porque siempre tienen hambre».

Mientras oía cómo esta gente oraba simplemente para poder vivir un día más, pensaba en mi considerable salario, mi seguro de vida y de salud, mis dos autos, mi casa y todo lo que poseía. Al escuchar las oraciones tan sinceras de los hermanos de esta congregación, pude darme cuenta de que yo no confío a diario en la soberanía de Dios, ya que tengo suficientes recursos para protegerme de las crisis económicas. También observé que, mientras estas personas tan pobres oraban la cuarta petición del Padre Nuestro, «Danos hoy nuestro pan de cada día», no se distraían como me suele pasar a mí. Me di cuenta que, aunque tengo la educación y capacitación para predicar sobre la soberanía de Dios sin necesitar ningún tiempo para prepararme, los habitantes de este barrio tan pobre confiaban en la soberanía de Dios para sobrevivir cada día. Entonces, llegué a la conclusión de que la relación con Dios de esta gente era mucho más espiritual de la que yo tenía y que jamás tendré.

Como demuestra esta historia, para muchos de nosotros que no somos pobres materialmente, el primer paso para superar nuestro complejo de dios es arrepentirnos del evangelio de salud y prosperidad. En esencia, el evangelio de salud y prosperidad enseña que Dios premia niveles mayores de fe con más cantidad de recursos materiales. Dicho de esta forma, es fácil rechazar el evangelio de salud y prosperidad con varios fundamentos bíblicos. Veamos el caso del apóstol Pablo como ejemplo.

Pablo tenía mucha fe y vivía una vida piadosa; sin embargo naufragó, le robaron, lo golpearon, lo drogaron, lo desnudaron y, además, era pobre. Piénsalo. Si alguien se atreve a sugerirme que los pobres son pobres porque son espiritualmente inferiores que los demás (lo que enseña el evangelio de la salud y la prosperidad), lo que suelo hacer es advertir a esta persona. Le digo que muchas veces las cosas no son lo que parecen, porque los pobres podrían haber llegado a esta situación por injusticias cometidas en su contra. Y aún así, no pude dejar de asombrarme de la gente en este barrio pobre de Kenia que era tan fuerte espiritualmente y sufría una pobreza tan devastadora a la vez. Allí mismo, en las entrañas de la miseria, estaba esta iglesia keniana, llena de gigantes espirituales que luchaban para comer cada día. De alguna forma, yo había supuesto que mi superioridad económica reflejaba una superioridad espiritual. Esta es la mentira del evangelio de la salud y la prosperidad: que la madurez espiritual lleva a la prosperidad económica.

El evangelio de la salud y la prosperidad es solo un aspecto de mi «complejo de dios», porque hay otras áreas en las cuales necesito aceptar el mensaje de la cruz: «Soy un desastre, ¡pero Dios aún me ama!». Si no me arrepiento, mi propia arrogancia me va a llevar a aumentar la pobreza de la gente pobre con quien trabajo porque acentuará sus sentimientos de vergüenza e inferioridad.

Ese día, en el barrio pobre de Kibera, Dios usó a los que sufren pobreza material, gente visiblemente más quebrantada que yo, para revelar mi propio quebrantamiento. Y, aunque yo pensaba que los bendeciría, ellos fueron los que me bendijeron a mí.

Una de estas cosas es diferente

Aunque todos los seres humanos somos pobres en el sentido de que todos sufrimos los efectos de la caída en las cuatro relaciones fundamentales, no sería legítimo terminar diciendo que no hay nada tan devastador como la pobreza material. La gente pobre materialmente enfrenta una lucha para sobrevivir que produce sentimientos de impotencia, ansiedad, asfixia y desesperación y que simplemente no se puede comparar con las del resto de la humanidad.

El experto en desarrollo comunitario Robert Chambers alega que los pobres están atrapados por múltiples factores interrelacionados (bienes insuficientes, vulnerabilidad, impotencia, aislamiento y debilidad física) que los enredan como mosquitos en una telaraña.[33] Imagínate estar atrapado en esta telaraña. Cada vez que intentas moverte, te enredas aún más. Piensas: *Tal vez, esta vez será diferente*, e intentas hacer un cambio en tu vida, pero inmediatamente te encuentras aún más enredado que antes. Después de un tiempo, llegas a creer que lo mejor es quedarte quieto. Las circunstancias actuales pueden ser difíciles, pero cualquier esfuerzo solo te trae más miseria. Detestas tu situación, pero no encuentras una opción mejor.

Muchos de los lectores de este libro no tienen esta clase de realidad. Creemos que podemos tomar nuestras propias decisiones y hacer cambios en nuestra vida y en nuestra situación, y esto es una suposición correcta. Según el ganador del Premio Nobel de economía, Amartya Sen, la característica más destacada de la pobreza es la falta de libertad para tomar decisiones significativas que puedan influir en la propia situación personal.[34]

Aunque la «pobreza material» está arraigada en la ruptura de las cuatro relaciones fundamentales, una realidad que todos experimentamos de alguna forma, esto *no* significa que no haya nada que distinga a «los pobres» que menciona la Escritura. Aunque hay pasajes en la Biblia que emplean el término «pobre» para describir la situación general de la humanidad, hay una variedad de textos (ver capítulo 1) que usan esta palabra para referirse a los desposeídos.

No podemos engañarnos y decir algo como: «Cumplo los mandatos de la Biblia de ayudar a los pobres porque amo a mi vecina rica y la ayudo con su conflicto matrimonial». Sí, esta señora experimenta una «pobreza de comunidad», y es bueno que la ayudes. Pero no es el tipo de persona del que se habla en pasajes como 1 Juan 3:17.

La Biblia indica que los que sufren de pobreza material están en una situación particularmente grave y necesitan atención específica (Hechos 6:1-7). Aunque toda la humanidad sufre algún problema en común con los pobres, es innegable que el sufrimiento abrumador de ellos es distinto, y que tienen un lugar especial en el corazón de Dios; algo que se subraya no solo a lo largo del Antiguo Testamento sino también del Nuevo Testamento.

PREGUNTAS Y EJERCICIOS DE REFLEXIÓN

Por favor, escribe las respuestas a las siguientes preguntas:

1. Reflexiona acerca de tu relación con Dios, contigo mismo, con los demás y con el resto de la creación. Haz una lista de las cosas que te gustaría que mejoraran en estas cuatro relaciones principales.
2. Lee Romanos 5:6-11. ¿Hasta qué punto aceptas el mensaje de la cruz, que el Dios todopoderoso murió por ti aunque fueras Su «enemigo»? ¿Crees que mereces el amor que Dios te da a través de Jesucristo?
3. ¿Crees que sufres de un «complejo de dios», un sentimiento de que eres superior a los demás y puedes determinar lo que es mejor para ellos? Si tienes este problema, ¿qué pasos específicos podrías dar para superarlo?
4. ¿Qué te motiva realmente para querer ayudar a la gente con pobreza material?
5. Piensa en las estrategias que tu iglesia o tu ministerio está empleando para ayudar a los pobres. ¿Ves evidencias del «complejo de dios»?
6. ¿Has trabajado con personas que muestran «complejo de dios»? ¿Cómo te afectó este problema a ti y al resto de la gente involucrada?
7. Piensa en alguna situación en la cual hayas intentado ayudar a otros y en las estrategias que usaste.
a. En cuanto a los posibles resultados positivos, ¿de qué manera conseguiste superar tu propia pobreza espiritual, personal, de comunidad y de mayordomía? ¿Cómo ayudaron tus acciones a otras personas a superar estas diferentes formas de pobreza?
b. Ahora piensa en los posibles resultados negativos. ¿Crees que tus acciones contribuyeron de alguna manera a aumentar la pobreza de las cuatro relaciones para ellos o para ti?
8. Ahora, piensa en los proyectos de tu iglesia y contesta las preguntas del punto 7 en cuanto a ellos.

9. Piensa en tu respuesta a la pregunta en las Reflexiones iniciales de este capítulo: ¿Qué es la pobreza? Compárala con las respuestas de los pobres mismos en la página 54. ¿Qué diferencias puedes ver?
10. ¿Tienes una «definición material de la pobreza»? Si este es el caso, ¿cómo ha influido esta definición en tu manera de ministrar a los pobres? ¿Qué daño podría haber hecho en tu ministerio?
11. ¿Estás atrapado de alguna forma en la ecuación descrita en este capítulo (ver página 70)? ¿Está atrapada tu iglesia? Si la respuesta es «sí», ¿qué pasos podrían dar para librarse?

REFLEXIONES INICIALES

Responde las siguientes preguntas:

1. *¿Qué significa aliviar la pobreza?*
2. *¿Cómo definirías el «éxito» de un ministerio que ayuda a las personas que sufren pobreza material?*

Capítulo 3

¿YA **LLEGAMOS**?

Necesitamos tener un concepto claro del «éxito» si queremos tener alguna esperanza de alcanzarlo. Así como nuestro diagnóstico de las causas de la pobreza determina los remedios que empleamos para intentar aliviarla, estos remedios también serán determinados por nuestro concepto del objetivo final. Si consideramos la pobreza como una ruptura de las cuatro relaciones fundamentales del ser humano, este capítulo explorará lo que significaría el éxito para aliviar la pobreza, y anticipa los principios, aplicaciones y métodos que desarrollaremos en lo que queda de este libro.

LA TRAMPA PARA ALISA COLLINS

Durante la década de 1990, Alisa Collins y su familia vivieron en uno de los complejos de viviendas públicas más peligrosos del centro de Chicago.[35] Alisa quedó embarazada a los dieciséis años, abandonó los estudios y empezó a vivir con bonos de asistencia social. Después de unos años, ya tenía cinco hijos de tres padres diferentes, ninguno de los cuales ayudaba con los gastos. Con pocas habilidades, sin esposo y con limitadas redes sociales, Alisa luchó para criar a su familia en un ambiente caracterizado por el abuso de drogas, escuelas deficientes, altas tasas de desempleo, un exceso de violencia, embarazos adolescentes y una ausencia de modelos a imitar.

De vez en cuando, Alisa intentaba encontrar trabajo, pero muchos obstáculos le impidieron conseguir y mantener un trabajo fijo. Primero, simplemente no había muchos trabajos con un sueldo decente para personas que habían abandonado la escuela secundaria y que vivían en un barrio marginado. Segundo, el sistema de asistencia social sancionaba a Alisa por ganar dinero, quitándole beneficios por cada dólar que ganaba y cada bien que adquiría. Tercero, la formación vocacional del gobierno y los programas de asistencia laboral confundían a Alisa, y los empleados de estos programas eran burócratas arrogantes. Cuarto, a Alisa le costaba encontrar alguien que la ayudara con sus hijos, por lo que era aún más difícil mantener un trabajo. Finalmente, Alisa se sentía inferior e incapaz. Cuando buscaba cursos de formación profesional o un trabajo y enfrentaba alguna dificultad, rápidamente perdía la confianza y se refugiaba en lo «malo conocido» de la vivienda pública y la asistencia social. Alisa se sentía atrapada, y ella y su familia solían planear escapar del barrio marginado.

¿Cómo podría tu iglesia o ministerio ayudar a aliviar la pobreza para personas como Alisa? ¿Qué significaría el «éxito» en este caso? No hay ninguna respuesta fácil a estas preguntas, pero para intentar movernos en la dirección correcta, es necesario explorar el resto de la gran narrativa de la Biblia. En el capítulo anterior, diagnosticamos el problema de la pobreza examinando los dos primeros acontecimientos del drama bíblico: la creación y la caída. Vimos que los seres humanos fueron creados para vivir en una relación sana y sólida con Dios, con ellos mismos, con su prójimo y con el resto de la creación, pero la caída rompió estas relaciones para todos los seres humanos. Sin embargo, hay buenas noticias: el drama aún no se ha acabado y todavía necesitamos considerar otro acontecimiento de la historia: la redención.

EL REINO QUE YA ESTÁ AQUÍ Y QUE ESTÁ POR LLEGAR

En el capítulo anterior, vimos que la pobreza consiste de relaciones quebrantadas. Además, observamos que la ruptura de estas relaciones se expresa no solo en lo personal sino también en los sistemas económicos, políticos, sociales y religiosos desarrollados por los seres humanos. Desde esta perspectiva, ¿cómo podemos aliviar la pobreza de Alisa? Consideremos de nuevo Colosenses 1:19-20:

> Porque a Dios le agradó habitar en él [Jesús] con toda su plenitud y, por medio de él, reconciliar consigo *todas las cosas*, tanto las que están en la tierra como las que están en el cielo, haciendo la paz mediante la sangre que derramó en la cruz [énfasis añadido].

El reverendo Marsh estaba equivocado. Jesús no solamente «salva» nuestras almas; sino que también está trayendo reconciliación a cada partícula del universo, incluso a nuestras relaciones fundamentales y a los sistemas que surgen de esas relaciones. *La pobreza está enraizada en relaciones rotas, y la solución a la pobreza se aferra al poder de la muerte y resurrección de Jesús para restaurar a su estado original la relación entre todas las cosas.*

Por supuesto, la reconciliación completa de todas las cosas no sucederá hasta la llegada final del reino, cuando habrá un nuevo cielo y una nueva tierra. Solo en ese momento, se secará toda lágrima de nuestros ojos (Apocalipsis 21:4). Hay un verdadero misterio en cuanto al progreso que podemos esperar hasta que Jesucristo regrese, y puede que haya gente buena que no esté de acuerdo. Afortunadamente, lo que debemos hacer todos los días no depende de nuestra respuesta, porque la tarea que tenemos encomendada está clara. El Rey de reyes está estableciendo un reino que traerá sanidad a cada partícula del cosmos. La Iglesia representa el cuerpo, la novia y la plenitud de Cristo, así que debe hacer lo que Él hizo: dar testimonio de la realidad de ese reino venidero con palabras y con obras. Cuando lo hagamos, podremos confiar en que Dios «confirma la obra de nuestras manos» según Su voluntad (Salmos 90:17).

ENTONCES, ¿CÓMO DEBEMOS ALIVIAR LA POBREZA?

El trabajo de Jesús se enfoca en la reconciliación, lo cual significa restablecer las cosas a su relación original. La iglesia también necesita buscar la reconciliación:

Todo esto proviene de Dios, quien por medio de Cristo nos reconcilió consigo mismo y nos dio el ministerio de la reconciliación: esto es, que en Cristo, Dios estaba reconciliando al mundo consigo mismo, no tomándole en cuenta sus pecados y encargándonos a nosotros el mensaje de la reconciliación. Así que somos embajadores de Cristo, como si Dios los exhortara a ustedes por medio de nosotros: «En nombre de Cristo les rogamos que se reconcilien con Dios». (2 Corintios 5:18-20)

Nosotros no somos los que realizamos la reconciliación, sino Jesús. No obstante, somos Sus embajadores y representamos Su reino y todo lo que esto implica en un mundo quebrantado. Esta verdad nos lleva a la siguiente definición del «alivio de la pobreza»:

> **EL ALIVIO DE LA POBREZA**
> **El alivio de la pobreza es el ministerio de la reconciliación mediante el cual se guía a la gente a glorificar a Dios y a tener una relación correcta con Él, consigo misma, con su prójimo y con el resto de la creación.**

La reconciliación de las relaciones es la brújula que guiará nuestros esfuerzos para aliviar la pobreza, moldeando profundamente las metas que nos propongamos y los métodos que usemos.

La meta *no* es convertir a los pobres del mundo en personas norteamericanas de clase media o alta; una sociedad caracterizada por altas tasas de divorcio, adicción sexual, abuso de drogas y alcohol y enfermedades mentales. Tampoco es asegurar que los pobres tengan suficiente dinero. Por cierto, el sistema de asistencia social de Estados Unidos garantizó que Alisa Collins y su familia tuvieran más que suficiente dinero para sobrevivir, pero ella y su familia se sentían atrapados. Al contrario, nuestra meta es restaurar a las personas a una expresión plena de la humanidad, para que puedan alcanzar el propósito para el cual Dios las creó y para que glorifiquen al Señor mediante una relación correcta con Él, consigo mismas, con su prójimo y con el resto de la creación. Una de las manifestaciones de la reconciliación de estas relaciones es el alivio de la pobreza material.

> **EL ALIVIO DE LA POBREZA MATERIAL:**
> Aliviar la pobreza material se logra trabajando para reconciliar las cuatro relaciones fundamentales, para que la gente pueda cumplir con su llamado a glorificar a Dios al conseguir su sustento con el fruto de su trabajo.

Hay dos factores clave en esta definición. Primero, el alivio de la pobreza material implica mucho más que asegurar que la gente tenga suficientes cosas materiales. Supone una tarea mucho más difícil: capacitar a la gente *para que gane* suficientes cosas materiales por sus propios esfuerzos, porque así fuimos creados. (Reconocemos que la autosuficiencia económica es imposible para algunas personas con discapacidades o por otros factores). Segundo, el trabajo es en sí un acto de adoración. Cuando la gente busca cumplir con su llamado de glorificar a Dios a través del trabajo, alabándolo por sus dones y habilidades y considerando sus esfuerzos y el producto de esos esfuerzos como una ofrenda para Él, el trabajo es un acto de adoración a Dios. Por otro lado, cuando el trabajo se hace para glorificarse a uno mismo o simplemente para acumular recursos, se adora a dioses falsos. La forma en la que trabajamos y para quién trabajamos realmente importan.

Definir el alivio de la pobreza como la reconciliación de las cuatro relaciones también establece los métodos que nuestras iglesias o ministerios deben usar para alcanzar esta meta. Como veremos más adelante, una perspectiva de la reconciliación influye en gran manera en cómo elegimos, diseñamos, implementamos y evaluamos nuestros esfuerzos. Pero antes de entrar en detalles, el resto del capítulo nos va a mostrar cómo nuestra perspectiva de la reconciliación influye también en nuestros métodos para aliviar la pobreza.

Orar juntos por una transformación

Cada uno de nosotros sufre el quebrantamiento de nuestras relaciones fundamentales y todos necesitamos «el alivio de la pobreza» de diferentes formas. Nuestra relación con los que sufren pobreza material debería demostrar que reconocemos que todos tenemos relaciones rotas y necesitamos la bendición de la reconciliación. Debemos pensar menos en cómo vamos a «ayudar» a las personas pobres y más en cómo podemos caminar juntos, pidiéndole constantemente a Dios que nos transforme.

Piénsalo. Si el alivio de la pobreza consiste en reconciliar relaciones, nosotros no tenemos el poder de aliviar la pobreza ni de los pobres ni de nosotros mismos. No es algo que podemos lograr a través de mejores técnicas, métodos o planificación, porque, a fin de cuentas, la reconciliación es obra de Dios. El alivio de la pobreza ocurre cuando el poder de la resurrección de Cristo reconcilia nuestras relaciones fundamentales por medio de la transformación tanto de individuos como de sistemas locales, nacionales e internacionales.

¿Estamos luchamos por esta reconciliación? ¡Por supuesto! Somos «ministros de la reconciliación». Debemos hacer lo mejor que podamos para predicar el evangelio, encontrar una cura para la malaria y fomentar la existencia de viviendas económicas. Pero parte de nuestra lucha es arrodillarnos cada día y orar:

«Señor, ten misericordia de mí y de mi prójimo, porque ambos somos pecadores... Venga a nosotros tu reino, hágase tu voluntad así en la Tierra como en el cielo, porque sin ti no podemos hacer nada por nuestras comunidades, nuestras naciones o nuestro mundo».

La fe crece al escuchar

Al fin y al cabo, no se puede lograr una reconciliación profunda de las relaciones fundamentales sin que la gente acepte a Jesucristo como Señor y Salvador. Sí, la gente puede experimentar cierto grado de reconciliación en sus relaciones sin que tengan que hacerse cristianos. Por ejemplo, aunque pueda ser más difícil, los no creyentes pueden dejar de beber alcohol y esforzarse para ser esposos más amorosos y mejores empleados sin hacerse cristianos. Entonces, cuando las cosas mejoren en sus vidas, es probable que ganen las cosas materiales necesarias. Sin embargo, ninguna de las relaciones fundamentales puede experimentar un cambio esencial y duradero sin que la persona llegue a ser una nueva criatura en Jesucristo. Y como ya dijimos, tener suficientes cosas materiales no implica aliviar la pobreza. Lo que queremos es que la gente cumpla su llamado a «glorificar a Dios, y alegrarse con Él para siempre» con su trabajo y con todo lo que hace. De nuevo, esto requiere que la gente acepte a Jesucristo como su Señor y Salvador y que experimente la vida en comunión con Él.

Aunque el modelo bíblico enseña que el evangelio debe ser comunicado tanto en palabra como en obra, la Biblia indica que, sin la proclamación verbal del evangelio, no se puede ser salvo: «Ahora bien, ¿cómo invocarán a aquel en el que no han creído? ¿Y cómo creerán en aquel que no han oído? ¿Y cómo oirán si no hay quien les predique?» (Romanos 10:14).

Una gran cantidad de diferentes elementos contextuales determinan la mejor manera y el momento apropiado para presentar el evangelio en forma verbal, y son particularmente importantes en un contexto musulmán o hindú. Pero, sin la presentación del evangelio de Cristo, no es posible que la gente experimente la transformación personal en todas sus relaciones y esto es precisamente de lo que se trata el alivio de la pobreza.

Todo esto significa que la iglesia local como institución juega un papel clave en el alivio de la pobreza, porque el evangelio ha sido encomendado por Dios a la iglesia. Esto *no* quiere decir que la iglesia local tiene que poseer, operar y administrar todos los ministerios. Tiene que haber ministerios independientes realizados por cristianos, de los cuales las iglesias también participen (instituciones paraeclesiásticas) e individuos particulares que también desempeñen un papel en esta tarea. Sin embargo, el mandato bíblico para la iglesia local significa que no podemos esperar la transformación sin su participación y la proclamación del evangelio que le ha sido encomendada.

Personas y procesos; no proyectos y productos

El objetivo es que la gente vuelva a ser aquello para lo cual fue creada por Dios: las personas tienen que entender que fueron creadas a imagen y semejanza de Dios con dones, habilidades y capacidad para tomar decisiones, y con la posibilidad de efectuar cambios en el mundo a su alrededor. Las personas a imagen y semejanza de Dios manejan sus vidas, comunidades, recursos y relaciones para la gloria de Él. Los ministerios que concentran sus esfuerzos en personas y procesos contribuyen a estos resultados más frecuentemente que los ministerios impersonales enfocados en proyectos y productos.

Podemos explicar mejor este punto contando la historia de Sandtown, un área de 72 cuadras (manzanas) en Baltimore (Maryland). Sandtown personifica las características típicas de un barrio marginado en un centro urbano de Estados Unidos: altas tasas de abuso de drogas, embarazos extramatrimoniales, violencia, casas en ruinas y desempleo. Pero en medio de este barrio marginado, en una zona de unas quince cuadras, el ministerio urbano New Song [Cántico nuevo] y New Song Community Church [Iglesia Comunitaria Cántico Nuevo] han creado una luz de esperanza en la oscuridad. Ahora, después de 20 años, New Song tiene más de 80 empleados y administra un presupuesto anual de millones de dólares para dirigir sus programas de vivienda, búsquedas de empleo, atención médica, educación y arte. Se han rehabilitado más de 200 casas y, por primera vez en décadas, se ve la esperanza en las miradas de los residentes. Por sus méritos, New Song ha recibido atención nacional como uno de los mejores modelos norteamericanos de desarrollo comunitario basado en la iglesia local.

Visité New Song por primera vez en 1996, con la esperanza de llegar a conocer su fórmula para el éxito. Impresionado por todas las viviendas rehabilitadas y los numerosos ministerios fundados, mis preguntas se enfocaban en cómo iniciar y operar tales ministerios. «¿Cómo administran el ministerio? ¿Cuáles son los costos de cada programa? ¿Cómo recaudan los fondos? ¿Quiénes están en su junta directiva? ¿Puedo leer los manuales de operación? ¿Cómo encontraron a los contratistas para renovar las viviendas?».

Los cofundadores de New Song, Mark Gornik y Allan y Susan Tibbels, contestaron mis preguntas con mucha paciencia, pero noté que querían reorientar mi interés en el dinero y en los diferentes programas hacia algo distinto, lo cual se aprecia en el siguiente pasaje del intenso libro de Mark Gornik:

Nosotros [Mark, Allan y Susan] decidimos mudarnos a un barrio en el centro de la ciudad, no con la idea de cambiarlo o salvarlo sino más bien para vivir en él, ser vecinos, aprender de los deseos de la comunidad y vivir de acuerdo a las condiciones establecidas por nuestros vecinos... Nos aferramos al compromiso del *shalom* de Dios para Sandtown, pero no teníamos planes ni programas. En lugar de imponer nuestros propios proyectos, buscamos dedicar nuestras vidas al servicio de la comunidad [...]. Por más de dos años, no trabajamos para renovar casas; al contrario, nos metimos de lleno en la vida de la iglesia y «pasamos tiempo» con la gente [...]. Durante este tiempo, las relaciones fundamentales de la iglesia se formaron [...]. Todo tenía que ver con la formación de una comunidad unida. Por ejemplo, durante el verano, por lo menos una vez al mes, nos metíamos todos en un par de camionetas y nos íbamos de picnic a un parque, visitábamos el centro de la ciudad o viajábamos a otras ciudades. El sentido de comunidad se desarrolló al divertirnos, compartir nuestras vidas y aprender a ser seguidores de Cristo juntos.[36]

¡Imagínate ir a uno de nuestros donantes y pedirle dinero para transformar una ciudad porque «hemos pasado tiempo con la gente»! Sin duda, con el tiempo, llegaron los edificios, los programas, las propuestas y las juntas directivas al ministerio de New Song, pero se establecieron desde la base de un proceso que era intencionalmente muy *participativo* desde su inicio. Mientras Mark, Allan y Susan desarrollaban amistades con los residentes, todos empezaban a soñar juntos con lo que se podría hacer para mejorar la comunidad. Los miembros de la comunidad identificaron como prioridad la necesidad de mejorar las viviendas, y con solo un dólar y sin ningún conocimiento en rehabilitar viviendas, decidieron formar una oficina local de Hábitat para la Humanidad para poder renovar casas desocupadas para sus residentes. Gornik explica:

> Fue una estrategia basada en la comunidad que capacitaría a la gente que vivía allí (personas que siempre habían sido excluidas

del proceso y los beneficios del desarrollo urbano) para poseer, administrar y manejar sus ambientes arquitectónicos y económicos. No comenzamos a planificar considerando el financiamiento; ni siquiera los fondos que podríamos recaudar. Al contrario, comenzamos con lo que era correcto para Sandtown y lo que era fiel al evangelio.[37]

En 1990, cuatro años después de que Mark, Allan y Susan se mudaran al barrio, el Hábitat Sandtown completó su primera rehabilitación de una casa. ¿Cuatro años para renovar una sola casa? Si la meta hubiera sido rehabilitar casas, no habría sido un programa muy impresionante, pero como explica Gornik, la meta era un *proceso* y no un *producto*:

> ¿Por qué tardaron tanto en rehabilitar una vivienda? ¿Por qué no dejamos que lo hicieran los profesionales? Preguntas como estas demostraban una idea errónea de nuestro proyecto. New Song y Hábitat Sandtown estaban desarrollando personas, líderes, la comunidad, una base económica y capacidades, en lugar de un producto con fines de lucro.[38]

Una de las evidencias del éxito de Mark, Allan y Susan es que ya no dirigen el ministerio New Song. New Song sigue prosperando bajo el liderazgo de miembros de la comunidad, *personas* con bajos ingresos capacitadas para un *proceso participativo* enfocado en reconciliar sus relaciones fundamentales, en vez de implementar *proyectos* para producir *productos*.

APRENDÍ TODO LO QUE REALMENTE NECESITABA SABER EN LA ESCUELA DOMINICAL (BUENO, ¡CASI TODO!)

Desde hace mucho tiempo, se debate la siguiente pregunta en el área política: «¿Qué contribuye más a la pobreza: los fracasos personales o los sistemas rotos en la vida de la gente?». Los políticos conservadores tienden a enfatizar el primer punto, mientras que los liberales se concentran en el segundo. ¿Qué punto de vista crees que es correcto?

Cuando éramos niños en la escuela dominical, muchos aprendimos que el pecado de Adán y Eva arruinó *todo*, lo que significa que tanto los individuos como los sistemas están rotos. Por lo tanto, los cristianos debemos estar abiertos a la idea de que los individuos o los sistemas podrían ser el problema, mientras tratamos de diagnosticar las causas de la pobreza en cualquier ámbito específico. Por lo menos, ¡así lo aprendimos en la escuela dominical!

Desafortunadamente, parece que pocos aprendimos en la escuela dominical que la redención de Jesús tiene un alcance cósmico, y trae reconciliación a los individuos tanto como a los sistemas. Como ministros de la reconciliación, Su pueblo también necesita preocuparse de ambos, y este será nuestro siguiente tema a tratar.

El aspecto individual: la cosmovisión importa

Cuando trabajamos con personas pobres, es necesario que tanto ellas como nosotros entendamos bien la naturaleza de Dios, de nosotros mismos, de nuestro prójimo, de la creación y la manera en que Dios diseñó las relaciones entre seres humanos. Es decir, para que estas relaciones fundamentales funcionen correctamente, es necesaria una *cosmovisión* apropiada, la cual se puede definir como «el conjunto total de creencias o suposiciones que componen la mentalidad de un individuo y determinan lo que cree y cómo se comporta».[39] Nuestra cosmovisión funciona como una lente a través de la cual vemos e interpretamos la realidad, y que influye en nuestra manera de relacionarnos con Dios, con nosotros mismos, con nuestro prójimo y con la creación en forma individual y en el ámbito de los sistemas. Como demuestra el siguiente ejemplo, una cosmovisión errónea puede ser una causa significativa de la pobreza material.

Una cosmovisión distorsionada con respecto a Dios

Veamos esta historia. Una agencia cristiana de auxilio y desarrollo comunitario intentó mejorar la cosecha para agricultores pobres en el altiplano de Bolivia. Aunque lograron incrementar el rendimiento de las cosechas, el impacto en los ingresos de los agricultores fue mucho menor que lo esperado, a causa de la profunda reverencia de los agricultores a la Pachamama, la madre diosa de la tierra que, según ellos, gobierna las siembras y las cosechas. Como buscaban el favor de la Pachamama, los agricultores compraron fetos de llama, un símbolo de vida y abundancia, para enterrar en sus campos antes de la siembra. A la hora de la cosecha, los agricultores hicieron un festival para agradecer a la Pachamama; cuanto más grande la cosecha, más grande la fiesta. Los agricultores gastaron un gran porcentaje de sus ingresos en comprar los fetos de llama y celebrar el festival de la cosecha, por lo cual estos gastos sobrepasaron los aumentos en los ingresos por los cultivos mejorados y contribuyeron a la pobreza material de los agricultores. Además, después de incrementar el rendimiento de los cultivos sin transformar la cosmovisión de los agricultores, la agencia de desarrollo se dio cuenta de que, sin querer, estaba incitando la idolatría: los agricultores adoraban cada vez más a la Pachamama por su generosidad.

Una cosmovisión distorsionada con respecto a sí mismos

Volvamos a la historia de Alisa Collins. La hija de Alisa, Nickole, habló del impacto económico en la cosmovisión quebrantada de Alisa.

«De vez en cuando, mamá intentaba dejar la ayuda pública, pero era como si estuviera atrapada en ella. Encontrar y mantener un trabajo estable era una lucha demasiado difícil. Era una madre soltera sin título secundario y con muy baja autoestima, por lo cual ella pensaba que nunca podría superarse», dijo Nickole.[40]

Además de ser un obstáculo para buscar trabajo, los sentimientos de inferioridad probablemente contribuyeron a la pobreza material de Alisa de manera sutil.

«Para muchas jóvenes (niñas, en realidad), tener un bebé podría ser la única manera de encontrar a una persona para amar y ser amada. Para jóvenes de un barrio marginado, el sexo y dar a luz [...] se tratan de una afirmación personal», declaró David Hilfiker, un médico de la ciudad.[41]

Quedar embarazada tan joven llevó a Alisa a dejar la escuela secundaria. Sin título y sin quien cuidara a sus hijos, el embarazo juvenil la llevó a la ruina económica.

Una cosmovisión distorsionada con respecto a otras personas

Esta es otra historia triste que ocurrió en un barrio marginado de Chicago. Un día, Johnny y Tyrone, dos niños de diez y once años, respectivamente, mataron a Eric Morse, un niño de cinco años. Como el pequeño se negó a robar caramelos de una tienda del barrio para ellos, lo empujaron por la ventana del cuarto piso de una vivienda pública. LeAlan y Lloyd, otros jóvenes que vivían en el mismo barrio, reflexionaron sobre el incidente:

> **LeAlan:** Si te detuvieras a pensar en toda la muerte que tienes alrededor, ¡te volverías loco! Cuando dos niños de diez años matan por un caramelo, esto demuestra lo poco que se valora la vida en este barrio. Parece que la vida tuviera el valor de 25 centavos... ¡ni siquiera eso! Puede parecer cómico, si lo piensas, pero es muy triste... digo, ¡matar por un caramelo!
>
> **Lloyd:** Supongo, que se criaron de esa forma. Simplemente seguían el ejemplo de otros. Así comenzó todo.
>
> **LeAlan:** Si nadie a su alrededor aprecia la vida, ¿por qué lo van a hacer ellos? Mira el edificio [donde ocurrió el crimen]. Entras y huele a orina, subes las escaleras y está oscuro; las luces están rotas. Cuando vives en la suciedad, tu mente absorbe la suciedad y ya no sientes nada.[42]

Carl Ellis, un erudito que ha estudiado extensivamente «el nihilismo del barrio marginado», nota que incidentes como este surgen de una cosmovisión de «gratificación del depredador» aceptada por algunos miembros del sector criminal del barrio marginado. Esta cosmovisión ve a otros seres humanos como «la presa» que se puede destruir si llena el estómago del cazador.[43] Sin duda, crímenes que emanan de tales cosmovisiones contribuyen directamente a la pobreza material de sus víctimas, pero su impacto global sobre la pobreza material de los residentes del barrio marginado es más sutil y mucho más extenso. Cuando viven en un contexto de violencia, algunos niños del barrio marginado suponen correctamente que no vivirán mucho tiempo. Como resultado, orientan sus vidas al presente[44] y tienen muy poco incentivo para invertir en su futuro, como por ejemplo, al estudiar. Por lo tanto, no recibir una buena educación contribuye a su pobreza material a largo plazo.

Una cosmovisión distorsionada respecto al resto de la creación

Una característica común del animismo, la cosmovisión que domina muchas regiones del mundo, es que espíritus impredecibles controlan el resto de la creación. Esto implica que la creación es caótica y que los seres humanos no la pueden controlar; y puede llevar a un fatalismo que impida que la gente animista ejerza dominio y que mejore su bienestar material.

Por ejemplo, los indígenas pocomchíes son de las personas más pobres de Guatemala. Gracias a los esfuerzos de los misioneros, muchos pocomchíes se convirtieron al cristianismo. Lamentablemente, los misioneros no comunicaron una cosmovisión que incorporara la administración humana sobre el resto de la creación. Por lo tanto, los pocomchíes continuaron en su fatalismo, a la espera de morir para ser liberados de los horrores de esta vida. A lo largo de los años, varias organizaciones de desarrollo trataron de ayudar a estos indígenas, construyéndoles escuelas y letrinas pero, por lo general, ellos no las usaron.

Arturo Cuba, un pastor y trabajador de desarrollo comunitario, decidió enfrentar las mentiras de la cosmovisión que formaba la base de la cultura pocomchí. Arturo notó que los pocomchíes no usaban instalaciones adecuadas para guardar los cultivos y que las ratas se comían gran porción de la cosecha, contribuyendo a la extensa desnutrición.

«¿Quién es más inteligente; ustedes o las ratas? ¿Tienen dominio sobre las ratas o las ratas los dominan?», preguntó Arturo a los agricultores pocomchíes.[45]

Los agricultores admitieron que estaban permitiendo que las ratas se aprovecharan de ellos. Entonces, Arturo les explicó la cosmovisión bíblica que enseña que los humanos fueron creados para tener dominio sobre el resto de la creación. Los pocomchíes comenzaron a aceptar esta cosmovisión y a experimentar cambios drásticos: construyeron mejores instalaciones para los cultivos, los niños empezaron a asistir a la escuela, las mujeres aprendieron a leer y los hombres adoptaron mejores técnicas agrícolas.

Como demuestran estos ejemplos, las cosmovisiones erróneas pueden ser obstáculos sustanciales para los esfuerzos de aliviar la pobreza. Por lo tanto, la transformación de nuestra cosmovisión muchas veces necesita jugar un papel central en el proceso. De hecho, en algunos casos, la cosmovisión de la gente está tan distorsionada que es difícil hacer el más mínimo progreso hasta que esta experimente un cambio de ideología. Esto repercute en gran manera en el diseño de nuestros programas y ministerios y en los tipos de financiación que escojamos. ¡A los gobiernos en general no les interesa donar para una transformación bíblica de cosmovisión! Teniendo esto en cuenta, veamos los comentarios intuitivos de LeAlan y Lloyd, los jóvenes de la vivienda pública de Chicago que mencionamos anteriormente, respecto a la necesidad de un cambio de cosmovisión (no solo más dinero o recursos) para resolver los problemas de su comunidad:

> Ahora están hablando de derrumbar todas las viviendas altas y poner a todos en edificios de uno o dos pisos para solucionar el problema de los niños que empujan a otros por las ventanas. Es cierto, es un comienzo. Pero Tyrone y Johnny podrían haber tirado a Eric de un apartamento de uno o dos pisos y, de todas maneras, se habría roto el cuello. Entonces ¿qué se va a hacer... construir un departamento aún más bajo? El asunto no es la altura del edificio. No sabes lo que es quitar una vida hasta que valoras la vida misma. Esos niños no valoraban la vida. No tenían ninguna razón *para* valorar la vida. Mataron a alguien y una parte de ellos está muerta también.[46]

Siempre debemos recordar que nuestra propia cosmovisión necesita ser transformada también. Muchos norteamericanos de hoy en día han sido profundamente influenciados por las cosmovisiones modernas y ahora postmodernas que resultan del secularismo, el materialismo y el relativismo, los cuales han contribuido a adicciones, enfermedades mentales y familias quebrantadas en nuestras propias culturas. Por ejemplo, en la búsqueda de la felicidad por medio de las posesiones materiales, muchas parejas norteamericanas están desgastándose. Ambos padres trabajan jornadas interminables en trabajos de mucho estrés. En el proceso, los hijos y los matrimonios tienden a ser descuidados, las familias se dividen y se van generando una serie de problemas psicológicos y sociales. Como algunos de los que sufren pobreza material, nuestra propia cosmovisión necesita ser transformada.

Aunque la transformación de la cosmovisión es a menudo necesaria para aliviar la pobreza material, en algunas ocasiones, por diferentes motivos, dicha transformación no es suficiente.

Primero, tener el concepto correcto de cómo debe funcionar una relación no es ninguna garantía de que la relación funcione bien automáticamente. Por ejemplo, sé que debo amar a mi esposa, ¡pero saberlo no es suficiente para levantarme del sofá y ayudarla a lavar los platos! Las relaciones sanas requieren corazones transformados y no solo mentes transformadas.

Segundo, Satanás y sus legiones están obrando en el mundo y tienen la capacidad y el deseo de dañar nuestras relaciones. Aunque todos los humanos tuvieran la cosmovisión correcta, Satanás todavía estaría a la caza, atacándonos a nosotros y al resto de la creación, fomentando la pobreza en sus distintas manifestaciones (Efesios 6:12).

Tercero, uno de los resultados de la caída es que toda la creación está maldita (Génesis 3:17-19), lo cual significa que la cosecha fracasa y que se forman huracanes, aun si nuestra cosmovisión es correcta.

Cuarto, a veces, otras personas obstaculizan o debilitan a propósito los esfuerzos para cambiar la situación de un individuo pobre.

Finalmente, la mayoría de los sistemas en los cuales viven los pobres, sistemas que contribuyen a su pobreza, están fuera de su control. Transformar la cosmovisión de los pobres no cambiará estos sistemas; algo que trataremos en la siguiente sección.

LOS SISTEMAS QUEBRANTADOS TAMBIÉN CONTRIBUYEN A LA POBREZA

Durante la década de 1970, la OPEP [Organización de Países Exportadores de Petróleo] restringió la producción de petróleo y los precios subieron alrededor del mundo. Los miembros de la OPEP recibieron ganancias enormes en dólares y depositaron su dinero en bancos estadounidenses. Luego, prestaron estos «petrodólares» a muchos países del mundo mayoritario con tasas de interés variables. El incremento del precio de petróleo causó una inflación desenfrenada en Estados Unidos. Como respuesta, la Comisión de la Reserva Federal de Estados Unidos redujo la cantidad de dinero en circulación, lo que causó que las tasas de interés ascendieran vertiginosamente y que el valor del dólar aumentara. Frente a tasas de interés altas y un dólar fuerte, muchos países ya no podían pagar sus préstamos. Como necesitaban ayuda, se dirigieron al Fondo Monetario Internacional [FMI], que respondió modificando los préstamos para que los países deudores redujeran su gasto federal, devaluaran su moneda, quitaran los aranceles de comercio, anularan el índice de inflación de salarios y abrieran sus economías al libre comercio.

¿Entendiste todo eso? Es bastante complicado, ¿no? Los agricultores del Altiplano de Bolivia y los indígenas pocomchíes en Guatemala tampoco lo entendieron ni colaboraron a que esto sucediera. Aún así, estos eventos tuvieron un enorme impacto en su situación económica.

Veamos de nuevo la Figura 2.2. La gran mayoría de los sistemas económicos, religiosos y políticos en los que vive un individuo no es creada ni afectada por ese individuo. Al contrario, la mayoría de estos sistemas es el resultado de miles de años de actividad humana que operan en el ámbito local, nacional e internacional. Es cierto, estos sistemas han sido y continúan siendo moldeados por los seres humanos, pero la mayoría de los individuos (particularmente los pobres) tiene muy poco control sobre ellos. Sin embargo, estos sistemas pueden jugar un papel importante en contribuir a su pobreza material.

Los sistemas son particularmente difíciles, porque tienden a ser invisibles cuando estamos trabajando con personas pobres. Por ejemplo, los sucesos ocasionados por las acciones de la OPEP afectaron los precios de todas las importaciones significativas de los agricultores en Bolivia (fertilizantes, semillas, crédito, tierra, mano de obra, petróleo, producción, etc.), y por eso, influyeron en el bienestar económico de estos agricultores. Pero si se trabaja en el ámbito de la comunidad, no se observa fácilmente lo que está pasando a nivel global y el papel que desempeña en la pobreza de los agricultores. Lo único que se ve son los pobres que gastan su dinero alabando a la Pachamama. Es muy fácil decir que la gente tiene la culpa (por su cosmovisión, comportamiento y valores) porque ver los defectos de las personas es mucho más sencillo que ver los de los sistemas quebrantados en los que viven.

El sistema estadounidense quebrantado

Toma el caso de Alisa Collins. Aunque su cosmovisión, sus valores y su conducta claramente contribuyeron a su pobreza material, como mujer afroamericana de un barrio marginado, ella también es víctima de poderosas fuerzas sistemáticas que le han planteado retos que la mayoría de los norteamericanos no enfrentan. El barrio marginado donde nació Alisa, no por su propia decisión, se fundó por la emigración masiva de afroamericanos de la zona rural del sur de Estados Unidos a las ciudades del norte desde 1910 hasta 1960, como resultado de la mecanización de la agricultura en el sur.[47]

Siglos de esclavitud y discriminación racial contribuyeron a los relativamente bajos niveles de educación de estos emigrantes, quienes huyeron al norte en busca de trabajo en las fábricas. En cuanto llegaron al norte, una combinación de fuerzas económicas, políticas y de discriminación en la vivienda causó que los emigrantes se concentraran en los centros de las grandes ciudades.

A pesar del hacinamiento, en los primeros años de la década de 1950, la gran mayoría de los barrios afroamericanos eran comunidades estables y viables. Sin embargo, las siguientes tres décadas fueron bastante desestabilizadoras. La renovación urbana que planeó el gobierno federal y diversos programas para construir autopistas requerían tierra en el centro de las ciudades, por lo que muchos de los barrios afroamericanos fueron arrasados. Los afroamericanos con bajos ingresos fueron reubicados en viviendas públicas, mientras que los de clase media alta se vieron obligados a mudarse a otros barrios. Mediante un conjunto de normativas que discriminaban explícita e implícitamente a los afroamericanos, la Administración Federal de Vivienda (FHA, por sus siglas en inglés) empezó a ofrecer hipotecas subvencionadas que permitieron que millones de caucásicos compraran casas en las afueras y huyeran de los centros urbanos. Irónicamente, poco después, progresos en el movimiento de los derechos civiles redujeron la discriminación de vivienda en los suburbios, permitiendo que los afroamericanos de clase media a alta se mudaran también a las afueras. Como resultado de esta migración, las comunidades afroamericanas del centro urbano perdieron líderes, modelos a seguir, familias trabajadoras y una base económica sólida.

Y, por último, los trabajos también desaparecieron. Estados Unidos pasó de tener una economía predominantemente industrial a ser en esencia una economía de servicios. Desde 1970 hasta 1985, millones de trabajos manuales con buen salario desaparecieron del centro de las ciudades y se trasladaron a otras zonas del país o a otros países. El desempleo en los centros urbanos se incrementó vertiginosamente, y muchos residentes afroamericanos del centro de la ciudad se unieron a las listas de asistencia social. Este sistema los penalizaba por trabajar y les quitaba beneficios por cada dólar que ganaban.

¿Qué surgió primero: el individuo quebrantado o el sistema quebrantado?

¿Qué sucede cuando una sociedad pone a personas relativamente jóvenes, históricamente oprimidas, sin educación y sin empleo en edificios grandes? ¿Qué pasa cuando se les niega a sus líderes, se les da una educación inferior y una atención médica inadecuada y se les paga por no trabajar? ¿Por qué nos sorprende entonces ver a jóvenes solteras embarazadas, familias quebrantadas, crímenes violentos y tráfico de drogas? Y lo que es aún peor, estos sistemas quebrantados promueven el nihilismo al dañar gravemente la cosmovisión de la gente. *La cosmovisión afecta el sistema, y el sistema afecta la cosmovisión.* Como veíamos en la Figura 2.2, las flechas apuntan en ambas direcciones.

Por ejemplo, Gornik explica que la tasa alta de desempleo causada por un sistema económico quebrantado puede destruir el concepto que uno tiene de sí mismo:

> En nuestra sociedad capitalista, donde la identidad se mide por el éxito económico e individual, la ausencia de trabajo trae vergüenza y desaliento. Además, la sociedad define la identidad según el éxito individual, por lo cual la ausencia de un buen empleo devalúa la identidad de la persona y, por extensión, afecta a la familia y la comunidad. Sentirte incapaz de mantener a tu propia familia y a la comunidad que te rodea (lo que ocurre con la ausencia estructural de trabajo en el centro de la ciudad) puede restringir severamente tu manera de pensar, sentir y actuar con respecto al futuro. En Sandtown, los efectos de todo esto fueron realmente graves.[48]

Nuevamente, las cosmovisiones afectan a los sistemas y los sistemas afectan a las cosmovisiones.

Estas consideraciones deberían hacernos pensar antes de decidir si sabemos cuál es el problema fundamental en situaciones como la de Alisa Collins. La caída fue un hecho real, y afectó tanto a Alisa como a los sistemas en los que ella nació. Desafortunadamente, como lo han demostrado investigaciones recientes, hay evangélicos caucásicos en Estados Unidos, para quiénes los sistemas han funcionado bien, que están particularmente ciegos a las causas sistemáticas de la pobreza, y culpan con rapidez a los pobres por su mala situación.[49] Los evangélicos tienden a creer que los argumentos sistemáticos de la pobreza sirven para echar la culpa del pecado personal a los sistemas y así excusar el fracaso de la gente.

Los evangélicos tienen razón cuando dicen que la Biblia nunca permite que las circunstancias de una persona sean una excusa para el pecado. Es cierto que Alisa pecó al tener relaciones sexuales fuera del matrimonio y que su pecado fue una de las principales causas de su pobreza. Pero muchas otras personas cometen el mismo pecado sin hundirse en décadas de pobreza. ¿Por qué? Parte de la respuesta es que, por varias razones históricas y contemporáneas, los residentes de los barrios marginados están integrados en sistemas que son totalmente diferentes a los de la mayoría de la sociedad. Algunos de estos sistemas han sido creados por las personas que los conforman, pero hay muchos que no.

Ser conscientes de todas estas circunstancias marca una gran diferencia cuando Alisa entra a nuestra iglesia para pedir ayuda. ¿Es cierto que Alisa ha pecado y que su mal comportamiento contribuye a su pobreza material? ¡Sí! Pero reducir su problema solo a su pecado ignora la extensión del impacto de la caída en los individuos y los sistemas, y nos ciega a la necesidad de traer la realidad de la redención de Cristo a ambos.

CUANDO LAS COSMOVISIONES CHOCAN

No somos neutrales

Cuando trabajamos con gente pobre, es crucial que nos demos cuenta de que no podemos acercarnos a ellos creyendo que sus vidas son libros con páginas en blanco. Más bien, la forma en la cual actuamos con las personas expresa nuestra propia cosmovisión, y les da una imagen de nuestro entendimiento de la naturaleza de Dios, de nosotros mismos, de los demás y del resto de la creación. Desafortunadamente, nuestras cosmovisiones están rotas, y esto hace que comuniquemos una perspectiva (una forma de entender la realidad) que a menudo está profundamente en desacuerdo con la perspectiva bíblica.

Darrow Miller, pensador del desarrollo, resume esta situación en la Figura 3.1.[50]

La cosmovisión del teísmo bíblico describe a un Dios separado de Su creación pero conectado a ella, una realidad en la cual los reinos espirituales y materiales se tocan uno al otro. Efectivamente, Colosenses 1 describe a Dios, en la persona de Jesucristo, como el Creador, el Protector y el Reconciliador de todas las cosas, incluido el mundo material. Dios mantiene el universo en la palma de Su mano y trabaja activamente para traer las bendiciones de Su reino hasta que todo el mal sea derrotado.

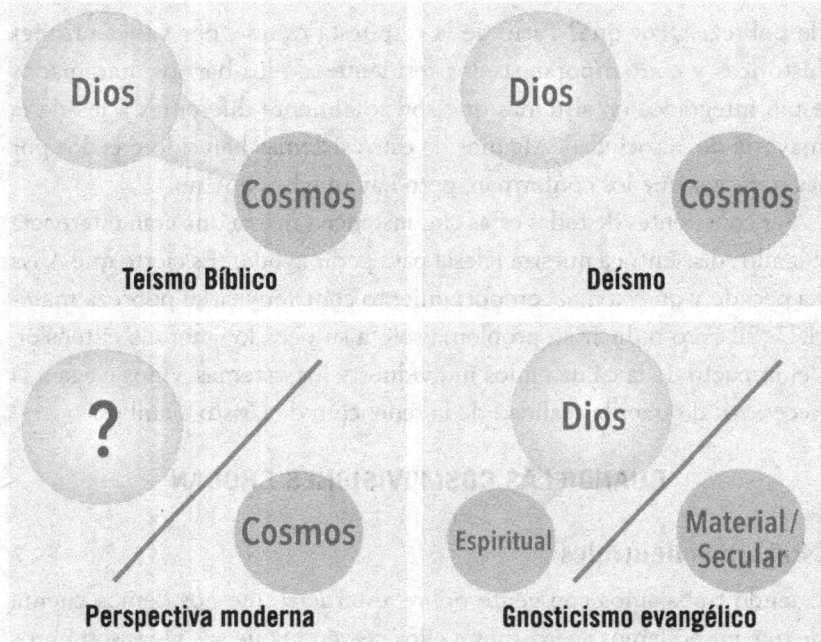

[Figura 3.1]
Adaptado de Darrow L. Miller with Stan Guthrie, *Discipling the Nations: The Power of Truth to Transform Cultures* [Discipulando naciones: el poder de la verdad para transformar culturas] (Seattle, WA: YWAM, 2001), figuras 1.7-1.10, 43-44.

Por desgracia, el pensamiento de la Ilustración, durante el siglo XVII, introdujo la cosmovisión del deísmo, una perspectiva en la cual Dios está completamente separado de Su mundo. A pesar de que el deísmo ve a Dios como el Creador del universo, lo considera irrelevante para Su funcionamiento diario. El Dios del deísmo creó el mundo para que operara por sí mismo, dándoles cuerda como un reloj, y dejándolo funcionar de acuerdo con las leyes de la naturaleza y sin necesidad de Su mano protectora. En esta cosmovisión, los humanos son en gran parte independientes de Dios y capaces de usar su propia razón para entender el mundo que Él creó.

La cosmovisión moderna, a menudo llamada «secularismo occidental», llevó al deísmo aun más lejos, removiendo la necesidad de Dios en su totalidad. En la cosmovisión moderna, no solo los reinos espirituales y materiales no se tocan, sino que el reino espiritual ni siquiera existe. El universo es fundamentalmente una máquina cuyos orígenes y mecanismos están arraigados a un proceso natural que los humanos pueden llegar a dominar a través de su propia razón.

En todo esto, podemos encontrar la causa principal de los dos primeros términos de la ecuación:

| Definición material de la pobreza | + | Los que no sufren pobreza material se creen dios | + | Los que sufren pobreza material tienen sentimientos de inferioridad | = | Hace daño a ambos: a los que sufren pobreza material y a los que no |

- *La definición material de la pobreza* emana de la creencia popular moderna de que todos los problemas, incluso la pobreza, son fundamentalmente materiales por naturaleza. Según esto, pueden ser resueltos usando la razón humana (ciencia y tecnología) que manipularía el mundo material para solucionar dichos problemas. Es más, desde el Banco Mundial, a los equipos de misiones a corto plazo, a darle dinero a una persona sin hogar en la esquina de la calle, el enfoque occidental para el alivio de la pobreza consiste en proveer recursos materiales y la tecnología que nosotros hayamos desarrollado para poder llegar a dominar esos recursos.
- *El complejo de dios de los que sufren pobreza material* es también una extensión directa de la cosmovisión moderna. En un universo sin Dios, los héroes son aquellos que pueden usar la razón de la mejor manera para llegar a dominar el mundo. En otras palabras, los que no son pobres son los vencedores en la cosmovisión moderna. Son los dioses que han llegado a dominar el universo y que utilizan su inteligencia superior y las posesiones materiales que han conseguido para salvar a los «simples mortales», a los que denominamos pobres materiales.

Tomando todo esto en cuenta, arrepentirse de los dos primeros términos de la ecuación nos obliga a ir más allá: a buscar arrepentirnos de la cosmovisión moderna, que es la causa de estos términos. El arrepentimiento es la clave para descubrir que Dios está conectado con Su mundo, es primordial en cada faceta del día a día de nuestra vida y es un Dios que puede realmente responder a nuestras oraciones.

A pesar de que los cristianos rechazan la postura de la cosmovisión moderna que niega la existencia de Dios, Darrow Miller, como muchos otros, alega que los cristianos norteamericanos se han dejado llevar por el sincretismo, y han adoptado algo que él denomina «gnosticismo evangélico», un híbrido entre la cosmovisión moderna y el teísmo bíblico. El «gnosticismo evangélico» crea una división entre lo sagrado y lo secular y enseña que Dios es el Señor del reino espiritual (el culto del domingo, las oraciones, el evangelismo, los discípulos, etc.), pero, a la vez, dice que Dios es prácticamente irrelevante para el reino «físico» o «secular»; es decir, cuestiones como los negocios, las artes, la política, la ciencia y el alivio de la pobreza. Esta división entre lo sagrado y lo secular paraliza a los cristianos de Norteamérica, haciendo que su fe sea intrascendente en el funcionamiento cotidiano de los individuos y la cultura. Como tratamos en el capítulo 1, en demasiadas ocasiones, el movimiento de misiones norteamericanas ha llevado esta división entre lo sagrado y lo secular a otras culturas, cometiendo el error de no explicarles todas las implicaciones del reino de Cristo en todos los aspectos de la vida.

Es más, el gnosticismo evangélico suele influir en los esfuerzos de los cristianos norteamericanos para el alivio de la pobreza. Muchas veces, hemos cavado pozos, proporcionado medicinas y suministrado comida sin enseñar que Jesucristo es el Creador y Proveedor de todas estas cosas materiales. Momentos después, les ofrecemos un estudio bíblico en el cual les explicamos que Jesús puede salvar nuestras almas.

Todo esto nos dice cuál es el verdadero enfoque del gnosticismo evangélico: las cosas materiales solucionan la pobreza material y Jesús soluciona la pobreza espiritual. En otras palabras, nosotros estamos anunciando a un Jesús superhéroe más que al Jesús de Colosenses 1. Como resultado, estamos fracasando porque no le presentamos a la gente pobre el único Dios que realmente puede reconciliar las relaciones rotas que son la causa de la pobreza material.

Cuando cosmovisiones defectuosas (sea la moderna o el gnosticismo evangélico) chocan con las cosmovisiones de la gente pobre, los resultados pueden ser devastadores...

La Pachamama y la penicilina

Por ejemplo, como vimos anteriormente con los agricultores bolivianos que adoraban a la Pachamama, muchos de los pobres del mundo mayoritario tienen una cosmovisión animista; creen que el mundo está controlado por espíritus poderosos e impredecibles. Cuando los extranjeros les introducen una nueva tecnología o recursos materiales, ya sean nuevos métodos agrícolas, medicina occidental o dinero, muchas veces resultan ser más poderosos que los espíritus. Al ver todos estos nuevos recursos, ¡los agricultores bolivianos podrían cambiar fácilmente de adorar a la Pachamama a adorar la penicilina! En otras palabras, sin darnos cuenta, podemos reemplazar la cosmovisión tradicional con una secular y moderna que pone su fe en la ciencia, la tecnología y las cosas materiales.[51] O alternativamente, los agricultores podrían participar en el sincretismo, al incorporar la nueva tecnología como parte de su adoración a la Pachamama, agradeciéndole por proveerles el poder de la penicilina.

Una dinámica similar puede estar presente al trabajar con los pobres en Norteamérica, particularmente en el contexto de las llamadas *Faith-Based Initiatives* [Iniciativas basadas en la fe] del gobierno estadounidense, que permiten que las organizaciones cristianas reciban financiamiento federal para las actividades «no espirituales» de sus ministerios. Por ejemplo, yo servía en la junta directiva de un ministerio que ayudaba a un grupo afroamericano de un centro urbano. Como parte de nuestro programa de capacitación profesional para personas desempleadas, nuestro ministerio se había comprometido a usar un currículo que comunicaba una cosmovisión bíblica del trabajo y que enseñaba que necesitamos que Jesucristo nos restaure para ser trabajadores productivos. Cuando solicitamos financiamiento federal para una porción de nuestro programa de capacitación, el administrador de los fondos (quien resultó ser cristiano) nos informó que la ley nos prohibía usar dinero del gobierno para cubrir gastos de un plan de estudios tan explícitamente orientado al evangelio. Él tan solo estaba haciendo su trabajo al informarnos la ley. Ningún problema con eso. Sin embargo, luego dijo: «Brian, solo quita el material explícitamente cristiano de las lecciones. Puedes enseñar los mismos valores: la responsabilidad, la puntualidad, el respeto, el trabajo duro, la disciplina, y demás, sin enunciar su base bíblica. Estos valores son buenos por sí solos, aun cuando la gente no entienda que provienen de Dios».

En realidad, el administrador de los fondos del gobierno nos estaba incitando a aplicar el gnosticismo evangélico, separando a Cristo de Su mundo, animándonos a usar las técnicas del Señor sin reconocerlo como el Creador de estas técnicas y sin recurrir a Él para dar a la gente el poder de utilizarlas.

Finalmente, decidimos no aceptar el financiamiento federal. Enseñar los valores de una «ética protestante de trabajo» sin mostrar al Creador de esos valores ni el poder transformador de Jesucristo es como entregar la penicilina sin explicar los poderes curativos de la misma. Sí, como la penicilina, estos valores funcionan por sí solos. Pero qué triste sería si hubiéramos terminado comunicándoles a los participantes del programa: «Pueden salir adelante por sus propios medios. Sean más disciplinados, trabajadores y responsables, y ustedes también podrán lograr el sueño americano de la prosperidad material».

Incluso si los participantes hubieran podido cambiar su conducta sin ninguna enseñanza bíblica, el resultado podría haber puesto su fe en los valores de la clase media alta y en sus propias habilidades para adoptar esos valores. Como consecuencia, hubiéramos reemplazado su propia cosmovisión con una cosmovisión moderna, que enseña que los humanos pueden lograr el progreso por su propia fuerza.

En este caso, es interesante considerar que muchos de los participantes en el programa de empleo ya aceptaban, por lo menos a un nivel intelectual, la mayoría de los elementos de una cosmovisión cristiana. La gran influencia de las iglesias en la comunidad afroamericana lo aseguraba. Irónicamente, si hubiéramos simplemente comunicado los valores americanos de la clase media alta, ¡nuestro «ministerio» podría haber reemplazado los elementos de la cosmovisión bíblica que los participantes ya aceptaban por una cosmovisión moderna o una gnóstica evangélica! La decisión de no basar el currículo en una cosmovisión explícitamente bíblica podría haber sido devastadora, aun si los participantes del programa hubieran obtenido trabajos y aumentado sus ingresos como resultado del programa. Necesitamos siempre tener presente que el objetivo principal es que todas las personas involucradas glorifiquen a Dios y no tan solo incrementen sus ingresos.

Las dinámicas descritas son particularmente peligrosas para los cristianos de clase media alta del siglo XXI. Por un lado, todos nosotros hemos sido influenciados en gran manera por la cosmovisión moderna que afirma que se puede entender y controlar el mundo material por medio de la razón y el esfuerzo humano sin la necesidad de entender a Dios o depender de Él. Como resultado, somos muy propensos a poner nuestra confianza en nosotros mismos y en la tecnología para mejorar nuestras vidas, olvidando que Dios es el Creador y Protector de todo: de nosotros mismos y también de todas las leyes universales que hacen que la tecnología funcione.

Por otra parte, muchos de nosotros ahora estamos siendo influenciados por una cosmovisión posmoderna que sostiene que no se puede saber la verdad absoluta. Enseña: «Puede ser que lo que es verdad para mí no sea verdad para ti. Lo que yo entiendo que dice este pasaje bíblico quizás no diga lo mismo para ti».

La influencia del posmodernismo hace que muchos cristianos tengan miedo de participar en actividades de evangelismo y discipulado. No quieren imponerles su propia interpretación de la Escritura a los demás, porque creen que la interpretación bíblica puede ser diferente según el contexto cultural.

«¿Quiénes somos nosotros para decirles lo que dice la Biblia?», preguntan los cristianos posmodernistas.

Es cierto que el posmodernismo ha hecho algunas correcciones importantes a la presunción del modernismo, pero su tendencia a desalentar a la gente de compartir la verdad transcendente de la Escritura no es una de ellas. Sí, somos criaturas finitas, frágiles y pecadoras, profundamente influenciadas por nuestro propio entorno cultural de maneras que ni siquiera podemos identificar. Por eso necesitamos tener mucho cuidado de no imponerles a otros nuestras interpretaciones y aplicaciones sesgadas por nuestra cultura de las verdades trascendentes de la Escritura. No obstante, aunque está bien tomar estas precauciones, la Biblia nunca sugiere que tener puntos de vista limitados debe evitar el estudio, la aplicación y la proclamación del evangelio (Salmos 119:105, 130; Mateo 28:18-20; 2 Timoteo 3:16–4:5). Sin duda, debemos ser humildes y examinar constantemente nuestras creencias a la luz de la Escritura. Pero no debemos evitar declarar las verdades bíblicas, de manera que nuestra confianza se apoye en el poder de la Palabra de Dios y en la presencia activa del Espíritu Santo para superar nuestras faltas.

En resumen, la gente necesita dejar de adorar a la Pachamama y empezar a adorar al Dios verdadero, el Creador de la penicilina. Este cambio requiere una explicación verbal del teísmo bíblico: «La penicilina funciona y es el Creador el que la hace funcionar. Arrodíllense y adórenlo».

El alivio de la pobreza material de Alisa Collins

Después de décadas de vivir de la asistencia social, Alisa Collins empezó a estudiar para terminar su bachillerato, mientras trabajaba a tiempo completo como maestra en un jardín infantil y se levantaba a las cuatro de la mañana para lavar la ropa de su familia antes de ir al trabajo. ¿Qué fue lo que pasó? La cosmovisión de Alisa cambió, *y también cambió* el sistema en el que vivía.

Todo comenzó cuando la señora Miller, la directora de una escuela local, contrató a Alisa para trabajar a medio tiempo como asistente de maestra. La señora Miller pronto observó que Alisa tenía un don para la enseñanza y la animó a estudiar el profesorado. Como respuesta al trato personal y al cariño de la señora Miller, Alisa empezó a sentir más confianza en sí misma. Así, mientras su cosmovisión cambiaba, hubo dos cambios importantes en el ámbito económico de Alisa. El primero fue cuando el gobierno aprobó una nueva legislación que reformaba la asistencia social y la volvía más pro trabajo. También limitaron el período de tiempo que la gente podía estar en el programa de asistencia. Alisa sabía que sus días de asistencia social se acababan y que tenía que encontrar un trabajo de tiempo completo. El segundo cambio ocurrió cuando la señora Miller le ofreció un trabajo de tiempo completo como maestra.

Las iglesias están en una posición estratégica para proveer ministerios participativos e individuales que puedan ayudar a personas como Alisa. Aunque hacer cambios grandes en los sistemas económicos nacionales e internacionales es más difícil, muchas veces, las iglesias pueden hacer suficientes cambios en los sistemas locales para permitir que personas como Alisa salgan de la pobreza material. Estos cambios se pueden lograr por medio de una influencia política, pero muchas veces simplemente es necesario mejorar las opciones económicas para los pobres, de manera que tengan la oportunidad de mantenerse a sí mismos. Por ejemplo, propietarios de negocios en tu iglesia podrían proveer trabajos para personas pobres, dándoles la oportunidad de empezar de nuevo. O tu iglesia podría emplear a la gente pobre a medio tiempo, dándoles experiencia práctica y la oportunidad de desarrollar buenos hábitos de trabajo que les servirían para poder buscar un empleo de tiempo completo en otro lugar.

Además, las iglesias también pueden ofrecerle algo a Alisa que la señora Miller no puede: una presentación clara del evangelio del reino de Dios, para que Alisa experimente el cambio profundo y duradero que se requiere para lograr el alivio de la pobreza material en su sentido más completo: *la habilidad de cumplir con su llamado de glorificar a Dios a través del trabajo y la vida entera.*

Las partes 2, 3 y 4 del libro explicarán cómo las iglesias pueden ser ministros de reconciliación, tanto para los individuos como para los sistemas en los que viven.

PREGUNTAS Y EJERCICIOS DE REFLEXIÓN

Por favor, escribe las respuestas a las siguientes preguntas:

1. Reflexiona sobre tus respuestas a las preguntas al principio del capítulo. ¿Hubo algún cambio en tu perspectiva? ¿Cuál? Por favor, explícalo.
2. ¿Alguna vez te has sentido atrapado por las circunstancias de la vida hasta el punto de creer que no podías hacer nada para cambiar la situación? Si te has sentido así, describe las emociones y conductas que esto produjo en ti. ¿Alguna vez sentiste que querías rendirte?
3. Cuando te enfermas, ¿qué haces? Lee 2 Crónicas 16:7-9, 12 y Salmos 20:7. ¿Cuál fue el pecado de Asá? Una de las características de la cosmovisión moderna es una separación no bíblica entre las esferas espirituales y físicas. Al igual que Asá, algunos individuos tienden a depender de la ciencia (la medicina, la tecnología, las máquinas, la electricidad, etc.) para resolver sus problemas, y se olvidan de clamar a Dios, quien creó y sostiene el universo. ¿Eres como Asá? ¿De qué forma necesita ser transformada tu cosmovisión?
4. Piensa en los ministerios y los esfuerzos misioneros de tu iglesia. ¿Incluyen una presentación clara y verbal del evangelio? De lo contrario, ¿de qué maneras específicas se podría incluir dicha presentación?
5. Vuelve a pensar en los ministerios y los esfuerzos misioneros de tu iglesia. ¿Se preocupan por *personas* y *procesos*, o se dirigen más a *proyectos* y *productos*? Anota algunas cosas específicas que podrías hacer para mejorar las iniciativas de tu iglesia.
6. Contesta las preguntas 4 y 5 sobre algún proyecto que conozcas que esté dirigido por gente ajena a la iglesia.
7. Piensa en los sistemas de tu comunidad, ciudad o región. ¿Es posible que los sistemas económicos, sociales, religiosos y políticos sean injustos y opresivos para algunas personas? Pregúntales a va-

rias personas pobres o de minorías étnicas cuál es su perspectiva sobre este tema. Tómate tu tiempo para escucharlos de verdad y considera lo que comparten. Luego, pregúntate: ¿Hay algo que mi iglesia o yo podamos hacer para que estos sistemas sean más justos?

8. Los ministerios con los que estás trabajando ¿enseñan que Dios es el Creador, Protector y Redentor de toda la tecnología, los recursos y los métodos que les están ofreciendo? ¿O, sin darse cuenta, enseñan que el poder se encuentra en la tecnología, los recursos o en los mismos métodos?

PARTE

2

PRINCIPIOS GENERALES *PARA* AYUDAR SIN HACER DAÑO

REFLEXIONES INICIALES

Por favor, escribe las respuestas a las siguientes preguntas:

1. *Piensa en la gente pobre de la zona donde vives que te haya pedido a ti o a tu iglesia ayuda financiera inmediata. ¿En qué circunstancias crees que sería apropiado dar dinero o cosas materiales a estas personas?*
2. *Piensa en cualquier ministerio para ayudar a los pobres que tú o tu iglesia haya llevado a cabo en otras zonas o países; por ejemplo, un viaje misionero a corto plazo. ¿En qué circunstancias tú o tu iglesia les darían dinero o cosas materiales a estas personas?*
3. *¿Tus respuestas a las dos primeras preguntas son iguales o diferentes? ¿Por qué?*

Capítulo 4

NO TODA **POBREZA**
ES CREADA IGUAL

Pones las noticias de la noche y ves que un huracán ha devastado un país en Centroamérica, dejando a millones de personas sin comida, ropa o lugar donde vivir. Después de un corte comercial, vuelven las noticias y hablan acerca del número creciente de personas sin hogar en tu propia ciudad. Estas también están sin comida, ropa o lugar donde vivir. A primera vista, se podría pensar que las respuestas apropiadas a las dos crisis son muy similares. En ambas situaciones, la gente necesita comida, ropa y alojamiento; proveer estas cosas a ambos grupos parece ser la solución obvia. Pero, al reflexionar sobre estas dos noticias, hay algo que nos inquieta. En el fondo, sentimos que las personas que se encuentran en estas dos crisis están en dos situaciones muy distintas que requieren diferentes tipos de ayuda.

¿Cómo deberíamos considerar estas dos historias? ¿Hay algún principio que pueda guiarnos a encontrar la respuesta apropiada para cada caso?

ELIGE UN NÚMERO ENTRE EL 1 Y EL 3

Un primer paso importante cuando se piensa trabajar con la gente pobre en cualquier ámbito es aclarar si la situación requiere auxilio inmediato, rehabilitación o desarrollo. De hecho, no distinguir entre estos diferentes niveles de ayuda es una de las razones más comunes por las cuales los esfuerzos para aliviar la pobreza muchas veces hacen más daño que bien.

El «auxilio» se puede definir como la provisión inmediata y temporal de asistencia crítica para reducir el sufrimiento después de una crisis, sea natural o provocada por los seres humanos. Como muestra la Figura 4.1, cuando hay una crisis como el tsunami de Indonesia (punto 1), la gente se encuentra casi completamente indefensa, y sus condiciones económicas caen de golpe. Hay una necesidad de parar la crisis, y esto es lo que el auxilio intenta hacer. Un ejemplo bíblico de la aplicación apropiada del auxilio es la historia del buen samaritano, que vendó las heridas de un hombre indefenso que estaba tirado ensangrentado al lado del camino. El auxilio sería «detener la hemorragia», parar la caída libre. La característica clave del auxilio es una dinámica de proveedor-receptor en la cual el proveedor ofrece asistencia (muchas veces, material) al receptor, quien, dadas las circunstancias, es en gran parte incapaz de ayudarse a sí mismo.

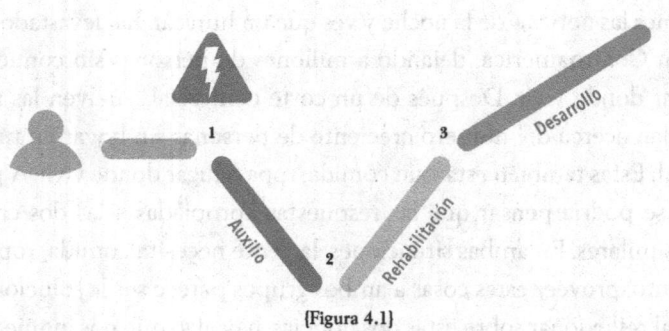

(Figura 4.1)

La «rehabilitación» comienza cuando la «hemorragia» se detiene. En esta etapa de la ayuda, se busca devolver a la gente y a sus comunidades las condiciones positivas de sus vidas anteriores a la crisis. La característica clave de la rehabilitación es trabajar *junto* con las víctimas del desastre mientras estas se recuperan, para que puedan pasar del punto 2 al 3.

El «desarrollo» comienza con un proceso de cambio continuo que impulse a todos los involucrados (tanto los que están ayudando como los que están recibiendo ayuda) hacia una relación más cercana con Dios, con ellos mismos, con su prójimo y con el resto de la creación. Cuando los pobres se esfuerzan en buscar su propio desarrollo, pueden cumplir mejor con su llamado de glorificar a Dios al mantenerse a sí mismos y sus familias con el fruto de su trabajo. El desarrollo no es algo que se hace *a* las personas o *para* las personas sino *con* las personas. La característica clave del desarrollo es promover un proceso que infunda fuerza y confianza en sí mismas a todas las personas que participan (tanto las que están ayudando como las que reciben ayuda), para que puedan alcanzar el propósito para el cual Dios las creó, y vayan más allá del punto 2 a nuevos niveles de reconciliación.

Ante una crisis, es crucial que determinemos el nivel de intervención apropiada: auxilio, rehabilitación o desarrollo.

> **Uno de los errores más graves que las iglesias cometen es dar ayuda de auxilio cuando se debería ayudar a la rehabilitación o al desarrollo.**

La ayuda que el buen samaritano dio en la Biblia fue apropiada para una persona que se encontraba en el punto 1, una víctima que necesitaba la asistencia material para detener la hemorragia e incluso evitar su muerte. Sin embargo, una persona que se encuentra en el punto 3 no está enfrentando una emergencia; por lo cual, la ayuda material no contribuye a su restauración: no le ayuda a ser el administrador productivo para lo que fue creado por Dios. De hecho, como vimos en el capítulo 2, aplicar una solución material a una persona que se encuentre en el punto 3, cuyo problema fundamental (como el nuestro) es relacional, puede dañar a esta persona y a quien provea esta asistencia material, aumentando el quebrantamiento de las cuatro relaciones clave para ambos.

El resto de este capítulo emplea el paradigma de auxilio-rehabilitación-desarrollo para elaborar algunos principios que ayuden a aliviar la pobreza. Es importante recordar que nuestra meta es que las personas con bajos ingresos y nosotros mismos glorifiquemos a Dios cada vez más a través de la reconciliación de nuestras relaciones con Dios, con nosotros mismos, con nuestro prójimo y con el resto de la creación.

¿Quiénes están en el número 1?

Muchas de las personas que vienen a tu iglesia buscando ayuda dirán que están en una crisis: por ejemplo, que necesitan urgentemente ayuda financiera para pagar la luz, la renta, la comida o el transporte. En otras palabras, dirán que están en el punto 1 de la Figura 4.1. ¿Es el auxilio la intervención apropiada para esa persona? Tal vez sí, tal vez no. Hay muchas cuestiones que debemos tomar en cuenta.

Primero, ¿hay realmente una crisis? Si no provees ayuda inmediata, ¿habrá consecuencias graves y negativas? Si no, el auxilio no es la intervención apropiada, porque hay tiempo para que la persona tome acciones por su propia cuenta.

Segundo, ¿hasta qué grado esta persona es responsable de la crisis que está pasando? Por supuesto, recordemos tratar de entender a la persona y ser compasivo con ella, principalmente porque hay factores sistémicos que juegan un papel en la pobreza. Pero también es importante considerar la culpa de la persona, porque debemos permitir que la gente experimente una porción del dolor que resulte de cualquier conducta irresponsable. Esto será parte del «amor verdadero» que es necesario para facilitar la reconciliación que debe ocurrir para conseguir aliviar la pobreza. La idea no es castigar a la persona por los errores o pecados que ha cometido sino asegurarse de que esté aprendiendo las lecciones que necesita aprender en esta situación.

Tercero, ¿puede la persona ayudarse a sí misma? Si puede hacerlo, una ayuda solo material casi nunca es la apropiada, porque debilita la capacidad del otro de administrar sus propios recursos y habilidades.

Cuarto, ¿cuántas veces ha recibido esta persona el auxilio tuyo o de los demás en el pasado? ¿Qué probabilidades hay de que la reciba en el futuro? Por especial que sea tu iglesia, ¡tal vez no sea la primera fuente de ayuda para esta persona! Es posible que esté obteniendo asistencia de «emergencia» de varias iglesias u organizaciones al mismo tiempo, haciendo que tu regalo de «solo-esta-vez» sea el décimo de esta clase que la persona haya recibido recientemente.

Mi familia experimentó esta situación hace dos meses, cuando una joven llamó a nuestra puerta pidiendo comida. Se la dimos pero, más tarde nos enteramos de que ya había estado recibiendo la misma ayuda de otros miembros de nuestra comunidad durante varias semanas, y aún la vemos yendo de puerta en puerta pidiendo comida. Cuando los vecinos le ofrecieron soluciones a largo plazo, ella las rechazó. Para demostrarle realmente amor a esta mujer, la comunidad entera debería retener cualquier auxilio, explicarle la razón y ofrecerle los brazos abiertos si es que decide caminar junto a nosotros para encontrar soluciones duraderas.

Aunque muchas de estas «reglas de oro» nos parecen intuitivas en cuanto a trabajos de desarrollo con los pobres de zonas o países donde no hay una pobreza extrema, muchos las ignoramos al trabajar con poblaciones con una larga historia de pobreza material en el mundo mayoritario. En comparación con nuestra propia situación, los niveles de pobreza de estas poblaciones parecen devastadores, y la gente nos parece indefensa. En dichos contextos, muchos de nosotros rápidamente ofrecemos dinero, nuestro trabajo y cualquier otra forma de ayuda «de emergencia» en formas que nunca habríamos siquiera considerado si estuviéramos ayudando a pobres de otro tipo de población.

Para ilustrar esto, hablemos de la asociación de ahorro y crédito que está afiliada a la iglesia Jehová Jireh, una congregación ubicada en un barrio pobre de Manila en Filipinas. Cada miembro de esta asociación de ahorro y crédito vive con aproximadamente uno a cinco dólares por día. Cada miembro deposita en el grupo solo 20 centavos por semana. La asociación usa este dinero para hacer pequeños préstamos con intereses a los miembros. Además, cada miembro contribuye con cinco centavos por semana a un fondo de emergencia, el cual se puede usar para proveer auxilio a aquellos miembros que enfrenten una crisis y necesiten ayuda urgente.

Desde nuestra perspectiva como gente de clase media alta, los miembros de la asociación son extremadamente pobres. Por esto, debemos explicar la política desarrollada por la asociación de ahorro y crédito en cuanto a su fondo de emergencia. El dinero del fondo se presta (no se regala) a una tasa de interés cero a los miembros del grupo cuyos familiares se enfermen. Este dinero no se presta para ayudar a pagar los recibos de la luz ni del agua. Según el grupo, pagar impuestos no constituye una emergencia, ya que son los gastos habituales de una vivienda, y los miembros del grupo deben estar preparados para eso. El grupo ni siquiera ofrece préstamos de emergencia para la hospitalización después de un parto, ya que la familia tiene nueve meses para prepararse. Por último, la cantidad que se presta del fondo de emergencia se limita a las contribuciones de ahorro que la persona que solicita el préstamo haya realizado al fondo. ¡Los miembros de esta asociación son huesos duros de roer!

Pero ¿qué ocurre cuando una iglesia de afuera que busca cómo ayudar se encuentra con los miembros de la asociación de ahorro y crédito de la iglesia Jehová Jireh? Muchas veces, extrapolamos nuestras propias ideas acerca de lo que sería un nivel de vida aceptable a una situación de crisis. Por esto, tomamos el camino rápido, empleamos el auxilio y repartimos dinero de maneras que la gente local consideraría imprudente y que pueden fomentar la dependencia. Y, en este proceso, podemos debilitar el juicio, la disciplina, la responsabilidad, la administración, los ahorros y las instituciones locales. De hecho, algunos estudios han demostrado que la inyección de fondos externos en estos grupos de ahorro y crédito normalmente los lleva a la ruina.[52] Lo que no queremos decir aquí es que apliquemos la política de la asociación de ahorro y crédito de la iglesia Jehová Jireh a todas las iglesias y todos los contextos. En cambio, una vez que decidamos que el auxilio es la intervención apropiada, debemos tener cuidado de no imponer nuestras propias ideas culturales a contextos que no entendemos del todo.

Como hablaremos con más profundidad en el capítulo 11, hay herramientas de evaluación que pueden ayudarte a discernir la naturaleza de la situación de una persona. Estas herramientas pueden extenderse desde un conjunto informal de preguntas en una conversación inicial a un formulario escrito más formal y detallado. Tales herramientas de evaluación ayudan a identificar el tipo de ayuda que podría beneficiar más, y determinar si la necesidad de ayuda es verdadera. Además, pueden revelar la voluntad de la persona de enfocarse en los problemas más amplios en su vida que pueden haber contribuido a la situación en la que se encuentra.

En particular, tener normas de benevolencia ayudará a tu iglesia o ministerio en el proceso de toma de decisiones. Estas normas deben nacer de tu misión y visión y ser coherentes con una perspectiva bíblica de la naturaleza de la pobreza y su alivio.

¿Quién está en el punto número 1? Es muy probable que no conozcas a muchas personas en esta categoría, porque la realidad es que solo un porcentaje muy pequeño de los pobres en tu comunidad y alrededor del mundo requiere la ayuda de auxilio. Los que se encuentran en el punto número 1 podrían ser personas seriamente discapacitadas, ancianos, huérfanos muy pequeños, vagabundos con enfermedades mentales o víctimas de desastres. La gente en estas categorías muchas veces es incapaz de ayudarse a sí misma y necesita ser auxiliada. Sin embargo, para la mayoría, la emergencia ha pasado, la «hemorragia» se ha detenido y no son indigentes, por lo que actuar como si fueran completamente indefensas les hará más mal que bien, tanto a ellas como a nosotros. Esto no significa que no debemos hacer nada para ayudar a los que no son indefensos. Simplemente, la rehabilitación o desarrollo (y no el auxilio) será la forma adecuada de ayudar a estas personas. Esta ayuda podría incluir un apoyo de dinero, pero con la condición y el compromiso de que el que la recibe sea productivo. Los capítulos 8 y 9 proveen ejemplos de intervenciones en las que se ayuda a la gente a través de complementar el trabajo y el ahorro con recursos adicionales.

¿A qué nos referimos con «auxilio eficaz»?

Si determinas que el auxilio es la respuesta apropiada en cierta situación, hay algunos principios que te pueden ayudar para que tus esfuerzos de auxilio sean más eficaces.

Primero, el auxilio necesita ser *inmediato*. Si una persona está en medio de una crisis y no puede ayudarse a sí misma, una respuesta oportuna es crucial. Por ejemplo, cuando ocurre un desastre natural a gran escala, las víctimas no pueden esperar semanas mientras las iglesias tratan de decidir qué deben hacer y cómo encontrarán financiamiento. De la misma forma en que actúes frente a un desastre a gran escala, debes hacerlo ante una mujer que ha sido maltratada y que ha venido valientemente a la oficina de la iglesia buscando un albergue seguro. Mandarla de regreso a casa a esperar mientras la iglesia le busca un refugio no es una buena respuesta a una circunstancia que requiere auxilio.

Con el fin de proveer el auxilio oportuno, es importante prepararse para cualquier desastre que pudiera ocurrir. Esto simplemente significa mirar al futuro y prever los tipos de situaciones de auxilio que la iglesia o el ministerio podrían enfrentar. Los recursos financieros, materiales y humanos deberían identificarse y asegurarse para actuar en el momento adecuado. Por ejemplo, los diáconos podrían asegurar que la iglesia tenga un directorio de servicios disponibles entre los miembros de su iglesia para atender diferentes necesidades de auxilio. También, podrían hacer una lista de personas dentro de la congregación que estarían dispuestas a ayudar a alguien que está en medio de una crisis. Dicha ayuda podría incluir abrir su hogar por algunas noches, proveer transporte a alguna agencia, llevar a la persona en crisis a comer u organizar las donaciones de ropa de la iglesia.

Segundo, el auxilio es *temporal* y será provisto solo durante el tiempo que la persona que está atravesando una crisis no pueda ayudarse por sí misma. Desafortunadamente, determinar cuándo se debe parar de auxiliar nunca es fácil, porque se podría cometer el error de dejar de ayudar demasiado pronto. Una familia sin seguro médico que está enfrentando muchas facturas médicas debido a una emergencia de salud quizás necesite más que una sola donación de cien dólares del fondo de benevolencia de la iglesia. Por otra parte, si el auxilio se aplica por mucho tiempo, podría crear la dependencia. Nuevamente, tu iglesia necesita tener normas de benevolencia establecidas que definan el grado, la frecuencia y el período de tiempo que se puede dedicar al auxilio. Aunque pueda haber ocasiones en las que se necesite trabajar fuera de estas normas, tenerlas ayudará a proveer el auxilio apropiado.

Entonces, ¿a qué nos referimos con «auxilio eficaz»? Podemos resumirlo en tres palabras: Ocasional. Inmediato. Temporal.

Abordar el auxilio y la rehabilitación en etapas

Una vez que los esfuerzos de auxilio han detenido la «hemorragia», es el momento de pasar rápidamente a la rehabilitación: de trabajar *con* y no *para* la gente, para ayudarla a restaurar las condiciones positivas de su estado anterior a la crisis. Nuevamente, la rehabilitación se debe hacer de una forma que se coordine con la meta final del alivio de la pobreza: que la gente de bajos ingresos y nosotros mismos glorifiquemos a Dios cada vez más a través de la reconciliación de nuestras relaciones con Dios, con nosotros mismos con nuestro prójimo y con el resto de la creación.

Hace más o menos 20 años, mi esposa y yo animamos a miembros de nuestra iglesia a servir como voluntarios en un albergue cristiano para desamparados. La mayoría de los hombres que vivían en el albergue habían experimentado algún tipo de trauma: el divorcio, la muerte de un familiar o la pérdida del trabajo. En busca de aplacar el dolor con drogas o alcohol, habían perdido todo y necesitaban ayuda urgente para sobrevivir a las condiciones heladas del invierno del estado de Connecticut. Al proveer comida y camas abrigadas, el albergue había detenido la caída de estos hombres, y ahora estaba tratando de ayudarlos a rehabilitarse a través de varios servicios de consejería.

Una vez al mes, los miembros de nuestra iglesia comprábamos comida, la cocinábamos, la servíamos a los residentes del albergue y, al finalizar, limpiábamos todo antes de salir. Lo único que no hacíamos era ponerles la comida en la boca, y nunca les pedimos que hicieran nada durante todo el proceso. Un enfoque más participativo hubiera sido haber buscado más cooperación por parte de estos hombres en su propia rehabilitación, pidiéndoles que ejercieran su administración como parte del proceso de reconciliar sus relaciones clave. Podríamos haber involucrado a los hombres en cada paso del proceso, desde planear la cena y comprar la comida hasta ayudar a servir la comida y a limpiar. Podríamos haber hecho la cena *con* los hombres, trabajando y comiendo a su lado, en vez de servir la cena *a* los hombres, motivando una dinámica de proveedor y receptor, que probablemente confirmó nuestro sentido de superioridad y su sentido de inferioridad.

Abordar la rehabilitación, e incluso el auxilio, con un método participativo se considera actualmente «el mejor enfoque» para este tema. Por ejemplo, el libro *Minimum Standards of Disaster and Rehabilitación Assistance* [Estándares mínimos de atención de desastres y rehabilitación] incluye las siguientes pautas, a las cuales hemos agregado algunos comentarios.[53]

- Asegurar la participación de la población afectada en la valoración, el diseño, la implementación, el monitoreo y la evaluación del programa de ayuda. Es lo mismo que afirmar que los hombres en el albergue tienen que participar en cada aspecto de la ayuda; no solo de la preparación de la cena, ¡sino también del diseño, la implementación y la evaluación de todos los programas del albergue para las personas sin hogar! Esto puede parecer algo raro o quizás excéntrico, pero, evidentemente, se necesita usar el buen juicio para determinar la capacidad de las personas para que tomen decisiones sabias y acepten sus responsabilidades. Es muy importante trabajar desde la perspectiva de que, así como todos somos creados a imagen y semejanza de Dios, todos estamos quebrantados y podemos experimentar la reconciliación con Cristo. Necesitamos tratar a la gente como los administradores responsables que queremos que sean, ¡y preguntarles su opinión de vez en cuando! Sin duda, las personas sin hogar saben algo sobre, justamente, no tener un hogar.

- Realizar una evaluación inicial para proveer una noción del contexto en que ha ocurrido el desastre y determinar la naturaleza de la respuesta. Esta sería una situación un poco distinta a la de llenar un autobús con voluntarios de tu iglesia y correr a una zona devastada el día después de que ocurra un huracán. Es necesario conocer el contexto y la situación local o estar trabajando bajo el amparo o la coordinación de alguien que ya conozca la situación.
- Responder solo cuando las necesidades de una población afectada no se cubren debido a la incapacidad o a la falta de voluntad de ayudar de la gente o las organizaciones locales. Debemos dejar constancia de lo difícil que es esta metodología. Si la gente y las organizaciones locales son capaces y están dispuestas a ayudar a los que están en crisis, ¡no te metas! En general, la gente local sabe la mejor manera de realizar dicho trabajo. Además, la meta final del trabajo del desarrollo es que los lugareños se encarguen de sus propias vidas y comunidades. Lanzarse con una gran cantidad de conocimientos y recursos extranjeros puede debilitar las cuatro relaciones clave de esa comunidad, una de las cuales es ser administrador «del resto de la creación». Si necesitan ayuda, bríndasela; pero si no la necesitan, solo les causarás daño al ayudar.

- Desde una perspectiva bíblica, debemos matizar las pautas de este «mejor enfoque» del método participativo. Siempre que sea posible, los familiares de las víctimas deberían ser las primeras personas que respondan a una crisis, independientemente de que vivan cerca o lejos (1 Timoteo 5:3-4). Sin embargo, en muchas situaciones de auxilio, no hay suficiente tiempo para involucrar a los familiares, particularmente si viven lejos de donde está ocurriendo la crisis. En dichas situaciones, las primeras personas en responder a la crisis deben de ser las que vivan más cerca.
- Decidir quiénes van a ayudar, según una valoración de la vulnerabilidad y la necesidad de la gente, y proveer ayuda imparcial y equitativa. Debes preocuparte de evaluar con precisión que la gente que recibe ayuda sea realmente vulnerable y tenga necesidad. Desperdiciar recursos debilita el desarrollo de la administración, la responsabilidad y la capacidad individual y comunal. Las mujeres en la asociación de ahorro y crédito de la iglesia Jehová Jireh entendían bien este tema.
- Asegurar que los trabajadores que se ocupen del auxilio tengan la competencia, la actitud y la experiencia apropiadas para planear e implementar eficazmente sus programas. En este caso, debes revisar tanto la habilidad como la actitud. En ciertas crisis complejas, los voluntarios sin entrenamiento son más un estorbo que una ayuda, particularmente cuando no están trabajando bajo el amparo de una organización con experiencia. Nuevamente, ir a una zona de desastre puede causar más mal que bien, por lo que una actitud de humildad y quebrantamiento van a ser de suma importancia. La dinámica de proveedor-receptor en la situación de auxilio se presta a todos los problemas que hemos discutido sobre el complejo de dios de los proveedores y los sentimientos de inferioridad de los receptores. Los peligros son aún más graves en los contextos de rehabilitación en los cuales los receptores tienen la capacidad de participar en su propia recuperación. En tales situaciones, una actitud de «estoy aquí para salvarte» puede debilitar gravemente el desarrollo de la iniciativa y la administración de los receptores.

Un mal auxilio debilita la alabanza a Dios

Se cree que el enorme vecindario de Kibera en Nairobi (Kenia), es el barrio pobre más grande de África. Trabajadores de desarrollo se refieren frecuentemente a Kibera como «la tierra quemada», porque décadas de trabajo por parte de organizaciones extranjeras bienintencionadas han hecho que sea casi imposible hacer un trabajo de desarrollo duradero allí. Por no reconocer que la intervención apropiada para Kibera no es el auxilio ni la rehabilitación, organizaciones extranjeras han invertido recursos financieros y humanos, debilitando la iniciativa local en el proceso. Alvin Mbola, un trabajador keniano de desarrollo comunitario que intenta construir y fortalecer las iglesias indígenas en Kibera, describe la situación de la siguiente forma:

> Para mucha gente, el barrio pobre de Kibera en Nairobi (Kenia), es un lugar sin igual. Es sucio, congestionado, degradado e inadecuado para que viva la gente. Como la referencia proverbial en la Escritura al lugar de nacimiento de Jesucristo, mucha gente cree que «nada bueno puede salir de Kibera». Por lo tanto, la mayoría de las ayudas dirigidas a este lugar son motivadas por la simpatía de extranjeros, quienes frecuentemente ofrecen donaciones con el intento de proteger a los habitantes de los problemas tan grandes que perciben.

En realidad, muchos de los problemas de Kibera vienen de temas crónicos que solo pueden resolverse a través de una relación constante y duradera con los residentes. Los cambios en los individuos y las comunidades no son instantáneos; se requieren relaciones duraderas para extraer lo mejor de «lo que es» y «lo que puede ser». La gente en Kibera tiene capacidades, habilidades y recursos que necesitan usarse para alcanzar un verdadero desarrollo, pero el proceso de identificar y movilizar estos dones y beneficios toma tiempo. Desafortunadamente, por muchos años, las organizaciones no gubernamentales que han trabajado en Kibera se han dedicado a «emparchar la situación». Entonces surge la frustración, porque los cambios en los individuos no ocurren tan rápido como se anticipa. Muchas de estas organizaciones terminan cerrando o mudándose a otras partes del país, dejando a la gente en una peor situación de la que estaba antes. En el proceso, las vidas de los individuos y de las comunidades quedan devastadas. Parece que muchos donantes están dispuestos a dar a cualquier nuevo proyecto de ayuda siempre y cuando vean fotos de la Kibera «dilapidada».

Por supuesto, hay ciertas ocasiones en las que se requiere acciones de auxilio en Kibera. Por ejemplo, muchas veces, hay incendios que destruyen casas y negocios. Puede ser necesario traer recursos desde afuera para proveer auxilio y rehabilitar estos lugares. Pero aun en estas situaciones, se debe tener cuidado para que los esfuerzos de auxilio no sean tan prolongados que debiliten la administración de la gente local de sus propias vidas y comunidades.

El tema fundamental en todas estas consideraciones es que Dios, como trabajador que es, ordenó el trabajo para que los humanos pudieran adorarlo a través del mismo. Los esfuerzos de auxilio aplicados de una forma inapropiada suelen causar que los beneficiarios se abstengan de hacer su trabajo, limitando su relación con Dios al quitarles esta forma tan importante de alabarlo.[54]

EL VENENO DEL PATERNALISMO

¿Ya te sientes abrumado? El alivio de la pobreza es más complejo de lo que parece a primera vista. Sin embargo, hay una regla de oro que es extremadamente útil y que reduce dicha complejidad: *evita el paternalismo*.[55]

Memoriza esto, recítalo todo el día y llévalo contigo como si fuera parte de ti. Cada vez que participes en un ministerio para aliviar la pobreza, ten siempre muy presente esta norma, porque puede prevenir que hagas cualquier tipo de daño.

EVITA EL PATERNALISMO
No hagas cosas por las personas que pueden hacerlo por sí mismas.

El paternalismo viene en una variedad de formas:

El paternalismo de recursos

Del paternalismo de recursos ya se ha hablado mucho en este libro. Provenientes de una cultura materialista, los norteamericanos solemos ver la solución a la pobreza en términos materiales, y tendemos a invertir recursos financieros y materiales en situaciones en las cuales la verdadera necesidad es que la gente local pueda administrar sus propios recursos. Además, legítimos negocios locales pueden verse debilitados cuando los extranjeros traemos cosas como ropa o materiales de construcción gratis, rebajando el precio que estos negocios necesitan para sobrevivir.

El paternalismo espiritual

También hemos hablado ya del paternalismo espiritual. Muchos de nosotros suponemos que tenemos que enseñar a los pobres acerca de Dios y que debemos ser nosotros los que prediquemos desde el púlpito, enseñando la clase de escuela dominical o dirigiendo la escuela bíblica de vacaciones. Tenemos mucho que compartir de nuestro conocimiento y experiencia, pero muchas veces, los pobres tienen una relación aun más profunda con Dios y tienen percepciones y experiencias que pueden compartir con nosotros, si tan solo paramos de hablar y empezamos a escuchar.

El paternalismo del conocimiento

El paternalismo del conocimiento ocurre cuando suponemos que tenemos todas las mejores ideas de cómo hacer las cosas. Como resultado, creemos que los pobres necesitan que pensemos por ellos respecto a la mejor forma de plantar sus cultivos, operar sus negocios o curar sus enfermedades. Manejar el conocimiento es un aspecto difícil en la búsqueda del alivio de la pobreza, porque la verdad es que muchas veces sí tenemos el conocimiento que podría ayudar a los que sufren pobreza material. Pero igualmente debemos reconocer que los pobres también tienen percepciones únicas de sus propios contextos culturales y que están enfrentando circunstancias que nosotros no podemos entender bien porque no nos encontramos en su situación.

Por ejemplo, durante las primeras décadas después de la Segunda Guerra Mundial, los principales economistas e ingenieros agrónomos del occidente concluyeron que los agricultores y campesinos del mundo mayoritario eran irracionales y culturalmente atrasados, porque no querían adoptar nuevas variedades de cultivos que tenían promedios más altos de rendimiento. Investigaciones posteriores descubrieron que los agricultores en realidad tenían razón. Aunque las nuevas variedades de cultivos tenían promedios más altos de rendimiento, también tenían mucha más variación que las variedades tradicionales en sus rendimientos año tras año. Para estos agricultores que vivían en situaciones muy vulnerables (en las cuales una mala cosecha hacía que sus hijos pasaran hambre) era mejor escoger las variedades tradicionales de bajo riesgo y bajo rendimiento antes que arriesgarse a probar las variedades nuevas; en particular, en un contexto en el cual los propietarios y usureros tendían a beneficiarse de cualquier incremento de ganancia.[56] Como los extranjeros «expertos» no entendían la realidad de la vida agrícola en muchos lugares, terminaron dando consejos que pusieron en peligro las vidas de los pobres. Y por último, los insultaron cuando los pobres no prestaron atención a sus consejos supuestamente «expertos».

Todos necesitamos recordar que los pobres son creados a imagen y semejanza de Dios y que tienen la habilidad de pensar y entender el mundo a su alrededor. Ellos conocen mejor su situación, ¡y tenemos que escucharlos! No tenemos que tratar esto como una especie de «nueva era» ni momento revelador. Como todos nosotros, los pobres se equivocan en sus ideas de cómo funciona el mundo y, a veces, podrían beneficiarse del conocimiento de otros. De hecho, un catalizador clave en una comunidad muchas veces es experimentar una nueva forma de hacer algo, pero una clara indicación de la presencia del complejo de dios es suponer que tenemos todo el conocimiento y que siempre sabemos qué es lo mejor para otras personas.

El paternalismo de conocimiento puede ser una tentación, en particular para los empresarios cristianos, muchos de los cuales demuestran considerable pasión por usar sus habilidades dadas por Dios para entrenar a empresarios con bajos ingresos en el mundo mayoritario. Esta pasión es un desarrollo maravilloso y tiene enorme potencial para que avance el reino de Cristo alrededor del mundo. No obstante, que una persona opere exitosamente una compañía de software en Boston no asegura que sea la mejor para asesorar a un agricultor de mandioca vulnerable que vive con un dólar al día en una zona rural semifeudal de Guatemala. Lo mejor que puede hacer es demostrar humildad, precaución y tener los oídos bien abiertos.

De igual manera, los pastores de iglesias de clase media alta pueden ser susceptibles al paternalismo de conocimiento, cometiendo el error de pensar que sus propios estilos de ministerio son normativos para todos los contextos culturales. Las iglesias de diferentes clases socioeconómicas tienen formas drásticamente distintas de manejar el dinero, orar, predicar, escoger personal, emplear la música, asociarse, ofrecer consejería, etc. Por ejemplo, en una iglesia de clase baja, la oración tiende a realizarse individualmente, para pedirle a Dios que solucione los problemas específicos de cada uno. En contraste, en las iglesias de clase media, el pastor suele ofrecer la oración, pidiendo de forma más general que Dios, por ejemplo, «ayude a los que están enfermos». Finalmente, en las iglesias ricas, la oración frecuentemente se hace a través de una liturgia muy elaborada.[57]

Siempre y cuando la Biblia hable específicamente sobre la vida de la iglesia, es necesario obedecerla. Pero cuando no dice nada, los pastores deben tener cuidado de no imponer sus propios estilos ministeriales determinados por su cultura en contextos en los cuales los pastores locales pueden saber más sobre la manera más eficaz de ministrar.

El paternalismo laboral

El paternalismo laboral ocurre cuando hacemos el trabajo de personas que podrían hacerlo por sí mismas. Recuerdo cuando hice un viaje de misiones al estado de Mississippi durante unas vacaciones de la universidad. Nunca me olvidaré de la sensación de mareo que tuve cuando estaba parado en una escalera pintando una casa mientras los hombres jóvenes que vivían en la casa (en perfectas condiciones de trabajar) nos miraban sentados en el porche. ¡Hice tanto daño ese día! Sí, pinté la casa, pero en el proceso, debilité el llamado de Dios a estas personas a ser administradores de su propio tiempo y talentos. Habría sido mejor que me hubiera quedado en mi casa esas vacaciones en vez de ir a hacer daño.

El paternalismo de dirección

El paternalismo de dirección es probablemente el «hueso más duro de roer». A muchos norteamericanos de clase media alta nos encanta ver que las cosas se hacen lo más rápido y eficazmente posible. En comparación con muchas otras culturas, incluso muchas comunidades con bajos ingresos en Norteamérica, somos propensos a hacernos cargo de las cosas, particularmente cuando parece que nadie más está moviéndose con suficiente rapidez. Como resultado, muchas veces planeamos y dirigimos iniciativas en comunidades con bajos ingresos cuando la gente de esas comunidades podría estar arreglándoselas sola perfectamente. La estructura de los proyectos y la velocidad con la cual se desarrollan sería diferente si las comunidades los emprendieran por sí mismas, porque podrían funcionar igualmente bien.

Tal vez te preguntes: «Si son tan capaces, ¿por qué no se hacen cargo ellos y dirigen estos proyectos?». Hay muchas razones por las cuales la gente, las iglesias y las organizaciones en comunidades pobres no se hacen cargo, pero aquí hay algunas que nos deben hacer pensar un poco antes de lanzarnos a tomar las riendas de un proyecto en una de estas comunidades:

- No necesitan hacerse cargo, porque saben que nosotros lo haremos si esperan lo suficiente.
- Carecen de la suficiente confianza para hacerse cargo, particularmente cuando hay gente adinerada en el medio.
- Ellos, como nosotros, han internalizado los mensajes de siglos de colonialismo, esclavitud y racismo: los caucásicos dirigen todo y los demás los siguen.
- No tienen tanto entusiasmo por el proyecto como nosotros. Tal vez crean que el proyecto no logrará mucho en su contexto, pero tienen miedo de decírnoslo por temor a ofendernos.
- Saben que, al dejarnos dirigir el programa, es más probable que les llevemos dinero y otros recursos materiales.

Hay situaciones en las que una falta de liderazgo local y de habilidad en la dirección de los proyectos requiere que los extranjeros desempeñen estas funciones, pero debemos ser muy, muy conscientes de nuestras tendencias como personas de clase media alta de hacernos cargo y dirigir las cosas. Recuerda: la meta no es *construir* casas o *producir* otros bienes materiales, sino buscar el *proceso* con el cual podamos caminar con los pobres para que sean mejores administradores de sus vidas y sus comunidades, y que sean capaces de suplir sus propias necesidades materiales.

Por supuesto, hay excepciones a toda regla. Hay veces cuando el Espíritu Santo puede movernos a hacer cosas para los pobres que ellos podrían estar haciendo por sí mismos. Pero recuerda que estas situaciones son la excepción y no la regla. Evita el paternalismo.

ENCUENTRA TU CAMPO

Es difícil que la misma persona u organización pueda proveer auxilio, rehabilitación y desarrollo, porque la dinámica a seguir es única en cada uno de estos campos. Por ejemplo, si a tu iglesia la conocen como el lugar donde se puede buscar comida gratis (el auxilio), les costaría convencer a la gente de que necesita trabajar para ganar su pan diario (el desarrollo). Además, cada uno de estos ministerios necesita mucha atención. Si una iglesia intenta ofrecer todo, corre el riesgo de sobrepasarse y no dar abasto. Por lo tanto, sería mejor que tu iglesia se enfocara en el auxilio, la rehabilitación *o* el desarrollo.

¿Cómo podrías decidir qué campo abordar? Primero, identifica los servicios que ya se están proveyendo en la comunidad donde deseas servir. Después, descubre los dones y las necesidades de los pobres de la comunidad. ¿Son capaces o incapaces de contribuir a su propia mejoría? En la mayoría de los casos, descubrirás que los pobres a los cuales tu iglesia desea ayudar no se encuentran en crisis, así que no van a necesitar la ayuda del auxilio.

Irónicamente, muchas veces encontrarás que la mayoría de las organizaciones que ya están trabajando en la comunidad a la que quieres ayudar están enfocadas en proveer auxilio. ¿Por qué? Podríamos enumerar al menos tres razones. Primero, muchas organizaciones de servicio social tienen una definición material de la pobreza; por lo tanto, creen que la ayuda material es la solución a la pobreza. Como resultado, suelen proveer auxilio a gente que en realidad debería estar participando del desarrollo. Segundo, es más fácil hacer el trabajo de auxilio que comprometerse con un proceso de desarrollo más largo. Es mucho más fácil mandar comida a los hambrientos por avión o servir sopa a los necesitados que desarrollar relaciones más duraderas que exigen más de ti mismo con personas pobres, algo que puede llegar a ser emocionalmente agotador. Y tercero, los donantes tienden a donar con más entusiasmo a los esfuerzos de auxilio que a los de desarrollo. «Hoy dimos de comer a mil personas» les suena mejor que «Hoy pasamos tiempo en la comunidad y conocimos a doce personas».

Tomando en cuenta todo esto, puede ser que tu iglesia decida encontrar un lugar en el trabajo de desarrollo, enfocándose en ministrar a pocas personas a largo plazo en vez de servir de manera superficial y temporal a muchas. De hecho, muchas iglesias están más que capacitadas para servir en el trabajo de desarrollo: tienen la visión, los programas, los recursos financieros, las habilidades para poder relacionarse y los dones que necesitan para el largo y a veces riguroso trabajo de desarrollo. Después de todo, ¡la iglesia fue diseñada por el mismo Cristo para ocuparse del desarrollo y el crecimiento de la gente a través de un discipulado a largo plazo![58]

Si tu iglesia decide tomar un lugar en el campo del desarrollo, tal vez quiera poner en sus normas de benevolencia que, en condiciones normales, no más del 10% del fondo será usado para trabajo de auxilio, mientras que el otro 90% se destinará al trabajo de desarrollo. Además, la iglesia debería tener una lista de organizaciones que ofrezcan auxilio y rehabilitación en tu comunidad en caso de que encuentren personas que realmente necesiten el auxilio y la rehabilitación. Cuando se elabore dicha lista, se debería distinguir entre las organizaciones que hacen auxilio y rehabilitación a las que contribuyan al desarrollo, para que puedas referir con confianza a la gente a estos lugares.

La pobreza toma muchas y diferentes formas; por lo tanto, no hay una estrategia que funcione para todos. Por todo eso, es importante tomar el tiempo necesario para encontrar el campo ideal para tu iglesia y tu comunidad en el trabajo para la búsqueda del alivio de la pobreza.

PREGUNTAS Y EJERCICIOS DE REFLEXIÓN

Por favor, escribe las respuestas a las siguientes preguntas:

1. Reflexiona sobre tus respuestas a las preguntas de «Reflexiones iniciales» al principio de este capítulo. ¿Hay algo que quisieras cambiar ahora en esas respuestas? Por favor, sé específico.
2. Piensa en los pobres de tu zona a los cuales tu iglesia o tu ministerio está tratando de ayudar. ¿Necesitan auxilio, rehabilitación o desarrollo? ¿Crees que están usando una estrategia correcta para ayudar a estas personas? Si no, ¿qué daño podrían estar haciéndoles a ellos y a sí mismos? ¿Qué cambios podrías sugerir para que mejoren su estrategia?
3. Piensa en los pobres de otras zonas o países a los cuales tu iglesia o tu ministerio está tratando de ayudar. ¿Necesitan auxilio, rehabilitación o desarrollo? ¿Crees que están usando una estrategia correcta para ayudar a estas personas? Si no, ¿qué daño podrían estar haciéndoles a ellos y a sí mismos? ¿Qué cambios podrías sugerir para que mejoren su estrategia?
4. ¿Es posible que tú, tu iglesia o tu ministerio estén actuando de forma paternalista en cualquiera de sus esfuerzos para aliviar la pobreza? En ese caso, ¿qué podrían hacer para cambiar esto?
5. Piensa en las organizaciones con las cuales estás colaborando. ¿Crees que participan de manera efectiva en el auxilio, la rehabilitación o el desarrollo? Si no sabes, intenta descubrirlo examinando todo aquello que hayan publicado, explorando su página web y haciéndoles preguntas.
6. Haz una lista de todas las organizaciones que ministran a los pobres en tu comunidad. Determina los servicios exactos que proveen y si lo que están haciendo es auxilio, rehabilitación o desarrollo. ¿Cuáles son las organizaciones con las que te sentirías cómodo para referir a las personas? Ten esta información a mano para que tu iglesia o ministerio pueda utilizarla.

7. Si conoces personalmente a los pobres en la comunidad que estas pensando ayudar, organiza una discusión grupal para poder determinar cuáles son sus bienes, dones y necesidades. Intenta discernir qué se necesita más en esa comunidad: el auxilio, la rehabilitación o el desarrollo. ¿Cuáles son los servicios específicos que no tiene?
8. Reflexiona según toda la información que has reunido de tus respuestas a las preguntas 6 y 7. ¿Cuál sería el mejor camino a seguir para tu iglesia o ministerio?

REFLEXIONES INICIALES

Por favor, escribe las respuestas a las siguientes preguntas:

1. Una vez que hayas determinado si el auxilio, la rehabilitación o el desarrollo es la intervención adecuada en tu contexto, ¿cuáles piensas que deberían ser los siguientes pasos a seguir? Por favor, sé específico.
2. Haz una lista de tus propios dones y habilidades.

Capítulo 5

DAME A LOS QUE ESTÁN CANSADOS, A TUS **POBRES** Y SUS BIENES

Una vez que hayas decidido si el auxilio, la rehabilitación o el desarrollo es la intervención correcta, ¿qué debes hacer? El próximo paso podría ser comprobar las necesidades del individuo o de la comunidad, a fin de determinar la mejor manera de ayudar. De hecho, muchos ministerios comienzan de esta manera, haciendo una «evaluación de las necesidades» a través de una entrevista o una encuesta que determina lo que está mal y la mejor manera de proveer ayuda. Esta táctica «basada en las necesidades» es bastante importante, porque es esencial diagnosticar primero los problemas latentes para poder formular las soluciones apropiadas. Pero se debe tener cuidado, porque empezar con un enfoque en las necesidades nos lleva a que, al inicio de la relación con gente de bajos ingresos, preguntemos cosas como: «¿Cuál es tu problema? ¿Cómo puedo ayudarte?». *Dada la naturaleza de la pobreza, ¡es difícil imaginar preguntas que lastimen más que estas a la gente con bajos ingresos y a nosotros mismos!* Empezar con tales preguntas inicia la misma dinámica que necesitamos evitar: una dinámica que confirma que nosotros somos superiores y ellos son inferiores y nos necesitan para mejorar sus vidas.

COMENZAR CON DONES Y BIENES Y NO CON NECESIDADES
Por estas razones, muchos expertos cristianos del desarrollo comunitario han descubierto los beneficios de usar el «desarrollo comunitario basado en recursos» (ABCD, por sus siglas en inglés) como una forma de fomentar la reconciliación de la gente con Dios, consigo mismos, con su prójimo y con el resto de la creación. El ABCD enseña que Dios ha bendecido a cada individuo y a cada comunidad con una multitud de recursos, que incluyen cosas tan diversas como la tierra, las redes sociales, el conocimiento, los animales, los ahorros, la inteligencia, las escuelas, la creatividad, los equipos de producción, etc. El ABCD se enfoca en lo que los pobres ya tienen y, desde el principio de la relación, se les pregunta: «¿Qué cosas buenas hay en tu vida?»; «¿Cuáles son los dones que Dios te ha dado que puedes usar para mejorar tu vida y las de tus vecinos?»; «¿Cómo pueden trabajar juntos los individuos y las organizaciones de tu comunidad para mejorarla?».

En vez de buscar recursos y soluciones fuera del individuo o de la comunidad con bajos ingresos, el ABCD comienza por preguntar a los pobres cómo pueden ser administradores de sus propios dones y recursos, buscando desde el inicio de la relación restaurar a los individuos y a las comunidades lo que Dios desea que sean. De hecho, la pregunta misma, «¿Qué dones tienes?» afirma la dignidad de la gente y contribuye al proceso de superar su pobreza personal. Cuando nos hablan de sus dones y habilidades, podemos empezar a verlos como Dios los ve, y esto nos va a ayudar a superar nuestro propio sentimiento de superioridad, lo cual es nuestra propia pobreza personal.

En contraste, el desarrollo basado en las necesidades se enfoca en lo que le falta a una comunidad o una persona. La idea principal de este método es que las soluciones a la pobreza dependen de recursos humanos y financieros externos. Las iglesias y ministerios que usan un método basado en necesidades frecuentemente proveen comida, ropa, alojamiento y dinero, buscando atender las necesidades inmediatas de las personas con bajos ingresos, a quienes se las suele ver como «los clientes» o «los beneficiarios» del programa. La ayuda de recursos externos no estará presente para siempre, y simplemente aumenta los sentimientos de impotencia e inferioridad que limitan a las personas pobres y les impide ser mejores administradoras de sus talentos y recursos dados por Dios. Cuando la iglesia o el ministerio detienen el flujo de recursos, pueden dejar a individuos y comunidades con menos confianza de la que tenían antes de la intervención.

Los métodos para aliviar la pobreza basados en recursos no niegan que, como todos nosotros, la gente con bajos ingresos tiene necesidades muy evidentes. Algunas de estas necesidades resultan de sus pecados personales; otras surgen de injustos sistemas sociales, económicos, políticos y religiosos; y algunas vienen de desastres naturales que resultan del pecado de Adán y Eva. En realidad, la caída ha corrompido hasta la última partícula del cosmos. El propósito del ABCD no es negar esas necesidades ni el quebrantamiento que las causa. Al contrario, su propósito es reconocer, desde el principio, que la raíz de la pobreza es la ruptura de las relaciones fundamentales. El propósito es comenzar un proceso de restauración en la vida de la gente con bajos ingresos y en la nuestra para que lleguemos a tener una relación correcta con Dios, con nosotros mismos, con nuestro prójimo y con el resto de la creación. Lo que está mal siempre saldrá a la luz; pero, al comenzar con lo que ya está bien, podemos cambiar las dinámicas que han estropeado la imagen que los pobres tienen de sí mismos y que han creado un sentimiento de superioridad en nosotros.

Una vez identificados los recursos, ya sea de dones como de bienes, sería apropiado preguntar al individuo o a la comunidad: «¿Qué necesidades pueden identificar que se deban atender?»; «¿qué problemas ven que se deban resolver?»; «¿cómo pueden usar sus recursos para atender a esas necesidades y resolver esos problemas?».

Por supuesto, mientras el proceso sigue, puede resultar que el individuo o la comunidad no tengan suficientes recursos para cubrir todas sus necesidades. Solo en el caso de que dichas necesidades pasen a ser urgentes, sería apropiado llevar recursos externos para aumentar los bienes locales.

Se necesita ser muy prudente a la hora de evaluar la cantidad apropiada de recursos externos que se necesitan y el momento en que se van a necesitar. Es importante que los recursos externos no debiliten la voluntad ni la habilidad del individuo o de la comunidad pobre de ser administradores de sus propios dones y recursos. Cuando se considere llevar recursos externos, siempre se deben hacer estas dos preguntas: (1) «¿Son demasiados?» y (2) «¿Es demasiado pronto para llevar recursos externos?». Sería mucho mejor no cubrir una necesidad que no es urgente antes que cubrirla con recursos externos y debilitar la iniciativa local en el proceso. De nuevo, el alivio de la pobreza trata de reconciliar las relaciones de la gente y no de remediar las manifestaciones particulares del quebrantamiento interno.

Una de las dinámicas más difíciles en todo este proceso es que incluso suponer que puede haber recursos externos en camino puede ocultar las verdaderas motivaciones de la gente. Por ejemplo, en la introducción a este libro, hablé de una clase de microfinanzas que ayudé a empezar en un barrio pobre de Kampala. ¿Por qué asistió la gente a esta clase? ¿Fue porque realmente valoraban formarse o porque creían que al hacer esto sería más probable que recibieran algún tipo de ayuda financiera? Yo creo que algunos sinceramente valoraban poder formarse en microfinanzas, pero también sé que varios participantes dejaron de venir cuando se dieron cuenta de que no recibirían dinero. Su entusiasta asistencia inicial a las clases ocultó su motivo verdadero: querían dinero y no formación. Todos nosotros (incluso yo) hacemos cosas extrañas ante la presencia de dinero y poder. En comunidades pobres, los extranjeros (lo reconozcan o no) generalmente representan ambos.

En resumen, el ABCD tiene cuatro pasos clave a seguir:
- Identifica y moviliza las capacidades, las habilidades y los recursos del individuo o de la comunidad. Ve a la gente y a las comunidades pobres como personas llenas de posibilidades que Dios les ha dado.
- En la medida de lo posible, busca recursos y soluciones que partan del individuo o de la comunidad antes de traerlos de afuera.
- Busca construir y reconstruir las relaciones entre las entidades locales: los individuos, las asociaciones, los negocios, las escuelas, el

gobierno, etc. La intención de Dios es que los diversos individuos, instituciones y comunidades estén interconectados y se complementen uno al otro.
- Lleva recursos externos solo cuando los recursos locales sean insuficientes para resolver las necesidades urgentes. Ten cuidado de no llevar recursos externos en exceso o llevarlos antes del tiempo apropiado. A la hora de entregar dichos recursos externos, se debe de hacer de tal manera que no debilite la capacidad ni la iniciativa local.

DE VUELTA A LA BIBLIA

El tema de la creación-caída-redención desarrollado en los capítulos 2 y 3 provee un fundamento bíblico que piensa en la naturaleza y en la relación entre los bienes y las necesidades de los pobres a nivel individual y de comunidad. Como ya explicamos, Colosenses 1:16-17 indica que la bondad de la creación de Dios incluye «todas las cosas», extendiéndose más allá del mundo natural para incluir la cultura como una entidad completa. Nuestra primera idea básica debe ser ver a las comunidades pobres, con sus recursos naturales, gente, familias, asociaciones del barrio, escuelas, negocios, gobiernos, cultura, etc., como cosas creadas por Jesucristo y que reflejan Su bondad. Por lo tanto, al entrar en una comunidad pobre, debemos sentir como si estuviéramos pisando tierra santa, ¡porque Cristo ha estado trabajando activamente en esa comunidad desde la creación del mundo! Esto debe darnos una actitud de respeto y un deseo de ayudar a los residentes de la comunidad a descubrir, celebrar y continuar desarrollando los dones que Dios les ha dado. Y eso es exactamente de lo que se trata el ABCD.

Por supuesto, la caída ha distorsionado la bondad inherente del diseño de la creación y ha dañando los recursos. Como resultado, las comunidades tienen necesidades urgentes y graves: las vidas individuales están quebrantadas; muchas veces las organizaciones, las asociaciones, los negocios, las iglesias y los gobiernos buscan el poder más que el interés del público y hasta las costumbres y las culturas locales suelen glorificar lo profano. Pero no está todo perdido. Colosenses 1:16-17 enseña que Cristo sostiene todas las cosas juntas. No deja que el pecado destruya completamente la bondad inherente de los recursos que Él creó. En medio de la decadencia, estos recursos persisten, aunque de una forma distorsionada, porque el Creador del universo así lo dispone. No hay por qué desesperar. ¡Hay suficiente bondad para descubrir y celebrar (bastante ABCD por hacer) aun en un mundo caído!

Por último, la buena noticia del evangelio del reino es que Cristo hace más que proteger todas las cosas; también las está reconciliando. Algún día, todos los recursos (las riquezas naturales, los individuos, las asociaciones del barrio, las escuelas, los negocios, los gobiernos, etc.) serán liberados de «la corrupción que [los] esclaviza» (Romanos 8:21). Jesucristo es el Creador de todos los recursos en las comunidades pobres, es quien los protege y está en el proceso de liberarlas. Como el cuerpo de Cristo, la Iglesia debe buscar hacer lo mismo.

LOS ERRORES DE LOS MZUNGU

Hemos conversado ya de muchas cosas desde que comenzamos este libro. En la introducción, conté que le di ocho dólares a Elizabeth, una líder de una iglesia en Uganda, para que comprara penicilina para salvar la vida de Gracia, la excurandera y hechicera. Después, reflexionado sobre todo lo que había ocurrido, me di cuenta de que quizás había hecho mucho daño a la iglesia San Lucas y a su pastor, a los refugiados de la clase de microempresas y hasta a la misma Gracia. Piensa en todo lo que hemos discutido hasta ahora. ¿Por qué pudo haber sido un error pagar por la penicilina? ¿Cómo pude haber hecho daño en el proceso de tratar de ayudar? ¿Qué estrategia hubiera sido más eficaz para ayudar a Gracia? Mientras consideras estas preguntas, nunca olvides cuál es la meta final: reconciliar las relaciones esenciales para el alivio de la pobreza.

Gracia necesitaba claramente auxilio. Postrada en agonía en el suelo de su choza, no podía ayudarse a sí misma y necesitaba que alguien la asistiera. Pero ¿era yo la mejor persona para proveer dicho auxilio? Recuerda un principio clave del auxilio que aprendimos en el capítulo 4: *Responder solo cuando las necesidades de la población afectada no se cubren debido a la incapacidad o a la falta de voluntad de ayudar de la gente o las organizaciones locales.* Ni siquiera consideré este principio cuando saqué los ocho dólares de mi bolsillo para comprar la penicilina. El auxilio era la intervención correcta, pero yo no era la persona que debía ofrecerlo.

En ningún momento consideré los recursos y dones que ya existían en este barrio pobre; recursos que podrían haber incluido pequeñas cantidades de dinero, una iglesia, un pastor y los lazos sociales de los cien refugiados que asistían a la clase de microempresas. La verdad es que habríamos tenido suficiente tiempo para regresar a la iglesia, donde la clase de microempresas todavía estaba reunida, para preguntarles a los participantes qué podían hacer para ayudar a Gracia. Aunque los refugiados eran extremadamente pobres, podrían haber juntado los ocho centavos por persona que se necesitaban para comprar la penicilina. En resumen, al proveer los ocho dólares, traicioné los cuatro elementos claves del ABCD mencionados anteriormente.

Por supuesto, entregar el dinero era mucho más fácil y más rápido pedirles a los refugiados que ayudaran a Gracia; y en esto reside el problema de muchos de los esfuerzos para intentar aliviar la pobreza: nuestro deseo de querer lograr las cosas rápidamente debilita el lento proceso necesario para lograr un desarrollo duradero y eficaz a largo plazo.

¿Por qué es importante todo esto? Gracia necesitaba desesperadamente relaciones en la comunidad y, en particular, en la iglesia San Lucas. Su estilo de vida anterior había creado muchos enemigos y, por estar infectada con SIDA, con el paso del tiempo, Gracia iba a necesitar estar rodeada de un grupo sólido de apoyo. De hecho, Gracia necesitaba que su propia pobreza de comunidad fuera aliviada si tenía alguna posibilidad de poder sobrevivir por un largo tiempo. Ni Elizabeth ni yo podíamos proveerle esta clase de apoyo a largo plazo. Yo pronto iba a irme del país, y Elizabeth no vivía en este barrio pobre. Gracia necesitaba que los miembros de su comunidad y de la iglesia San Lucas la aceptaran y la consideraran uno de ellos. Al dar yo mismo los ocho dólares, perdí la oportunidad de facilitar dichas relaciones entre Gracia y los grupos de apoyo locales que eran tan importantes para su supervivencia.

Sin embargo, si me pongo a pensar, quizás el daño que hice a Gracia no fue el único. Al no identificar ni movilizar los recursos locales, pude haber dificultado su desarrollo. Por ejemplo, San Lucas era una iglesia pobre que luchaba por ministrar en una comunidad pobre. Mis ocho dólares le quitaron la oportunidad de ser lo que la Biblia la llama a ser: el cuerpo, la novia y la plenitud de Jesucristo en este barrio pobre. Le negué la oportunidad a San Lucas de declarar las buenas nuevas del reino de Dios en palabra y en obra a «los más insignificantes de estos». En vez de ayudar a San Lucas a ser «la sal y la luz», reafirmé el mensaje que durante décadas los evangélicos norteamericanos trasmitían: que ellos (los *mzungu* poderosos, ricos, educados y caucásicos) eran la única «sal y luz».

¿Y el pastor de la iglesia San Lucas? Imagínate ser este pastor, con un sueldo inestable, predicando fielmente todas las semanas a grupos pequeños. Un día, el circo llega al pueblo en la forma de un *mzungu* de dos metros de altura, con un convincente plan para la formación de microempresas. Sus clases atraen a más gente que sus servicios los domingos. Después, cuando el miembro más nuevo de su iglesia, una excurandera y hechicera, se enferma, el cabecilla del circo *mzungu* paga la medicina que necesita. ¡El pastor ni siquiera se había enterado de que Gracia estaba enferma, y ya se había recuperado! Por último, el cabecilla *mzungu* se sube a un avión y se va, mientras él continúa con la rutina diaria del ministerio. Puede ser que mis acciones socavaran al pastor de la iglesia San Lucas; no me di cuenta ni fue mi intención en ese momento, pero creo que sí lo hicieron.

Finalmente, estaban los mismos refugiados. Sus ojos se habían abierto de asombro y sus rostros se habían iluminado a lo largo del curso de microfinanzas. Para ellos, el mensaje del evangelio les traía libertad, fuerza y confianza en sí mismos. Por primera vez, entendieron que fueron creados a la imagen de Dios y que importaban; que tenían un valor inherente. Aunque otros los pudieran ver como una tribu inferior, el Creador de los cielos y la Tierra no los veía de esta manera. Tenían dones y habilidades y podían administrar sus vidas y sus comunidades, ¡y al hacer esto glorificarían al mismo Dios! Pero, cuando por primera vez, apareció un problema (cómo ministrar a Gracia) el *mzungu* tomó este problema como suyo y, con sus acciones, debilitó todas las enseñanzas del curso.

¡Ay, cómo quisiera tener de nuevo esos ocho dólares! Hubiera animado a Elizabeth a volver a San Lucas para pedir que los refugiados ayudaran a Gracia. Elizabeth podría haber incluido al pastor como parte de este proceso para resolver el problema. Mientras tanto, yo debía haber pedido un taxi y salido de allí lo más rápido posible. ¿Por qué? Porque, dado todo lo que significa ser un *mzungu*, mi mera presencia en esta situación debilitaba los recursos humanos, financieros, sociales y espirituales del lugar.

Pero ¿y si los refugiados o el pastor no respondían mientras yo me iba? ¿Qué habría pasado con Gracia? Dudo que esto hubiera pasado, pero si así hubiera sido, Elizabeth tenía los ocho dólares de su propio ministerio para gastar. Estoy completamente seguro de que Elizabeth habría intervenido con su propio dinero si hubiese sido necesario; y ella era menos extranjera que yo. Irme en taxi sin proveer ayuda financiera no habría puesto a Gracia en riesgo. Al contrario, al dar los ocho dólares, al traer recursos externos demasiado rápido, yo eché a perder la oportunidad de tener mayor influencia en el proceso y esto pudo haber hecho mucho daño.

Lo que no queremos decir aquí es que los recursos externos sean siempre una mala idea. De hecho, los cristianos con recursos necesitan dar más, no menos, para ayudar a los pobres. Pero lo que es muy importante es cómo se da ese dinero y a quién. Tenemos que buscar maneras de dar ese dinero de tal forma que fortalezca las organizaciones locales para que, a su vez, estas den más fuerza y confianza en sí mismos a los pobres. Mi ofrenda de ocho dólares no cumplió con este estándar.

METODOLOGÍAS COMUNES DEL ABCD

El resto de este capítulo repasa tres metodologías básicas del ABCD.

La organización de los recursos

Esta metodología se dio a conocer a través de John Kretzmann y John McKnight, del Asset Based Community Development Institute [Instituto del Desarrollo Comunitario Basado en Recursos], de la Universidad de Northwestern. La «organización de recursos» se ha convertido en una metodología común de trabajo para el desarrollo comunitario en Estados Unidos.[59] Un término mejor para definir esta metodología podría ser «el inventario de recursos», porque la estrategia se basa en entrevistas individuales o grupales para recopilar y evaluar los recursos de una comunidad en particular. Se usan fichas preparadas de antemano para documentar los recursos en varias categorías, como las habilidades y los bienes de los individuos, negocios, asociaciones e instituciones locales. Una vez que han determinado los recursos locales; es decir, que se establece un inventario, los residentes de la comunidad y los facilitadores pueden identificar las fortalezas de la comunidad, hacer conexiones entre los individuos y los grupos existentes y determinar las mejores maneras de emplear los bienes para mejorar la comunidad y resolver sus problemas.

Aunque todo esto suene muy mecánico, esta metodología puede ayudar a crear un punto de inicio en el proceso para desarrollar relaciones que puedan dar fuerza y confianza a las personas en crisis. Aprendí esto de primera mano cuando participé en un ejercicio de *organización de recursos* como parte de una clase de escuela dominical sobre el desarrollo comunitario en mi iglesia. Durante la hora de la escuela dominical, nuestra clase visitó un complejo de viviendas públicas en la que vivía gente con bajos ingresos con la cual queríamos desarrollar una relación. Cada miembro de la clase fue de puerta en puerta.

«Hola, pertenezco a la iglesia Community Presbyterian, justo a la vuelta de la esquina. Estamos haciendo una encuesta para descubrir los dones que Dios ha puesto en esta comunidad. ¿Cuáles son los dones y habilidades que crees que tienes?», preguntamos a la gente.

La verdad es que me quería morir. Las tensiones raciales están aún muy a flor de piel en nuestra ciudad, y sabía que habría por lo menos un poco de incomodidad social tanto para los residentes afroamericanos de esta vivienda pública como para mí. Además, mi altura puede ser alarmante e intimidante, y hace que casi todos los primeros encuentros sean incómodos. Y por último, las palabras que tenía que repetir me sonaban totalmente ridículas: «Hola, pertenezco a la iglesia Community Presbyterian, justo...». ¡Qué horror! Tenía una mala actitud acerca de este ejercicio y deseaba haber escogido la clase que estaba examinando lo mejor del presbiterianismo. Pero, ay de mí, había elegido esta clase, así que fui obedientemente y llamé a la primera puerta.

Una señora afroamericana de unos 30 años abrió la puerta. Medía un metro sesenta aproximadamente, y esto le brindaba una hermosa vista de mi barriga. Me miró como alguien miraría por primera vez a un marciano. Intenté no acobardarme y empecé con mi charla promocional.

—Hola, pertenezco a la iglesia Community Presbyterian, la iglesia... —le dije.

—¿Qué? —preguntó ella, todavía más sorprendida que antes. Yo sabía lo que debía de estar pensando: *El marciano puede hablar, pero dice cosas muy extrañas.*

Me armé de valor y volví a la carga.

—¿Qué habilidades tienes? ¿Qué cosas puedes hacer bien? —le pregunté.

—¿Qué? —repitió ella.

Yo volví a hacerle las mismas preguntas, pidiéndole a Dios que añadiera más joyas a mi corona por estar haciendo todo esto.

Por fin, la mujer dejó atrás su desconcierto acerca de toda la situación y empezó a hablar.

—Bueno, supongo que puedo cocinar —dijo.

—¡Ella puede cocinar menudos de cerdo muy bien! —agregó una voz que provenía del interior de la casa.

—Sí, ¡nadie cocina tan rico como ella! —añadió otra voz.

Una sonrisa apareció lentamente en el rostro de la mujer.

—Sí, creo que puedo cocinar —concluyó.

De repente, me encontré sentado en la sala de esta señora con seis afroamericanos a mi alrededor. Vivo en el sur de Estados Unidos, y esto no ocurre fácilmente. Como no sabía qué hacer, volví al guion.

—Hola, pertenezco a la iglesia Community Presbyterian...

No les costó nada continuar la conversación.

—Este es Joe. Él puede arreglar bicicletas. Cuando un niño del vecindario necesita arreglar su bici, Joe es el indicado —me dijo un señor. Una sonrisa apareció en la cara de Joe.

—Y este de aquí es Mac. ¿Cómo anda su auto, señor? Si alguna vez tiene problemas con él, tráigalo aquí mismo a Mac.

Me di cuenta de que Mac se enderezó un poco en su silla. Ellos seguían y seguían, jactándose el uno del otro. Lo único que tenía que hacer era sentarme allí y anotar todo.

Ese día, conseguimos un buen inventario de los recursos de la gente, un inventario que después usamos para ayudar a los residentes a imaginar cómo podrían resolver algunos de sus problemas. Pero lo más importante, comenzamos un proceso para darles confianza en sí mismos al hacer una pregunta tan sencilla como: «¿Cuáles son los dones que tienes?». Esta pregunta le cambia la vida a todo el que se sienta marginado.

Aprendizaje y Acción Participativa

Aprendizaje y Acción Participativa (PLA, por sus siglas en inglés) es una manera de entender el desarrollo y un conjunto de herramientas que fueron desarrolladas por individuos involucrados en el desarrollo comunitario en los países del mundo mayoritario durante la década de 1990.[60]

El PLA usa una variedad de ejercicios en grupo que atraen y motivan a los miembros de la comunidad a pensar en la historia, los recursos, las estrategias de supervivencia y las metas de la comunidad. Los procesos están diseñados para afirmar el conocimiento y las habilidades de los miembros de la comunidad, con el fin de darles confianza y fuerza en sí mismos y hacerlos dueños de su futuro.

Existe una amplia gama de ejercicios de PLA, que incluyen líneas de tiempo, calendarios de las estaciones, cartografía de la comunidad, clasificación de matrices, etc. A pesar de que originalmente fueron diseñados para usarse en las comunidades rurales del mundo mayoritario, los ejercicios de PLA pueden adaptarse al contexto norteamericano, y son particularmente efectivos con poblaciones acostumbradas a tomar decisiones con la participación de la comunidad; como inmigrantes, grupos indígenas, afroamericanos e hispanos.

Indagación Apreciativa

Un método parecido a la Organización de recursos y al PLA es la Indagación Apreciativa (AI, por sus siglas en inglés). La AI se enfoca en lo que le ha servido a una comunidad en el pasado como medio para crear un futuro más positivo.[61] Basado en una perspectiva posmoderna que sostiene que los humanos construyen su propia realidad, la AI argumenta que debemos facilitar un proceso en el cual las comunidades pobres explicarán lo que les ha funcionado bien en el pasado. Una vez que la comunidad haya construido esta interpretación positiva de su historia, podría usarla para imaginar cómo mejorar su futuro. El eje sobre el cual gira la AI es la creencia en que los elementos positivos del pasado ayudarán a la gente a enfrentar un futuro desconocido con más confianza.

Los cristianos necesitan rechazar una de las teorías fundamentales de la AI: la verdad no se construye socialmente, sino divinamente. Sin embargo, las herramientas de la AI pueden ser útiles, particularmente cuando se consideran desde la perspectiva de la creación-caída-redención. Dios de verdad pone buenos dones en cada comunidad. Aunque el pecado ha traído un profundo quebrantamiento, desde el principio de los tiempos, Cristo protege a toda la creación, incluida la cultura, y se encuentra en el proceso de reconciliar todo. Por lo tanto, todas las comunidades son una mezcla del bien y del mal. Los cristianos pueden usar la AI para identificar los recursos que Dios ha puesto en una comunidad e idear cómo usarlos para sanar lo que está mal, dando así un mejor testimonio de las realidades del reino venidero.

La metodología de la AI aplicada al ABCD pide que los individuos y las comunidades de bajos recursos consideren las preguntas en el siguiente diagrama, las cuales se basan en un proceso de cuatro partes:

Algunas organizaciones no gubernamentales (ONG) cristianas que trabajan en el mundo mayoritario han conseguido excelentes resultados al usar la AI. Bryant Myers cuenta cómo una ONG cristiana en Tanzania quiso parar la dinámica de las comunidades pobres cuando estas le presentaron una lista de todas las cosas que esperaban que el personal de la ONG hiciera por ellas. Como deseaba que las comunidades asumieran más responsabilidad de su propia mejoría, esta ONG usó la AI con resultados extraordinarios.

[Figura 5.1]
Adaptado de Scott Johnson y James Ludema, *Partnering to Build and Measure organizational Capacity* [Colaboración para desarrollar y medir la capacidad organizacional] (Grand Rapids, MI: CR World Relief Committee, 1997), 75.

La lista de todos los problemas que la comunidad quiere que la ONG arregle se pierde en medio del entusiasmo de describir lo que ya está funcionando bien. La comunidad mira su pasado y se ve a sí misma bajo una nueva luz. Sí sabemos cosas. Sí tenemos recursos. Tenemos muchas cosas por las cuales podemos sentirnos orgullosos. Ya estamos en camino. Dios ha sido bueno con nosotros. Podemos hacer algo. El Señor no nos ha abandonado. Este es un paso primordial hacia la recuperación de la identidad verdadera de la comunidad y el descubrimiento de su vocación verdadera. Con estos descubrimientos, ya se dio un paso importante hacia la transformación.[62]

Por no entender el sentimiento profundo de desesperación y vergüenza que envuelve a muchas comunidades pobres alrededor del mundo, algunos lectores quizás no entiendan que la AI puede estimular un proceso tan eficaz. La AI puede ayudar a no preocuparse en lo que les ha salido mal y enfocarse en lo que ha salido bien.

La AI también puede utilizarse en un contexto norteamericano. Una iglesia en el estado de Florida abría cada mes un banco de alimentos en el que daba bolsas de comida a gente necesitada. Para poder recibir la comida, los beneficiarios debían escuchar un pequeño sermón dado por una persona con la cual no tenían ningún tipo de relación. La directora de ministerios comunitarios de la iglesia se dio cuenta de que, al proveer este auxilio, la iglesia simplemente aceptaba la pobreza de los destinatarios de la comida; por lo cual, en este caso, el desarrollo sería la intervención correcta a seguir. Por eso, ella decidió usar la AI para mover este ministerio hacia una dinámica en la cual se pudiera proveer más fuerza y confianza a los beneficiarios de la ayuda. En vez de predicar a los que recibían la comida, comenzaron a formar pequeños grupos compuestos por beneficiarios y miembros de la iglesia. Después, estos pequeños grupos empezaron a usar la AI para descubrir los dones y las habilidades de los beneficiarios. La directora de ministerios comunitarios nos habla sobre los resultados:

> En vez de tratar de «cambiar» a los beneficiarios, hemos estado tratando de relacionarnos con ellos. Durante el proceso, *nosotros* hemos descubierto lo pobres que somos y como necesitamos de *ellos* para ver nuestra propia pobreza espiritual. Así empezó el crecimiento auténtico de comunidad, y más participantes están comenzando a venir a la iglesia a adorar. Algunos miembros están buscando a la gente para traerla a la iglesia, y están trabajando con estas personas con sus finanzas y encontrándoles trabajos y, sobre todo, disfrutando del tiempo que pasan juntos como amigos. Creo que, poco a poco, está cambiando la cultura de nuestra iglesia. Nos estamos sintiendo cada vez más quebrantados pero a la vez más queridos […]. Creo que las palabras de algunos de los participantes [del banco de alimentos] me han animado, por lo que siento que estamos en la dirección correcta. Una señora dijo: «Ya no me siento un número entre toda la gente. Ahora siento que me ven». Otro preguntó: «¿Puedo venir aun si no necesito comida el próximo mes?». Hemos comenzado a invitar a los que vienen frecuentemente a ayudarnos como voluntarios, y muchos están dispuestos a hacerlo. El mes pasado, un hombre declaró: «Siento que somos como una iglesia dentro de una iglesia». Un voluntario me dijo que una

persona a la que había entrevistado al final del proyecto le dijo que lo que distinguía a nuestro ministerio de otros bancos de alimentos es que nosotros los tratábamos con respeto y como si realmente disfrutáramos de estar con ellos.[63]

El ABCD no es una fórmula para el éxito en la búsqueda del alivio de la pobreza. No hay fórmulas mágicas. Pero el hecho de empezar con la actitud correcta y las herramientas adecuadas puede hacer una gran diferencia y estimular dinámicas que ayudarán a dar fuerza y confianza en sí mismos a los participantes. Estas dinámicas son de gran importancia a la hora de fomentar la reconciliación (el alivio de la pobreza) tanto en los que sufren de pobreza material como en nosotros.

PREGUNTAS Y EJERCICIOS DE REFLEXIÓN

Por favor, escribe las respuestas a las siguientes preguntas:

1. Considera tu respuesta a la primera pregunta de las «Reflexiones iniciales» al comienzo de este capítulo. ¿Qué ideas preconcebidas sobre ti mismo y sobre las personas pobres puedes ver en tus respuestas?
2. Describe cómo te sentiste después de hacer la lista de tus dones y habilidades en la segunda pregunta al principio de este capítulo.
3. ¿Qué luz arrojan Filipenses 4:8 y 1 Tesalonicenses 5:11 sobre la perspectiva y las herramientas del ABCD?
4. Considera usar la organización de recursos, el PLA o la AI con los individuos o las comunidades donde quieres ministrar. Aprende más acerca de las herramientas disponibles que puedes usar para implementar estas metodologías.

> ### REFLEXIONES INICIALES
>
> *Imagina que tu iglesia o ministerio quiere ayudar a una persona o comunidad pobre. ¿A quién le pedirías consejo? Haz una lista de las personas a quienes consultarías para diseñar tu plan.*

Capítulo 6

EL «MCDESARROLLO»: MÁS DE DOS MIL QUINIENTOS MILLONES DE PERSONAS MAL ATENDIDAS

Con el deseo de ayudar a un pueblo en Colombia con su producción de arroz, una organización sin fines de lucro formó una cooperativa entre los agricultores del pueblo y les compró una trilladora, una máquina para quitar la cáscara, un generador y un tractor. La producción se disparó y la cooperativa vendió el arroz a un precio más alto; los agricultores jamás habían recibido un rendimiento tan bueno. Parecía que el proyecto había sido un gran éxito y la organización sin fines de lucro salió del pueblo.

Desafortunadamente, unos años después, un miembro de la ONG regresó y encontró a la cooperativa disuelta y a la maquinaria tirada en el campo, rota y oxidada. De hecho, algunas máquinas ni siquiera se habían llegado a usar. Sin embargo, mientras caminaba por el pueblo, la gente rogaba que la ayudaran: «Si [tu organización] regresara a ayudarnos de nuevo, ¡podríamos hacer muchas cosas!», le decían.[64]

La triste verdad es que esta historia se repite a menudo. Alrededor del mundo, se puede encontrar maquinaria que se está oxidando, letrinas que nunca se han usado, asociaciones comunitarias que se han disuelto y proyectos que se han desintegrado poco después de que la organización sin fines de lucro saliera del pueblo. A pesar de que las naciones occidentales han proporcionado cerca de dos mil trescientos millones de dólares en ayuda extranjera desde la Segunda Guerra Mundial,[65] más de dos mil quinientos millones de personas, aproximadamente el 40% de la población mundial, aún vive con menos de dos dólares al día.[66] La historia es parecida en muchas comunidades norteamericanas donde una iniciativa tras otra no logra sus objetivos. La tasa de pobreza en Estados Unidos permanece inmóvil aún después de 45 años de que el presidente Johnson lanzara la Guerra contra la pobreza; y permanece en un 12% década tras década, año tras año.

Sí, es cierto que se ha progresado en la lucha global contra la pobreza, pero el rendimiento de la inversión ha sido extremadamente bajo. Hay muchas máquinas que se están oxidando en los campos. ¿Por qué?

UN PROCESO DE APRENDIZAJE FRENTE A UN PROCESO ESTANDARIZADO

Este libro ya ha explicado muchos motivos por los cuales el progreso es tan lento en la búsqueda del alivio de la pobreza, pero es necesario considerar otro motivo: *la insuficiente participación de la gente pobre en el proceso*. Investigadores y profesionales han descubierto que, si se incluye significativamente a la gente pobre en el proceso de selección, diseño, implementación y evaluación de la intervención, aumenta la probabilidad del éxito del alivio de la pobreza. Por desgracia, la mayoría de las metodologías para aliviar la pobreza desarrolladas después de la Segunda Guerra Mundial no ha incorporado la participación de la gente pobre. En cambio, se ha usado una metodología basada en un «proceso estandarizado». En este proceso, los que no son pobres toman todas las decisiones acerca del proyecto y realizan *su* proyecto que está dirigido *a* los pobres. Muchas veces, la meta de esta metodología es desarrollar un producto estándar y después aplicarlo a gran escala sin modificarlo. Esto es «McDesarrollo», la metodología de una franquicia de comida rápida aplicada a la búsqueda del alivio de la pobreza. Como resultado, más de dos mil quinientos millones de personas pobres no han sido atendidas eficazmente.

Aunque la metodología basada en un proceso estandarizado *podría parecer* eficiente, a menudo fracasa porque impone soluciones en comunidades pobres que no concuerdan con la cultura. Por lo tanto, no son aceptadas por los miembros de la comunidad o no pueden funcionar en un contexto tan específico. Que una maquinaria funcione bien en el estado de Kansas, en Estados Unidos, no significa que pueda funcionar bien en un contexto cultural, económico e institucional del África subsahariana.

Por ejemplo, un individuo de una ONG que trabaja en un país latinoamericano explica cómo una casa construida por un equipo misionero que no incluyó la participación de la gente local quizás no llegue a habitarse:

> Un equipo vino aquí a construir la casa de un pastor con bajos ingresos de una iglesia local. En el diseño de la casa, el equipo planeó el baño en medio de la misma, lo cual va en contra de la cultura local, en la cual los baños se ubican en la parte trasera. El pastor no había visto los planos con anticipación. Cuando descubrió este error, mientras el equipo construía la casa, expresó su oposición al diseño a los líderes del equipo, pero no lo escucharon. El equipo se sentía feliz porque le habían dado al pastor la casa que necesitaba, pero el pastor estaba avergonzado y no estaba seguro de querer vivir en ella.[67]

En Estados Unidos, también hay barreras culturales, en lugares que ni siquiera imaginamos. Hablemos del programa de la Farmers Home Administration [Asociación para Hogares para Agricultores] (FmHA, por sus siglas en inglés). Este programa intentó dar préstamos a gente pobre en la parte rural del sur de Estados Unidos para comprar viviendas. La FmHA especificó que todas las casas del programa debían ser estandarizadas, con alfombras en el suelo y cocinas pequeñas con lavadoras de ropa. Una evaluación del programa descubrió lo siguiente:

Las especificaciones [de la FmHA] de cómo deben construirse las casas [...] en realidad van en contra de la sabiduría y la experiencia de la comunidad. Muchos solicitantes de los préstamos para vivienda consideran que cocinar y lavar ropa en el mismo cuarto es antihigiénico. Creen que el mejor lugar para una lavadora de segunda mano es afuera de la casa, porque suele desbordarse. También creen que hay otras ventajas al tener las lavadoras afuera: uno puede quitarse la ropa de trabajo antes de entrar a la casa, y la ropa limpia está más cerca del tendedero [...]. La gente que vive en lugares con calles de tierra, que trabaja en el campo o en una fábrica de procesamiento avícola o en un lugar lleno de pelusa, muchas veces prefiere suelos de vinilo (que son más fáciles de barrer) en lugar de alfombras. Sin embargo, [según las especificaciones de este programa] ellos no pueden tener estas cosas.[68]

A causa de todas estas dificultades, muchos profesionales del desarrollo comunitario han abandonado la metodología basada en un proceso estandarizado a favor de una basada en un «proceso de aprendizaje» hacia el desarrollo. Esta estrategia busca facilitar un ciclo de acción-reflexión en el cual la gente pobre participe en todos los aspectos del proyecto: proponiendo el mejor procedimiento, implementando la estrategia escogida, evaluando cómo están funcionando las cosas y determinando las modificaciones apropiadas. El papel del extranjero en esta metodología no es hacer algo *para* el individuo o la comunidad pobres sino buscar soluciones *con* ellos.

Una metodología basada en un proceso de aprendizaje aumenta la probabilidad de que el proyecto funcione bien por dos razones principales. Primero, como todos los seres humanos, es más probable que la gente pobre demuestre entusiasmo y responsabilidad hacia el proyecto si ha participado en él desde el principio. Si el proyecto es «de ellos», estarán más predispuestos a hacer sacrificios para que funcione y para mantenerlo a largo plazo. La segunda razón es que los individuos y las comunidades pobres son muy complejos, y los que no son pobres no los entienden bien.

Por tanto, el conocimiento y las habilidades de los pobres son esenciales para garantizar que las cosas funcionen bien. La gente que vive en los guetos norteamericanos, la zona rural de Appalachia, las barriadas pobres de la ciudad de México y las zonas rurales de la India saben mucho sobre su contexto; cuestiones que los extranjeros nunca podrían entender. Ignorar sus percepciones e ideas sería totalmente imprudente.

Irónicamente, aunque la metodología basada en un proceso de aprendizaje tarda más en obtener resultados concretos que la que se apoya en un proceso estandarizado, la primera suele ser más eficiente a largo plazo. Esto se debe a que, gracias a un proceso de aprendizaje, es más fácil obtener proyectos más factibles de realizar y a la vez más duraderos. Dicho de otra manera, la participación de la gente pobre puede reducir la probabilidad de que la maquinaria se oxide en los campos por falta de uso.

No solo es un medio sino un fin

Aunque sea bueno que se use la maquinaria y que la producción de arroz aumente, aceptar la participación solo como un medio para lograr esos fines desestima la razón fundamental por la cual esta es un componente vital en la búsqueda del alivio de la pobreza:

> **La participación no es solo un medio para lograr un fin, sino que es un fin legítimo en sí mismo.**

¿Por qué? Todo vuelve a la definición del alivio de la pobreza. Recuerda, la meta es que la gente pueda experimentar de nuevo su humanidad como Dios la diseñó. Es crucial ayudar a las personas a entender su identidad como portadoras de la imagen y semejanza de Dios, a amar a su prójimo como a sí mismas, a ser administradoras de la creación divina y a glorificar a Dios en todas las cosas. Una de las muchas manifestaciones de esta reconciliación holística se ve cuando la gente ejerce dominio sobre sus propias vidas y comunidades, buscando constantemente mejores maneras de usar sus dones y recursos para resolver problemas y traer beneficios sirviendo a Dios y a los demás. Por lo tanto, la meta final no es solo que se use la maquinaria y que aumente la producción de arroz, sino también capacitar a la gente pobre para que pueda tomar decisiones acerca de cómo trabajar la tierra, cómo actuar según sus decisiones y cómo evaluar los resultados. Esto los ayuda a implementar un proceso cíclico de toma de decisiones. Entonces, ¡la participación no es solo un medio para lograr un fin, sino el fin más importante!

Es imposible reconciliar las relaciones mediante una metodología basada en un proceso estandarizado, donde los extranjeros son los que deciden el ciclo de acción-reflexión para los pobres. Con este proceso, se les niega la oportunidad de ser aquello para lo cual fueron creados por Dios: portadores de Su imagen y semejanza que, por ensayo y error, descubrirán las maravillas de la creación divina.

Además, una metodología basada en un proyecto estandarizado comunica un mensaje implícito: «Yo, el extranjero, soy superior. Tú eres inferior, y estoy aquí para cambiarte».

Por el contrario, una metodología basada en la participación de la gente pobre incluye a los pobres en cada paso del proceso. Les pregunta: «¿Qué piensas?», y valora sus respuestas. Y solo por hacer esta pregunta, esta metodología declara en voz alta: «Creo que tienes valor, conocimiento y buenas ideas. Conoces cosas acerca de tu situación que yo no conozco. Por favor, comparte conmigo algunas de tus ideas. Aprendamos juntos».

En este libro ya vimos un excelente ejemplo de un ministerio que se basó en un proceso de aprendizaje (como medio y como fin) en el desarrollo de una comunidad entera. Recordemos que en el capítulo 3, Mark Gornik y Allan y Susan Tibbels se mudaron al centro de la ciudad de Baltimore y allí trabajaron *con* los residentes de la comunidad usando un proceso de participación que requirió hasta cuatro años para poder construir solo una casa. Este proceso, que incorporó la participación de los residentes, generó una energía y un sentido de responsabilidad que llevó a la reparación de cientos de casas en los años siguientes. Estas casas fueron solo un derivado del objetivo central: *que los miembros de la comunidad participaran plenamente en todo lo que significa ser humano.*

También se puede usar una metodología basada en un proceso de aprendizaje para ministrar a personas de forma individual. Por ejemplo, el director de un hogar para madres solteras en la ciudad de Knoxville (Tennessee), describe su ministerio de la siguiente forma:

> En vez de tener un plan estándar para cada familia, nuestro ministerio intenta caminar al lado de cada madre soltera y sus hijos. Creemos que es necesario entender y valorar los puntos fuertes, la historia y las metas para el futuro de la familia. La madre se reúne cada semana con un Defensor de la Familia, quien la ayuda a explorar las áreas de su vida familiar que necesitan restauración. Aunque el Defensor facilita el proceso, cada madre soltera participa del mismo e imagina el futuro de su familia, establece metas y da los pasos necesarios para lograrlas. Por último, el Defensor de la Familia puede ayudar a que la madre alcance sus metas y contribuir a su plan a largo plazo, ayudándole a desarrollar sus recursos.[69]

Las madres solteras de este programa desean poder comprar sus propias casas algún día y ser autosuficientes, y tan solo soñar, planificar y esforzarse para lograrlo ya es un éxito importante.

Unas palabras de advertencia

Nos sentimos en la obligación de ofrecer unas palabras de advertencia. Los argumentos seculares para la participación suelen apoyarse en dos suposiciones erróneas. En primer lugar, dada la creencia posmoderna de que la verdad es relativa, algunos argumentan que la gente pobre debe participar del proceso porque necesitan construir su propia realidad. «¿Quiénes somos nosotros, los extranjeros, para imponerles nuestras ideas a los pobres?», dicen.

En segundo lugar, una fe humanista en la bondad inherente de los seres humanos lleva a algunos a creer que la participación, como la democracia, automáticamente producirá resultados positivos. Sin embargo, ambas ideas preconcebidas son incorrectas desde una perspectiva bíblica. La Biblia enseña claramente que hay una verdad absoluta y que, hasta donde conocemos, la debemos comunicar con amor (Efesios 4:15). Además, todos somos pecadores, incluso la gente pobre, y lo que la participación no tiene es la capacidad de superar la naturaleza pecaminosa de la condición humana. ¡Las personas y los grupos toman malas decisiones todo el tiempo!

Sin embargo, una estrategia participativa está más de acuerdo con una perspectiva bíblica concerniente a la pobreza y a la búsqueda para el alivio de la misma. Las verdades bíblicas que enseñan que todos estamos quebrantados pero que retenemos aún la imagen y semejanza de Dios se confirman a través de un proceso que solicita y valora las contribuciones positivas de todos, tanto de los que están adentro como de los que están afuera. Es más, como las estrategias participativas capacitan a los pobres para «enseñar» a los que no son pobres, esto les ayuda a superar la dinámica de inferior-superior que normalmente caracteriza las interacciones entre ellos. Como resultado, se valora la dignidad de los pobres y disminuye el complejo de dios de los que no sufren pobreza material.

Tipos de participación

La Tabla 6.1 resume un espectro de diferentes niveles de participación que se han observado en diversas situaciones. Si leemos la tabla de arriba abajo, las metodologías pasan de hacer cosas *para* la gente pobre (basadas en un proceso estandarizado) a hacer cosas *con* los pobres (basadas en un proceso de aprendizaje). Cuando a los pobres se los ayuda a tener plena confianza y fuerza en sí mismos, se sitúan en la categoría de «iniciado por la comunidad», en la cual ellos mismos dirigen los proyectos y determinan el papel de cualquier extranjero en sus iniciativas. Por desgracia, las metodologías jerárquicas basadas en un proceso estandarizado, que típicamente se usan en los intentos de aliviar la pobreza, hacen que el modelo de participación iniciado por la comunidad sea algo fuera de lo común, pero tanto la literatura actual como nuestras propias experiencias demuestran que lograr este método no es imposible.[70]

No hay un método que diga qué nivel de participación es mejor para todas las iglesias, misioneros y ministerios en todos los contextos. La naturaleza y el grado apropiado de participación dependerán de una variedad de factores contextuales, que incluyan a los que se van a ocupar

Un espectro participativo

Modo de participación	Tipo de participación de la gente local	Relación entre forasteros y gente local
La gente local se somete a los planes predeterminados y desarrollados por los forasteros	Coacción	Hacer a
Los forasteros asignan tareas a la gente local, muchas veces con incentivos. Los forasteros deciden la agenda y dirigen el proceso.	Acatamiento	Hacer para
Se pide la opinión de la gente local; los forasteros analizan y deciden e procedimiento.	Consulta	Hacer para
La gente local trabaja junto con los forasteros para determinar prioridades; la responsabilidad queda con los forasteros para dirigir el proceso.	Cooperación	Hacer con
La gente local y los forasteros comparten sus conocimientos para crear metas y planes, ejecutarlas y evaluar los resultados.	Coaprendizaje	Hacer con
La gente local establece su propia agenda y se moviliza para ejecutarla sin ayuda de forasteros.	Iniciado por la comunidad	Responder a

[Tabla 6.1]
Adaptado de B. de Negri, et al., *Empowering Communities: Participatory Techniques for Community-Based Programme Development, Volume 1 (2): Trainer's Manual (Participant's Handbook)* [Cómo dar fuerza y confianza a los comunidades: Técnicas participativas para un desarrollo planeado basado en la comunidad, Volumen 1 (2): manual para preparadores (texto del participante)] (Nairobi, Kenia: The Centre for African Family Studies, 1998), 4.

de la organización, el tipo de intervención que se esté considerando y la capacidad y la cultura de la gente pobre involucrada. Se necesitará mucha prudencia a la hora de discernir el mejor tipo y nivel de participación en cada contexto. Dicho esto, los extranjeros deberían cultivar la participación de «cooperación» o, mejor aún, el «coaprendizaje», con la esperanza de lograr el nivel de «iniciado por la comunidad», en el cual los extranjeros ya no son la clave del éxito.

Los cristianos entienden que la iglesia es «columna y fundamento de la verdad» (1 Timoteo 3:15) y que los no creyentes son los que «con su maldad obstruyen la verdad» (Romanos 1:18). Es cierto que, solo por la gracia de Dios, nosotros tenemos conocimiento que los no creyentes no tienen. Desafortunadamente, esta realidad puede crear no solo un orgullo injustificado en asuntos espirituales sino también una actitud de superioridad hacia los no creyentes en todos los asuntos. Muchas veces, pensamos que «lo sabemos todo» en situaciones en las cuales realmente no sabemos nada. ¡Sería ridículo dejar que un no creyente determinara la mejor forma de administrar los sacramentos, simplemente porque queremos usar métodos participativos! Es cierto que, en este caso, sabemos más que ellos acerca de cómo hacerlo. Al mismo tiempo, sería ridículo presumir que sabemos más que un no creyente de Tailandia respecto a cómo sembrar arroz en su país. Al ser también portadores de la imagen y semejanza de Dios, los no creyentes tienen a menudo buenas ideas, y negarlo sería un insulto al Dios que plasmó Su imagen en ellos. Además, muchas veces, las personas a las que queremos ayudar también son creyentes con percepciones espirituales que nos pueden enseñar.

Busca el nivel de participación más alto posible en cada situación.

DAR VOZ A LOS QUE NO LA TIENEN

En muchas comunidades pobres, hay bastante diversidad en términos de etnicidad, raza, sexo, edad, religión y niveles socioeconómicos. Por tanto, es importante asegurar que cada grupo participe de una forma significativa no solo porque trae una perspectiva única, sino también porque la participación en sí es una meta importante. En particular, es de suma importancia dar «voz a los que no la tienen», buscando maneras de crear un ambiente seguro para que los marginados puedan expresarse a lo largo del proceso.

Como mencionamos en el capítulo 5, uno de los métodos principales que se puede emplear para involucrar a una comunidad es el Aprendizaje y Acción Participativa (PLA). El PLA es una forma de pensar sumada a un conjunto de herramientas que ayudan a un extranjero a facilitar el proceso de aprendizaje en comunidades pobres. El PLA involucra a la gente, creando una forma segura y divertida para que compartan sus conocimientos y construyan sus propias soluciones a los problemas que enfrentan.

La importancia de incluir una diversidad de perspectivas en el PLA se ilustra en la Figura 6.1, la cual demuestra el resultado de un ejercicio llevado a cabo en un pueblo rural de Paraguay. Se pidió a los hombres y a las mujeres de un pueblo que, por separado, dibujaran un mapa del lugar, y que apuntaran la frecuencia con la cual visitaban cada lugar. Claramente, ¡los hombres y las mujeres tenían percepciones muy diferentes de la misma comunidad! Al parecer, el dicho «los hombres son de Marte y las mujeres de Venus» se aplica en Paraguay también. Si no se hubieran incluido estas voces en este proceso de PLA, todos los participantes habrían tenido una percepción distorsionada de cómo la comunidad se ve a sí misma.

¡AVISO PARA LOS DONANTES!

Últimamente, es habitual preguntar antes de hacer una donación a la caridad: «¿Cuál es la mejor forma de invertir dinero para causar el mayor impacto para el reino?». La pregunta es legítima, y muchas veces simplemente refleja un deseo piadoso de ser un administrador fiel de los recursos del Señor. Sin embargo, los donantes tienen que recordar que reconciliar las relaciones de las personas con Dios, consigo mismas, con su prójimo y con el resto de la creación no es lo mismo que producir y vender artefactos. Un cambio profundo y duradero requiere mucho tiempo. Por eso, si los donantes no quieren que la maquinaria se oxide en los campos, tendrán que aceptar un proceso más lento, en el cual a los pobres se les enseñará a tener fuerza y confianza en sí mismos para poder decidir si verdaderamente quieren o no la maquinaria. Para los donantes, sería útil recordar que enseñar a los pobres a tomar decisiones implica una ganancia, quizás la mayor ganancia, sobre su inversión.

CUANDO AYUDAR HACE DAÑO

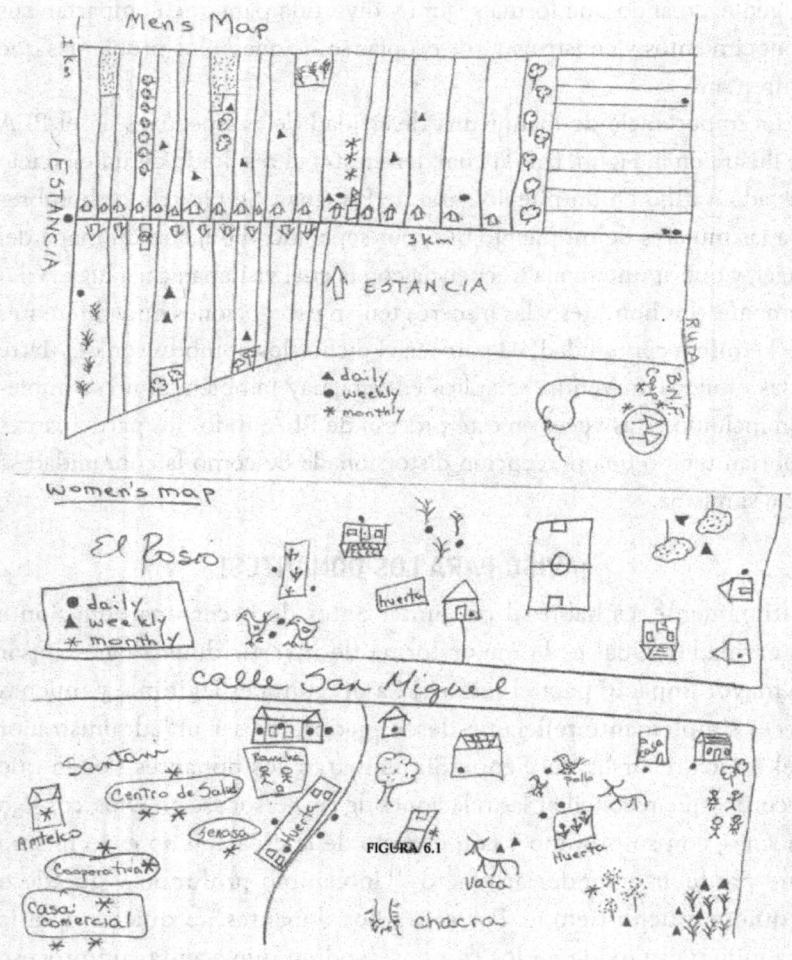

[Figura 6.1]
Cuerpo de Paz, *Gender and Development Training: Booklet 5* [Estudios de género y desarrollo: manual 5] (Washington, D.C.: Peace Corps Information and Collection Exchange, 1998), 14–15.

PREGUNTAS Y EJERCICIOS DE REFLEXIÓN

Por favor, escribe las respuestas a las siguientes preguntas:
Revisa tu respuesta a la pregunta en la sección de «Reflexiones iniciales» al comienzo de este capítulo.
(a) ¿A quién pediste consejo?
(b) ¿A quién no le pediste consejo?
(c) ¿Qué descubriste sobre tus percepciones de los pobres y de ti mismo?

Ejercicio ampliado: Reconsidera el ejercicio de apertura

En el «Ejercicio de apertura» al inicio de este libro, te pedimos que diseñaras un proyecto en el cual tu iglesia fuera a ayudar a restablecer pequeños negocios en un pueblo rural después de un huracán. Desde aquel entonces, hemos hablado de muchas cosas, por lo que ahora es el momento de que examines el plan que hiciste. Por favor, discute las siguientes preguntas con el mismo grupo de personas con las cuales diseñaste tu proyecto. Si estás leyendo este libro solo, considera las preguntas por tu cuenta.

1. ¿Qué ideas preconcebidas refleja tu plan acerca de la naturaleza de la pobreza y de su alivio?
2. En el capítulo 2, hablamos de una ecuación que refleja una dinámica común de la interacción entre los que no son pobres y los que sufren pobreza material:

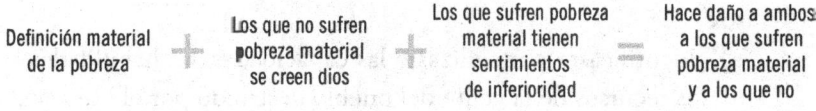

| Definición material de la pobreza | + | Los que no sufren pobreza material se creen dios | + | Los que sufren pobreza material tienen sentimientos de inferioridad | = | Hace daño a ambos: a los que sufren pobreza material y a los que no |

(a) Cuando diseñaste tu proyecto, ¿eras consciente de que los pobres suelen tener sentimientos de vergüenza e inferioridad?
(b) Si no lo sabías, ¿cómo podría esto haber modificado tus planes?
(c) ¿Ves alguna evidencia del complejo de dios en la manera en que diseñaste tu proyecto?

3. En el capítulo 4, hablamos de las implicaciones que tienen las cuatro relaciones y su quebrantamiento, a la hora de entender la pobreza y su alivio. ¿Cómo podría cambiar este marco teórico la táctica que usaste?
   (a) ¿Te enfocaste en «personas y procesos» o en «proyectos y productos»?
   (b) ¿Trataste el tema del quebrantamiento, tanto en los individuos como en los sistemas?
4. Repasa la diferencia entre el auxilio, la rehabilitación y el desarrollo y considera lo siguiente:
   (a) ¿Reflejó el diseño de tu viaje una evaluación precisa de las circunstancias para determinar cuál de estas metodologías sería apropiada para el contexto?
   (b) ¿Diste auxilio en un contexto en el cual la rehabilitación o el desarrollo habrían sido la intervención adecuada?
   (c) ¿Cómo podría una evaluación más precisa de la intervención adecuada alterar los planes que hiciste?
   (d) ¿Cómo podrías haber abordado tu proyecto desde una perspectiva más «de desarrollo»? (Repasa el punto del capítulo 4, «Realizando auxilio y rehabilitación, llegamos al desarrollo»).
   (e) ¿Tu estrategia para este proyecto tuvo algún aspecto paternalista?
5. En este proyecto, ¿usaste una metodología basada en recursos o en necesidades? Considera en qué medida tu proyecto exhibió los cuatro elementos clave de una metodología basada en recursos.
   (a) ¿Identificaste y movilizaste las capacidades, las habilidades y los recursos de la gente del pueblo destruido por el huracán?
   (b) En lo posible, ¿buscaste recursos y soluciones locales, y no de afuera?
   (c) ¿Buscaste construir y reconstruir las relaciones entre individuos, asociaciones, iglesias, negocios, escuelas y el gobierno local?
   (d) ¿Llevaste recursos de afuera solo cuando los recursos locales eran insuficientes para resolver las necesidades urgentes?

6. Considera hasta qué punto usaste una estrategia participativa para tu proyecto:
   (a) ¿Con quién planeaste hablar para determinar si se debe hacer este proyecto o no?
   (b) ¿El diseño de tu proyecto refleja un deseo de hacer las cosas *a, para*, o *con* la gente del pueblo que querías ayudar?
   (c) ¿En qué categoría de participación descrita en la Tabla 6.2 encajaría tu estrategia?
   (d) ¿Cómo podrías haber elegido, diseñado, ejecutado y evaluado tu proyecto de una manera más participativa?
7. Reflexiona sobre tus respuestas a las seis preguntas previas:
   (a) ¿Qué has aprendido de ti mismo?
   (b) ¿Hay cambios que quisieras pedirle a Dios que haga en ti?
   (c) ¿Qué has aprendido acerca de la metodología de tu iglesia para el ministerio?
   (d) ¿Quisieras que Dios haga algunos cambios en tu iglesia o ministerio?
   (e) ¿Qué cosas específicas quisieras hacer para lograr los cambios que deseas en ti mismo, en tu iglesia o en tu ministerio?

UN EJEMPLO DE INTENTAR AYUDAR SIN HACER DAÑO

Esta sección muestra cómo, en una ocasión, el Chalmers Center for Economic Development (el centro de investigación y enseñanza donde Steve y yo trabajamos) ofreció ayuda de una forma participativa después de un desastre natural, el tsunami en Indonesia en 2004. Las citas entre paréntesis se refieren a preguntas de la sección anterior, para mostrar cómo, en esta situación, el Centro Chalmers contestó las preguntas.

Por favor, lee esta sección y contesta las preguntas al final de la misma.

Cuatro meses después del tsunami, una organización cristiana de alivio y desarrollo que estaba trabajando en Indonesia pidió ayuda al Centro Chalmers para diseñar un programa de recuperación para pequeños negocios. Enviamos a dos miembros jóvenes del personal a la región y les dimos apoyo técnico desde nuestra sede en Estados Unidos. No compartimos esta historia para demostrarles lo inteligentes que somos (¡nuestros fracasos sobrepasan nuestros éxitos!) sino porque creemos que la historia ilustra muchos de los principios presentados en este libro. Hemos incluido referencias a otras preguntas y principios relevantes que ya aparecieron en la tarea de aprendizaje que acabas de completar. Por ejemplo, «4a» al final de una oración significa que esta frase ilustra el principio discutido en el punto «a» de la pregunta 4 en la tarea de aprendizaje anterior.

Al considerar si debíamos aceptar o no la invitación de trabajar en Indonesia, nos dejamos influenciar por el hecho de que una organización de auxilio y desarrollo muy respetada que ya estaba en el país estaba pidiendo nuestra ayuda. Esta organización tenía una trayectoria excepcional de solicitar ayuda a la gente local, así que sabíamos desde el comienzo que nuestra presencia sería una respuesta a los deseos de la comunidad y no algo que nosotros estábamos imponiendo (6a-b). Aunque una estrategia participativa siempre es importante, en este caso fue crucial, ya que esta región de musulmanes militantes era conocida por su hostilidad hacia los extranjeros en general y hacia los cristianos en particular.

La zona había sido devastada, pero la crisis se había remediado en gran parte. Por eso, la rehabilitación y el desarrollo, y no el auxilio, eran los siguientes pasos apropiados a seguir (4a). En un intento de identificar los recursos locales más relevantes y los obstáculos más significativos (5a), nuestro personal entrevistó y consultó a los líderes de diez asociaciones de pequeños negocios, los propietarios individuales y el alcalde (6), y descubrió lo siguiente:

- Era muy común que la gente de este lugar usara sus ahorros como capital de negocio.
- Había un banco extraordinario, en el que todos confiaban, que proveía servicios de ahorros y préstamos a gente muy pobre, en claro contraste con la mayoría de los lugares del mundo mayoritario. Desafortunadamente, las oficinas del banco habían sufrido daños severos y carecían de suficiente capital para dar préstamos.
- Los negocios de la región estaban organizados en poderosos gremios según su clase: un gremio de panaderos, un gremio de carpinteros, un gremio de choferes de carritos, etc.

- El alcalde estaba dispuesto a trabajar con los gremios y con la organización cristiana de auxilio y desarrollo.
- Había un fuerte espíritu de solidaridad que se reflejaba en su costumbre de juntarse como comunidad para resolver los problemas, a lo que le denominaban *Gotong Royong* (algo similar a lo que la comunidad *arrish* hace cuando una familia necesita construir un granero).
- La mano de obra local abundaba, porque muchos habían perdido sus trabajos.
- Existían empresas locales de construcción, pero habían sido dañadas por el tsunami.
- La falta de capital era la principal razón por la cual no se podían volver a poner en marcha muchos pequeños negocios.

La solución más obvia a esta situación era llevar equipos de construcción externos para reconstruir los edificios de estos negocios y establecer un programa de desarrollo de microempresas para prestarles dinero. ¿Crees que esta era la solución correcta? No, no lo era. Esta táctica habría debilitado las empresas locales de construcción, la cultura de ahorro, a este banco tan extraordinario, el conocimiento y la autoridad local y el espíritu de comunidad (2, 3a, 4e, 5). Debido al nivel de devastación, realmente eran necesarios recursos externos para restaurar la ciudad y sus negocios a su estado anterior al tsunami. El reto aquí era introducir dichos recursos de tal forma que no debilitaran los recursos que ya habíamos identificado en la zona (5d) y las habilidades de administración de los indonesios (4e, 6b). Una de las principales preguntas que nos hacíamos era: ¿Cómo podríamos introducir el capital de negocio rápidamente, sin debilitar la cultura de ahorro que existía ni el banco local?

Con esta idea en la mente, se decidió que la Fase I del programa daría pequeñas subvenciones de capital a los propietarios de pequeños negocios para que estos volvieran a ponerlos en marcha. Para que los propietarios pudieran recibir estas subvenciones, debían presentar evidencias de haber tenido un negocio pequeño antes del tsunami, de tener una cuenta de ahorros en el banco local y, por último, de haber participado en algún *Gotong Royong* para limpiar los edificios y las calles, incluida la oficina del banco local (5a-c). Un comité de líderes de los gremios y del gobierno local revisaba estas evidencias (4e, 6). Como parte del diseño de la Fase I del programa, las primeras subvenciones fueron entregadas a las empresas locales de construcción, para que ellas (no las externas) pudieran reconstruir las casas y los edificios destruidos a la vez que restablecían sus negocios de construcción (4e, 5c).

La Fase I también incluyó una serie de cursos de capacitación sobre pequeñas empresas para empresarios con bajos ingresos. Las lecciones incluían no solo importante material técnico sino también principios bíblicos que tenían que ver con dicho material. De este modo, los propietarios musulmanes de pequeños negocios fueron expuestos a la Escritura de una forma práctica (3b). Como ya vimos en el capítulo 3, los esfuerzos en la búsqueda del alivio de la pobreza a menudo necesitan dirigirse tanto a los sistemas como a los individuos quebrantados, e incluir una clara visión del evangelio y una cosmovisión bíblica.

La Fase II comenzó ocho semanas después de la Fase I y consistía principalmente de un programa de ahorros igualado. Este consistía en proveer capital de negocio adicional a la vez que se fomentaban los ahorros locales y el restablecimiento del banco (5). Aquellos que recibieron pequeñas subvenciones en la Fase I tenían que presentar al comité de revisión local evidencias de un patrón constante de ahorro a lo largo de las ocho semanas (6). Los ahorros de cada individuo fueron igualados por fondos externos en una proporción de dos a uno, y los fondos igualados fueron depositados en su cuenta de ahorros en el banco (5c). Se ofrecieron otra serie de cursos de capacitación sobre pequeños negocios, que incorporaron una cosmovisión cristiana (3b).

Como en cualquier programa, pasaron cosas buenas y malas, pero, en general, el éxito fue significativo. Cientos de negocios recibieron ayuda, las instituciones locales fueron fortalecidas y las evaluaciones de la Fase I del proyecto indicaron que las relaciones de la gente con Dios, consigo misma, con su prójimo y con el resto de la creación habían mejorado (3). Además, debido a la metodología altamente participativa que se usó, la organización cristiana de auxilio y desarrollo ganó la confianza de los indonesios, que normalmente son muy desconfiados. Como resultado, la organización pudo extender su programa para restablecer pequeños negocios a otras partes de Indonesia. Incluso una organización secular internacional de gran reconocimiento quedó impresionada con los resultados e invitó a la organización cristiana a entregar una propuesta para solicitar fondos para ampliar el programa.

Los principios planteados en este libro no son una fórmula mágica para el éxito, pero son eficaces y han sido usados por Dios incluso en contextos tan difíciles como cuando hay personas hostiles al evangelio.

1. Ahora que conoces esta historia, revisa nuevamente la manera en la cual diseñaste el proyecto de tu iglesia para el pueblo devastado por el huracán al comienzo de este libro:

    (a) ¿Qué aspectos del diseño original de tu proyecto eran buenos?
    (b) ¿Qué daño podría haber hecho tu proyecto?
    (c) Pensando en tu plan original, ¿cómo podría haber fortalecido o debilitado las cuatro relaciones claves?

2. Haz una lista de los pasos específicos que darás para mejorar los esfuerzos actuales en la búsqueda del alivio de la pobreza en tu iglesia.

PARTE

3

ESTRATEGIAS PRÁCTICAS *PARA* AYUDAR SIN HACER DAÑO

REFLEXIONES INICIALES

Piensa en un viaje misionero a corto plazo (de una a dos semanas) en el cual hayas colaborado de alguna forma, o en alguna ocasión en la cual tu iglesia haya recibido, como institución organizadora, a un grupo de misiones a corto plazo. Si no has participado de un viaje de misiones a corto plazo, piensa en algún viaje similar del que conozcas los detalles. Si es posible, piensa en un viaje que haya sido diseñado para ministrar a la gente pobre. Por favor, escribe respuestas breves a las siguientes preguntas:

1. *¿Cuáles fueron algunas de las mejoras que se consiguieron en este viaje? Considera a todas las personas involucradas, incluso los miembros del equipo, la iglesia o la organización que envió al equipo, los anfitriones y las comunidades o las personas ayudadas.*
2. *¿Se te ocurre algún impacto negativo que haya tenido este viaje? Nuevamente, piensa en todo aquel que participó en el mismo y en las personas que fueron ayudadas.*

Capítulo 7

CÓMO ABORDAR MISIONES A CORTO PLAZO SIN HACER DAÑO A LARGO PLAZO

En 1989, hubo 120.000, 450.000 en 1998, 1.000.000 en 2003 y 2.200.000 en 2006. Estos números reflejan un tsunami de enormes proporciones y una ola gigantesca de «misioneros» a corto plazo que inundó el mundo. ¿El costo? Los norteamericanos gastaron $ 1.600.000.000 USD en misiones a corto plazo (STM por sus siglas en inglés) solo en el 2006.[71]

Un crecimiento tan grande de las STM a lo largo de la última década ha sido acompañado, o impulsado, por el apoyo positivo de la prensa. Las noticias afirman que las STM han logrado muchas cosas en las comunidades anfitrionas y que han tenido un impacto positivo en las vidas de aquellos que participan en estas misiones, motivándolos a participar en las misiones más adelante, ya sea con donaciones o convirtiéndose en misioneros a largo plazo. Aunque haya cierta verdad en estas noticias, se está empezando a hablar de otra historia algo diferente: una historia que cuestiona si las STM son tan buenas como parecen.

Por ejemplo, la experta en misiones Miriam Adeney comparte una historia que un amigo cristiano de África le contó:

> Elefante y Ratón eran mejores amigos. Un día, Elefante dijo: «Ratón, ¡hagamos una fiesta!». Se reunieron animales de todas partes. Comieron. Bebieron. Cantaron. Bailaron. Y nadie celebró ni bailó más que Elefante. Cuando se acabó la fiesta, Elefante exclamó: «Ratón, ¿alguna vez habías ido a una fiesta mejor que esta? ¡Fue todo un éxito!». Pero Ratón no contestó. «Ratón, ¿dónde estás?», llamó Elefante. Buscó a su amigo por todos lados y, al final, retrocedió con una expresión de terror. Cerca de las patas de Elefante, estaba Ratón. Su pequeño cuerpo estaba molido entre la tierra. Había quedado aplastado por las grandes patas de su entusiasta amigo, Elefante. «A veces, esto es lo que pasa cuando ustedes, los americanos, realizan viajes misioneros», comentó el narrador africano. «Es como bailar con un elefante».[72]

Elefante no quiso hacer daño, pero no entendió los efectos que tendría su decisión sobre Ratón. Esto mismo puede suceder en muchas de las STM, particularmente en aquellas que se realizan en comunidades pobres.

El término «misiones a corto plazo», o STM, se refiere a viajes que duran entre una semana y dos años, y pueden ser misiones dentro del propio país o alrededor del mundo. Este capítulo hablará de viajes de dos semanas o menos, que representa la duración de los viajes de más del 50% de los 2.200.000 participantes estadounidenses de misiones a corto plazo en 2006.[73] Sin embargo, muchos de los temas que trataremos también se pueden aplicar a las STM más largas. Además, este capítulo prestará atención en particular a las STM que buscan ministrar a las necesidades físicas de la gente pobre, ya sea en su propio país o en otro. También examinaremos la sensatez de las STM desde la perspectiva de la mayordomía. Concluiremos el capítulo con sugerencias para mejorar la experiencia para todos los que participan de misiones a corto plazo. Pero, antes que nada, establezcamos el trasfondo para la discusión con una breve introducción de algunos temas interculturales importantes.

LO ESENCIAL DE LAS RELACIONES INTERCULTURALES

Una de las razones por las que las STM a veces bailan como Elefante es porque los equipos no son conscientes de lo que ocurre cuando diferentes culturas chocan. No hablamos de diferencias en la ropa, la comida, la arquitectura, el arte, y demás. Más bien, nos referimos a las diferencias en los sistemas de valores que nos impulsan silenciosamente a reaccionar de manera predecible. Estos sistemas de valores abarcan una amplia gama de cosas, que incluyen la percepción de las personas respecto a quién o qué tiene el control de sus vidas, al riesgo y la incertidumbre, a la organización y la función de la autoridad, a la naturaleza del tiempo y al papel de los individuos en comparación a los grupos. La limitación de espacio que supone un libro solo nos deja hablar de los dos últimos factores mencionados.

Las diferentes culturas alrededor del mundo exhiben perspectivas contradictorias respecto al funcionamiento del tiempo. Una de ellas es la monocrónica, que ve el tiempo como un recurso limitado y valioso. Se puede perder y ahorrar tiempo. Una buena administración del tiempo implica aprovechar al máximo cada minuto. El proverbio favorito de la visión monocrónica es «El tiempo es oro». Las agendas son herramientas importantes para el éxito. El mandato bíblico de «redimir el tiempo» evoca imágenes de listas de quehaceres que se completan día tras día.

Un segundo punto de vista sobre el tiempo es el policrónico. Este ve el tiempo como un recurso ilimitado. Siempre hay más tiempo. Los horarios y planes son simplemente directrices que tienen poca autoridad al determinar la manera en la cual uno pasa el día. Formar y profundizar las relaciones deja las tareas en segundo lugar. Aunque quizás se produzcan menos servicios y productos en una cultura policrónica, la gente en dichas culturas a menudo tiene un sentido más profundo de comunidad y de pertenencia.

La Figura 7.1 muestra dónde estarían ubicados varios países en un espectro monocrónico-policrónico. Estados Unidos tiene una cultura extremadamente monocrónica, mientras que países del mundo mayoritario tienen culturas fuertemente policrónicas. Muchas comunidades afroamericanas e hispanas de bajos ingresos en Norteamérica también tienen una cultura más policrónica que las iglesias y personas de clase media alta en Norteamérica.

[Figura 7.1]
Adaptado de Craig Storti, *Figuring Foreigners Out: A Practical Guide* [Cómo llegar a entender a los extranjeros: guía práctica] (Yarmouth, ME: Intercultural Press, 1999), 82.

De la misma forma, las culturas también difieren en su interpretación del papel que desempeñan el individuo y el grupo a la hora de darle forma a la vida. Por un lado, hay culturas individualistas que se enfocan en el valor interno y la singularidad de cada ser humano y que exhiben una perspectiva de trato igualitario para todos, en la medida de lo posible. En las culturas individualistas, se enseña a las personas a esforzarse para alcanzar «su máximo potencial» en términos de logros personales. Ser el «empleado del mes» o el mejor jugador del equipo son premios positivos y motivadores. Las iglesias en estas culturas hacen hincapié en el llamado personal de cada uno y hacen inventarios de dones espirituales y pruebas de personalidad.

Por otro lado, las culturas colectivistas minimizan la identidad individual y se enfocan en el bienestar del grupo. La lealtad y el sacrificio por otros miembros del grupo se consideran una virtud. La gente en culturas colectivistas demuestra lealtades muy fuertes a los grupos de los cuales forman parte, como la familia, la tribu, el jefe o empresa, la escuela, etc. Los cristianos en una cultura colectivista perciben la importancia de la iglesia local con mayor profundidad que en culturas individualistas.

La Figura 7.2 muestra dónde estarían ubicados varios países en un espectro individualista-colectivista. De nuevo, Estados Unidos se encuentra en un extremo, ya que es mucho más individualista que la mayoría de los países del mundo mayoritario. Muchas comunidades afroamericanas e hispanas de bajos ingresos en Norteamérica son también menos individualistas que las iglesias estadounidenses de clase media alta.

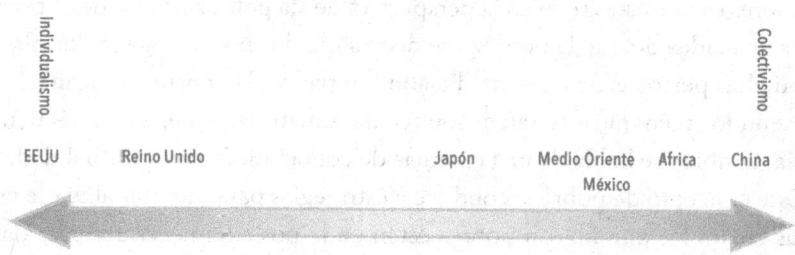

[Figura 7.2]
Adaptado de Craig Storti, *Figuring Foreigners Out: A Practical Guide* [Cómo llegar a entender a los extranjeros: guía práctica] (Yarmouth, ME: Intercultural Press, 1999), 52.

La idea aquí no es afirmar ni condenar diferentes perspectivas del tiempo o de uno mismo, pero creemos que, desde un punto de vista bíblico, hay pros y contras en cada extremo de estos espectros. Más bien, la idea que queremos expresar es que simplemente hay grandes diferencias culturales que no siempre apreciamos lo suficiente. Es importante que los equipos de misiones a corto plazo viajen con una actitud más abierta que nuestra manera de pensar etnocéntrica. Esta forma de pensar etnocéntrica puede, por un lado, minimizar las diferencias culturales y, por otro, dar por hecho que las normas culturales de uno son siempre superiores a las de otras culturas. Además, los equipos misioneros norteamericanos deben entender que vienen de una «cultura extrema»; es decir, necesitan reconocer que, por venir de una cultura que se encuentra en el extremo de estos espectros, es probable que tengan percepciones muy distintas a las de la comunidad anfitriona acerca de lo «maravilloso que es el baile», de las misiones a corto plazo.

LOS EFECTOS DE LAS STM EN COMUNIDADES POBRES

La mayoría de los debates acerca de las STM se han enfocado en el impacto que tienen en los equipos y las iglesias que los envían a estos viajes, y se le presta mucha menos atención al impacto de estas misiones sobre las comunidades pobres a las que han ido a ayudar. Esta sección revisará estos impactos usando los conceptos desarrollados anteriormente.

El problema principal con las misiones a corto plazo en las comunidades pobres es que estas reflejan la perspectiva de «la pobreza como déficit»; es decir, la idea de que la pobreza se debe a que los pobres carecen de algo. Muchas personas de clase media alta (en particular, norteamericanas), a menudo creen que este «algo» son recursos materiales, pero, con frecuencia, también se habla de una carencia de conocimiento o espiritualidad.[74] Este concepto de pobreza conduce a estrategias para intentar aliviarla en las cuales los que no son pobres están en la posición necesaria para dar ese «algo» a los pobres que no lo tienen. En el capítulo 2, hablamos de esta dinámica con la siguiente ecuación:

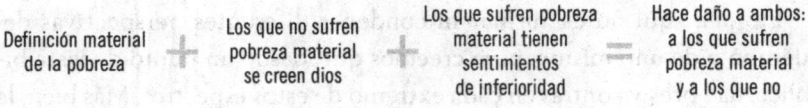

Esta perspectiva de «la pobreza como déficit» es especialmente problemática en el contexto de las misiones a corto plazo, ¡porque es necesario «dar» todo lo que se percibe como una carencia en menos de dos semanas!

En contraste con esta idea, ya hemos hablado sobre un entendimiento más relacional de la pobreza, en el cual se ve tanto a los pobres como a los que no lo son como personas que sufren de relaciones quebrantadas. Aunque estas relaciones se hayan roto de diferentes maneras, se debe buscar procesos que fomenten la reconciliación con Jesucristo en las vidas de ambos.

Contra este telón de fondo, veamos ahora las STM desde la perspectiva de los tres capítulos anteriores.

Las STM y el espectro auxilio-rehabilitación-desarrollo

Muy pocos viajes de misiones a corto plazo se realizan en circunstancias en las cuales la intervención apropiada es el auxilio. Incluso si ocurre un desastre natural, para cuando el equipo de STM llega, puede ser que «la hemorragia ya se haya detenido» y la fase de la rehabilitación haya empezado. Además, las misiones a corto plazo en comunidades pobres no se suelen realizar en lugares que están recuperándose de un desastre sino en comunidades que experimentan problemas crónicos y necesitan desarrollo a largo plazo. Desafortunadamente, los responsables de las STM pocas veces diagnostican la situación para ver qué tipo de intervención es necesaria, y a menudo implementan una estrategia de auxilio aun cuando rara vez esta sea la intervención apropiada.

Por ejemplo, cuando el huracán Katrina causó estragos en la costa del Golfo de México de Norteamérica, miles y miles de cristianos acudieron inmediatamente a ayudar. Esta ayuda tomó muchas y diferentes formas, y fue un gran testimonio de la belleza del cuerpo de Cristo. Un equipo de misiones a corto plazo formado por jóvenes fue a la región de Nueva Orleans poco después del huracán Katrina y trabajó muy duro para despejar calles y casas de los restos del desastre. El mismo equipo misionero regresó un año después para ayudar a reconstruir algunas de las casas dañadas. En este momento, los residentes de la zona estaban empezando a volver a sus casas. Se pidió al equipo de la STM que trabajara restaurando la casa de una familia en la que había varios hombres jóvenes. Mientras el equipo trabajaba duro levantando paredes, poniendo alfombras y más, los jóvenes de la casa miraban sentados todo el día cómo trabajaba el equipo.

Así como, en el primer viaje, el equipo de STM utilizó la intervención apropiada aplicando el auxilio necesario para el contexto, en el segundo viaje, la intervención fue incorrecta, por más que la intención fuera buena. La familia de la casa tenía la habilidad de participar en la renovación de su casa, pero faltaba la voluntad de hacerlo. En esa situación, el equipo misionero tendría que haber vuelto al ministerio local, solicitando que le asignaran trabajar en otra casa con dueños dispuestos a colaborar en su propia recuperación.

A veces, es posible que un equipo de STM no sea el mejor para proveer auxilio, aun cuando este sea la intervención apropiada. Como ya vimos en el capítulo 4, en situaciones en las que haya organizaciones o ministerios locales que estén dispuestos y sean capaces de proveer el auxilio necesario, es preferible dejar que lo hagan. Ellos tienen el conocimiento local sobre quiénes realmente necesitan ayuda y quiénes no, y serán los que se quedarán en la comunidad dirigiendo el ministerio después de que se haya ido el grupo misionero. El equipo de STM necesita ser visto como una extensión de las organizaciones locales en vez de como una entidad extranjera independiente.

Por último, tomando en cuenta las diferencias culturales de las que hemos hablado, debemos considerar que la mayoría de los contextos requiere el desarrollo; no el auxilio ni la rehabilitación. Los equipos de misiones a corto plazo normalmente son monocrónicos y ven el viaje de dos semanas como una oportunidad de «hacer misiones». El equipo quiere administrar bien su tiempo, haciendo lo máximo posible. Espera que se realicen muchas reuniones evangelísticas, que se termine el proyecto de construcción o que se den consultas médicas a cientos o hasta miles de personas. ¡Pero hacer las cosas rápido no es desarrollo! El desarrollo es un *proceso* que dura toda la vida, no un *producto* de dos semanas.

Y, aunque los equipos de misiones a corto plazo casi siempre funcionan a nivel monocrónico, a velocidad rápida, la cultura anfitriona muchas veces funciona a nivel policrónico y trabaja a una velocidad más lenta. Para la gente que pertenece a la cultura policrónica, cumplir con el trabajo es mucho menos importante que estar juntos y conocerse. Esto puede causar frustraciones para los miembros del equipo de misiones a corto plazo, porque ven que el tiempo pasa mientras no se cumple lo planeado. Con el tiempo, algunos de los del equipo empezarán a mirar mal a los hermanos policrónicos, por considerarlos ineptos o vagos. Y entonces, allí comienza el paternalismo. Los de la cultura monocrónica se hacen cargo de todo porque, de otra forma, nunca se terminaría el trabajo; al menos no antes de que las dos semanas de la misión lleguen a su fin... lo cual sería un desastre desde la perspectiva de muchos equipos misioneros.

Adeney resume la situación de la siguiente manera:

> Por definición, las misiones a corto plazo tienen solamente un breve tiempo para «demostrar ganancias» y lograr las metas definidas de antemano. Esto puede acentuar nuestros ídolos americanos de velocidad, cuantificación, compartimentación, dinero, logros y éxito. Los proyectos se vuelven más importantes que las personas. Se cavan pozos. Se convierten 50 per-

sonas. Hay que darle un buen informe a la iglesia que envía. Es necesario dar evidencias de que valió la pena el tiempo y el dinero invertidos en el viaje. Para poder terminar el trabajo (en el margen de tiempo marcado), la tecnología importada se vuelve más importante que los métodos contextualizados. La agenda personal se vuelve más importante que el respeto a los mayores, a las cortesías tradicionales, a tomar el tiempo suficiente. Terminamos bailando como elefantes. Bailamos fuerte y tenemos patas grandes.[75]

«¡Pero creamos tan buenas relaciones en nuestro viaje! —protestan—. ¿Por qué estas relaciones no se tradujeron en el proceso de desarrollo?».

Aunque Dios, por medio del Espíritu Santo, crea lazos especiales entre creyentes de trasfondos muy diversos, la gente de culturas individualistas (como los de la cultura dominante estadounidense) es propensa a subestimar cuánto tiempo se requiere para establecer relaciones en una cultura colectivista, y sobreestiman la profundidad de estas nuevas relaciones con sus nuevos «amigos». Los de culturas individualistas a menudo piensan que es fácil desarrollar relaciones personales profundas simplemente pasando una semana con una persona tailandesa. En realidad, es más probable que la persona de Tailandia perciba esta relación como algo superficial comparada con las profundas alianzas que tiene con su gente.

Las STM desde la perspectiva de una metodología basada en los recursos y otra basada en las necesidades

Debemos recordar que es preferible enfocarse inicialmente en los recursos de una comunidad antes que en sus necesidades. Es esencial identificar y movilizar los recursos naturales, materiales, sociales y espirituales y el conocimiento de los individuos y la comunidad antes de pensar en los recursos adicionales externos que podrían necesitarse.

Por desgracia, los equipos de STM funcionan generalmente según una metodología «basada en las necesidades» y traen su conocimiento, habilidades y recursos materiales a las comunidades pobres para cumplir con su trabajo lo más rápido posible. Por cierto, estos equipos ni siquiera tienen suficiente tiempo para identificar los recursos que ya existen en las comunidades anfitrionas. Como consecuencia, el paternalismo aparece amenazador, debilitando los recursos locales y aumentando la pobreza personal, de comunidad y de administración.

Consideremos la siguiente observación de un norteamericano que trabaja en una organización autóctona que intenta traer el desarrollo a comunidades pobres en un país latinoamericano:

> Cada semana, el personal local de mi organización dirige estudios bíblicos para niños en comunidades con bajos ingresos. Estos estudios bíblicos son solo uno de los esfuerzos que mi organización hace para traer un desarrollo duradero a estas comunidades quebrantadas. Cuando un equipo a corto plazo viene y dirige un estudio bíblico en una de estas comunidades, los niños dejan de asistir a los estudios bíblicos que mi organización les da. Nuestro personal nos dice que los niños dejan de venir porque no tenemos materiales y proyectos de arte tan sofisticados como los de los equipos a corto plazo, y que no regalamos cosas como ellos. Los niños también han llegado a creer que nuestro personal no es tan interesante ni creativo como los norteamericanos que vienen en estos equipos.[76]

De una forma muy similar, Rick Johnson escribe desde la perspectiva de alguien que ha participado durante décadas en misiones a corto plazo en México, lugar en el que se han realizado un 30% de las misiones norteamericanas a corto plazo.[77] Cuando habla de los muchos equipos misioneros que llegan a realizar campamentos bíblicos de vacaciones; a dirigir campañas evangelísticas; a construir iglesias, escuelas, casas y clínicas médicas; y distribuir productos a los pobres, Johnson afirma:

> Pocos pastores hablarán en contra de estas ofertas de ayuda o las rechazarán, aunque les duela el paternalismo y la humillación

que surgen porque la ayuda viene de un grupo que muchas veces no habla su idioma, no conoce la congregación ni entiende a la comunidad en la que trabajan. A una congregación que esté luchando para aprender a depender del Señor y a ser una luz en su propia comunidad puede resultarle fácil rendir sus responsabilidades y necesidades a un grupo rico que esté más que ansioso por asumirlas. La iniciativa de la congregación de cumplir con las oportunidades y los deberes que Dios les ha dado puede quedar anulada por extranjeros con buenas intenciones.[78]

Sin embargo, hay otras influencias sutiles que debemos considerar. La cultura individualista de los equipos de STM puede debilitar el conocimiento local en un contexto colectivista. Por ejemplo, un equipo de misiones a corto plazo supondrá que tratar a cada individuo en la comunidad por igual es la forma correcta de actuar, lo mismo que, por ejemplo, entregar comida en raciones iguales a todos. No obstante, algunas sociedades colectivistas han descubierto que dar una cantidad de comida desproporcionadamente grande a ciertos individuos puede aumentar su posibilidad de éxito financiero, y que después compartirán sus ganancias con toda la comunidad. Esta estrategia basada en la supervivencia de la comunidad refleja el conocimiento indígena adquirido a lo largo de los siglos en la lucha contra los elementos naturales. Al no descubrir y apreciar este conocimiento local, el equipo de misiones a corto plazo puede estar haciendo daño sin darse cuenta, cuando lo que querría hacer es ayudar.

¿Cómo puede el equipo de STM descubrir los recursos locales (incluidos el conocimiento local de estrategias de supervivencia) en un viaje de tan solo dos semanas? La respuesta no es obvia, pero un buen primer paso sería que la misión a corto plazo formara parte de una estrategia a largo plazo de desarrollo basada en los recursos e implementada por ministerios locales. El equipo de STM necesitaría entender cómo encajar en la estrategia global de los ministerios locales y tener cuidado de no debilitar su eficacia.

Las misiones a corto plazo desde la perspectiva del desarrollo participativo

En el capítulo 6, hablamos de la importancia de la participación de la gente en su propio desarrollo. Se debe de ir más allá de la participación superficial u obligatoria y llegar a un punto donde las comunidades, las iglesias y las familias pobres participen de la planificación, la implementación y la evaluación de las intervenciones en sus vidas.

Como mínimo, el principio de la participación implica que la comunidad, la iglesia o la organización que recibe al equipo de STM debe ser la entidad principal en decidir lo que hay que hacer y cómo hacerlo, y aún más importante, ellos deben ser los que hayan solicitado que el equipo fuera a su comunidad. Demasiados trabajadores en el campo misionero se sienten presionados para usar equipos de misiones a corto plazo por parte de sus agencias, iglesias o incluso por donantes. Algunas investigaciones han demostrado que las organizaciones anfitrionas preferirían que las organizaciones extranjeras donaran dinero en lugar de mandar a un equipo.[79]

Yo (Steve) sé que si alguien en Suiza le dijera a mi pequeña iglesia de 130 personas en una zona rural del estado de Georgia algo como: «Pueden elegir entre recibir este verano a trece personas de nuestra iglesia para ayudar con su escuela bíblica de vacaciones o recibir los $ 25.000 USD que costaría mandar el equipo», definitivamente tomaríamos el dinero.

Usaríamos $ 20.000 USD para terminar sin endeudarnos la ampliación de nuestra iglesia que ha estado en construcción por los últimos cinco años. Y con los $ 5000 USD restantes, que casi duplicarían nuestro presupuesto normal para la escuela bíblica de vacaciones, podríamos hacer que nuestra escuela fuera mucho más dinámica. Esto no significa que no apreciemos la posibilidad de un intercambio cultural y la vivencia del compañerismo, pero tenemos prioridades más urgentes que pueden asegurar el bienestar de la iglesia a largo plazo. Si hubiéramos considerado que recibir a este equipo suizo nos llevaría a una relación más duradera y a más dinero a largo plazo, ¡quizás habríamos estado más abiertos a que viniera!

Cuando hablemos de misiones a corto plazo, debemos incluir conversaciones acerca de aquellos cálculos potenciales que estén haciendo nuestros hermanos pobres. Si ellos tuvieran el poder social, político y económico para expresar sus opiniones, quizás nos sorprendería lo que dirían. Pero, en realidad, ellos no tienen ese poder. Los creyentes norteamericanos de clase media alta tienen que aceptar que su poder ha silenciado a sus hermanos tanto en su propio país como alrededor del mundo, mucho más de lo que nos damos cuenta. La gente que tiene poder raramente se detiene a considerarlo, mientras que los que no lo tienen son muy conscientes de ello. Este problema va más allá de las propias misiones a corto plazo, pero en muchas de estas misiones, estas tensiones se manifiestan silenciosamente. Bailamos fuerte y tenemos patas grandes. No intentamos pisotear a Ratón, pero aún así, lo aplastamos.

Dólares y sentido común

Algo que se debe tener en cuenta respecto a las STM en comunidades pobres es que estas necesitan enfocarse más en el impacto que tendrán en estas comunidades. *No se trata de nosotros, ¡se trata de ellos!* Todo lo que hablamos antes nos debería motivar a reevaluar los impactos positivos de las misiones a corto plazo. Sin embargo, es necesario incluir otro tema en esta reevaluación de las fortalezas y debilidades del movimiento actual de las misiones a corto plazo.

La iglesia norteamericana necesita apreciar más que cristianos de todo el mundo, no solo de Norteamérica, están ministrando dentro de sus *propias* naciones con grupos de gente y comunidades a una velocidad cada vez mayor. Y esto está ocurriendo particularmente en el mundo mayoritario, donde la iglesia sigue extendiéndose y madurando. Dios ha bendecido a muchos de estos trabajadores locales cristianos con talentos maravillosos y una auténtica pasión para que avance Su reino. A menudo, estos trabajadores ministran a largo plazo en ambientes que serían un gran reto aun para el extranjero más apasionado. Además, el conocimiento que poseen estos trabajadores locales de la cultura y los idiomas particulares los vuelve mucho más eficaces de lo que sería un trabajador extranjero, ya sea a corto o largo plazo. Es más, estos trabajadores locales suelen trabajar por un sueldo mucho menor para los estándares extranjeros.

La presencia de estos ministerios autóctonos plantea algunos importantes temas de administración para las STM de países ricos. Por ejemplo, una organización muy respetada entrena y supervisa evangelistas nacionales en toda África. El costo total anual de movilizar a estos evangelistas es $ 1540 USD al año, lo que incluye el sueldo ($ 1200 USD), la bicicleta de montaña ($ 250 USD), la mochila, la camiseta de la misión y el saco de dormir ($ 90 USD). Otra destacada organización cristiana para el auxilio y el desarrollo emplea a trabajadores a nivel comunitario que hacen trabajo de desarrollo integral desde $ 1500 hasta $ 5000 USD al año. Si comparamos estas cifras con el gasto de un viaje misionero a corto plazo, lo habitual para los viajes de STM estadounidenses a otros países es gastar entre $ 20.000 y $ 40.000 para unas 10 a 20 personas por dos semanas o menos. El dinero gastado solamente en un equipo de misiones a corto plazo en una o dos semanas sería suficiente para mantener a más de una docena de trabajadores locales más eficaces *durante un año entero*. ¡Y nos quejamos del gasto innecesario del gobierno! No se deben ignorar los profundos problemas de administración que se presentan aquí.

Algunos defensores de las STM sostienen que el dinero gastado en estos viajes es exclusivo para este tipo de obra. Como el donante normalmente conoce a la persona o al equipo misionero, considera la donación como algo de una sola vez y sin demasiado compromiso. Entonces, el dinero para las misiones a corto plazo solo se donaría si se destina a esto, y no para otro tipo de misiones, como ministerios autóctonos. Es muy triste, pero esto es una descripción bastante precisa de lo que significa donar para las misiones a corto plazo. ¿Por qué no se puede desafiar al pueblo de Dios (desde el púlpito y más allá) a ejercer una mejor administración de los recursos del reino en sus donaciones a las misiones? Aunque las estrategias de mayor impacto sean menos satisfactorias para el donante que las STM, en términos de «participación o conexión personal», ¿no es una gran lección del evangelio poder negarse a uno mismo para que otros puedan beneficiarse? Sí, esto puede ir en contra de la cultura de hoy: sentir, saber y experimentar por uno mismo. Pero el evangelio siempre ha llamado a desafiar a las normas sociales si estas limitan el progreso del reino de Cristo. *No se trata de nosotros. ¡Se trata de Cristo!*

Otros defensores de las STM sostienen que estos viajes deberían considerarse una inversión que trae grandes mejoras para el reino, al incrementar las donaciones para las misiones, los misioneros a largo plazo y generar relaciones más profundas e interculturales. A primera vista, este argumento parece creíble.

«¡Mi vida ha cambiado y me voy a convertir en un participante activo del movimiento de las misiones de Dios!», afirman muchos de los recién llegados de misiones a corto plazo.

Sin duda, muchos misioneros a largo plazo afirman que la experiencia de un viaje de misiones a corto plazo los motivó a buscar un compromiso mayor. También, a muchos equipos de STM se les escucha decir que las profundas relaciones que formaron con la gente de las comunidades anfitrionas fue lo más significativo del viaje. Aunque estas declaraciones son sinceras, existen pruebas que indican que sobreestiman los impactos a largo plazo en la vida de aquellos que realizaron los viajes de STM.

Kurt Ver Beek, un profesor adjunto de sociología en la Universidad de Calvin, con más de 20 años de experiencia en Honduras, ha llevado a cabo diferentes estudios sobre la influencia a largo plazo de los viajes de STM en la vida de los miembros de los equipos, intentando ver más allá de sus declaraciones iniciales para poder estudiar su comportamiento real.[80] Dichos estudios indican que no hay un aumento significativo en las donaciones a las misiones a largo plazo, ya sea por parte de los miembros de los equipos o de las iglesias que los enviaron. Es difícil también apoyar las afirmaciones de que la cantidad de misioneros a largo plazo ha aumentado, dado que este número ha sido más o menos estable a pesar del incremento de las STM. Y con respecto a todas esas grandes amistades que supuestamente se han formado, la realidad es que solo un pequeño porcentaje de los miembros de los equipos de STM tendrá contacto con sus nuevos «amigos» una vez que el viaje haya terminado. En resumen, los beneficios no parecen justificar la inversión.

SUGERENCIAS PARA MEJORAR EL IMPACTO DE LAS MISIONES A CORTO PLAZO

Buenas noticias: ¡tu iglesia o ministerio puede hacer muchas cosas para mejorar el impacto de las STM! Planear, reclutar, seleccionar, entrenar y financiar sus viajes de misiones a corto plazo incrementará los beneficios y reducirá el daño para todos aquellos que participen. De hecho, cada vez más iglesias y ministerios están empezando a seguir estas prácticas.

Cómo planear mejor la experiencia en el campo

Es importante prestar mucha atención al plan general de los viajes de las STM. Estos son algunos consejos:

Asegúrate de que la organización anfitriona (es decir, la agencia que recibe al equipo misionero) entienda la naturaleza de la pobreza y practique los principios básicos apropiados para el alivio de la pobreza.

Tienes que estar seguro de que la organización anfitriona y los miembros de la comunidad hayan solicitado un equipo como parte de su plan para mejorar su ministerio y sus vidas. Ellos deberían tener la opción de pedir a tu iglesia u organización que haga cualquier otra cosa en lugar de enviar un equipo de misiones a corto plazo. Asegúrate de que la organización anfitriona y los miembros de la comunidad realmente decidan qué hará o no hará el equipo de STM.

Explica que no es obligatorio recibir un equipo. Los equipos de misiones a corto plazo tienen una gran capacidad de hacer daño, tanto a ellos mismos como a los que los reciben. Aunque tu iglesia necesite actuar, es importante no pisotear a los pobres únicamente para participar más del ministerio.

Planea el viaje para que no solo «hagan» sino también «estén» y «aprendan». Quédate en las casas de los miembros de la comunidad y haz tiempo para hablar e interactuar con ellos. Pide a creyentes locales que compartan sus ideas con los miembros del equipo acerca de quién es Dios y cómo obra en sus vidas; dales tiempo a los miembros del equipo para que compartan sus propias debilidades y las de sus iglesias y que pidan a estos hermanos que oren por ellos. Si los creyentes locales son pobres, este puede ser un importante paso para superar cualquier creencia implícita que los miembros del equipo puedan tener en cuanto al «evangelio de salud y prosperidad» (ver capítulo 2).

Asegúrate de evitar el paternalismo en la parte de «hacer» del viaje. Recuerda, no hagas nada por las personas que ellas puedan hacer por sí mismas. La meta es que los mismos miembros de la comunidad sean los principales en hacer el trabajo, y que el equipo juegue un papel secundario de apoyo y ayuda. Por lo tanto, deben existir normas que especifiquen las responsabilidades y la distribución de autoridad, incluyendo lo que se debería hacer si los miembros de la comunidad no cumplen con sus responsabilidades. Pedimos encarecidamente que el equipo de misiones a corto plazo no asuma estas responsabilidades.

El equipo debería ser pequeño. Esto fomentará más aprendizaje e interacción con los anfitriones ¡y disminuirá el daño de las «patas de elefante»!

Cómo reclutar y seleccionar los miembros del equipo

La publicidad y los procedimientos que se usen para reclutar a los equipos de misiones a corto plazo son cruciales, porque establecerán las expectativas iniciales del equipo e influirán en el tipo de personas que se unirán al mismo. Estas son algunas de las cosas que se deben tomar en cuenta:

Evita el mensaje «ir a ayudar y salvar» y habla de «ir para aprender». No necesitamos más folletos de STM con rostros tristes y sucios de niños pobres en sus portadas, con el mensaje: «¿Te negarás a ti mismo para ir y servir?». Este mensaje hace demasiado énfasis en el sacrificio que el equipo misionero tendrá que realizar para cambiar las vidas de la gente (un nivel de cambio que simplemente no es realista en dos semanas) y en lo indefensa que está la gente pobre sin la ayuda del equipo.

No promuevas viajes misioneros que exalten las aventuras y la diversión que tu equipo podrá tener en estos viajes. Las promesas de atracciones turísticas y excursiones de compras han invadido la literatura de las STM. No tiene nada de malo disfrutar de estas cosas, pero no se puede disfrazar vacaciones de «misiones» ni pedir que otra gente las financie con sus diezmos y ofrendas. Hacer esto es un insulto a los miles de hermanos locales y extranjeros que se sacrifican de muchas maneras en el ministerio, y a los mismos pobres.

Cambia el nombre de «viaje misionero» a algo como «viaje visionario» o «ve, aprende, vuelve y responde». Nombres como estos sugerirán que el viaje de misiones a corto plazo es una experiencia de aprendizaje que formará parte de un compromiso futuro y ayudarán a comunicar que estos viajes son un medio para lograr un fin más grande en vez de ser un fin en sí mismos. Además de dar a la gente una expectativa más apropiada de lo que van a experimentar, dichos nombres pueden animarla a tomarse su tiempo y preguntarse: «¿Cuánto dinero queremos gastar realmente para realizar este tipo de experiencia?».

Sé cuidadoso a la hora de presentar las misiones a corto plazo como parte de un movimiento misionero más grande. Es habitual escuchar declaraciones tales como: «Si realmente estás interesado en misiones, necesitas participar de un viaje misionero». Esto es una exageración porque mucha, mucha gente sirve en misiones a largo plazo sin haber experimentado primero una STM. Además, dichos mensajes pueden dar una falsa impresión de lo que realmente se necesita para realizar misiones serias o trabajo de desarrollo comunitario.

Haz una presentación formal de varias horas para los posibles miembros del equipo en la cual les expliques claramente de qué se tratará el viaje y qué no incluirá. Dales tiempo para pensar en lo que han escuchado y para que «entiendan el sacrificio» antes de comprometerse con el viaje.

Es un requisito fundamental que los posibles miembros del equipo demuestren un interés serio en las misiones, que sean activos en su iglesia y que participen en los esfuerzos que esta haga para ayudar a la comunidad. Estos requisitos incrementarán la participación en el ministerio local de tu iglesia y reducirán el número de personas que participen en viajes caros de STM solo para demostrar su interés en las misiones.

Con esto, queremos decir que muchos de nosotros estamos mejor preparados para ministrar cerca de nuestra casa, donde hay menos barreras culturales y contextuales; aunque dichas barreras todavía pueden ser significativas cuando cruzamos las divisiones socioeconómicas locales. Es más, participar de un ministerio local basado en el desarrollo nos expone a los altibajos del cambio a largo plazo y nos da una dosis de realidad sobre lo que un «extranjero» puede lograr en el breve intervalo de una o dos semanas de una STM.

Capacitarse para alcanzar el éxito

«El aprendizaje experimental» es una poderosa herramienta. Esta es la razón principal por la cual debemos esforzarnos para mejorar las misiones a corto plazo, y así poder usar lo que aprendan los equipos para poder mejorar el trabajo en el futuro. Hay investigaciones que demuestran que

PREGUNTAS Y EJERCICIOS DE REFLEXIÓN

Por favor, escribe las respuestas a las siguientes preguntas:

1. Piensa en tus respuestas a las preguntas en las «Reflexiones iniciales» al comienzo de este capítulo. ¿Han cambiado tus perspectivas de alguna manera? ¿Cómo?
2. Imagina que tu iglesia está planeando realizar un viaje de misiones a corto plazo. Enumera tres o cuatro cosas específicas que puedas hacer para mejorar este viaje. ¿Cómo podrías lograr estos cambios?
3. Ahora imagina que una iglesia extranjera invita a tu congregación a ser la anfitriona de uno de sus viajes misioneros. ¿Crees que tu iglesia debería aceptar la invitación? ¿Por qué? Si decides que sí, enumera tres o cuatro cosas específicas que puedas hacer para mejorar este viaje.
4. ¿Se te ocurren algunas alternativas para el presupuesto de misiones o de ministerios, que tendrían un mayor impacto que un viaje de misiones a corto plazo?

REFLEXIONES INICIALES

Por favor, escribe las respuestas a las siguientes preguntas:

1. ¿Qué factores (históricos o contemporáneos) hicieron que tu iglesia se encuentre donde está?
2. ¿Qué factores originaron que vivas en tu barrio?
3. ¿Conoces a gente pobre que viva cerca de tu iglesia o de tu barrio?

Capítulo 8

SÍ, EN TU PROPIO **BARRIO**

Johnny Price es un afroamericano de 44 años sin empleo. El padre de Johnny murió cuando este tenía solamente seis años, dejando a su madre con la obligación de mantener a diez hijos con un sueldo de empleada doméstica muy bajo. Ahora, Johnny está divorciado y se esfuerza por criar a sus dos hijos con un magro cheque de desempleo. Con su hipoteca mensual, el dinero del desempleo no le alcanza para cubrir los gastos básicos. Y no es el único en estas circunstancias; el índice de pobreza en su comunidad llega al 14,4%.

La pobreza en los guetos urbanos de Estados Unidos es devastadora, pero Johnny no vive allí. Si vives en un suburbio norteamericano, tal vez Johnny viva en tu comunidad. La verdad es que la población actual de los suburbios norteamericanos está llena de gente como Johnny. Por ejemplo, Jodi gana un salario mínimo y depende de un banco de alimentos para sobrevivir. Rosa vive en un garaje sin calefacción y nos cuenta que la mitad de la gente de su iglesia se encuentra en una situación parecida. O consideremos a Juanita, una inmigrante que acaba de llegar al país y trabaja 70 horas por semana como empleada doméstica por un sueldo mínimo.[82]

Por primera vez en la historia de Estados Unidos, hay más gente pobre viviendo en los suburbios que en las ciudades.[83] Tanto los residentes tradicionales del centro de la ciudad como nuevos inmigrantes se están mudando a los suburbios en grandes cantidades debido a la mayor disponibilidad de viviendas baratas y de trabajos de baja calificación laboral. Por esto, muchas iglesias suburbanas se encuentran ahora a la vanguardia de la guerra estadounidense contra la pobreza, sin siquiera darse cuenta. Bob Lupton, con más de 30 años de experiencia en el centro de la ciudad de Atlanta como director de un ministerio urbano de asesoramiento familiar, describe esta realidad de la siguiente manera:

> En el pasado, los miembros de las iglesias de los suburbios (aquellos con conciencia social) viajaban a la ciudad para servir a los pobres. Se unían a nuestros ministerios urbanos para construir casas, enseñar a los niños y donar ropa usada. Iban a la ciudad porque allí se concentraban los pobres. Todo esto ha cambiado, aunque aún haya muchos barrios con necesidades en la ciudad. La pobreza se está yendo a los suburbios en forma gradual e implacable [...]. El modelo antiguo de ayudar en la ciudad, aunque sigue siendo necesario, está disminuyendo. Se deben crear nuevos métodos para ayudar a todos estos que son «diferentes» y que acaban de llegar estas comunidades dormitorio que antes se consideraban «seguras» y a las escuelas que solían ser homogéneas.[84]

Una de las características más complicadas de la nueva pobreza suburbana es que es menos visible que la pobreza tradicional del centro de la ciudad. Todos conocemos esos grandes bloques de viviendas que parecen anunciar a todo el mundo la pobreza de sus residentes. Por el contrario, los pobres suburbanos tienden a estar menos concentrados y viven diseminados en antiguos edificios de apartamentos, barrios de remolques, subdivisiones de casas de ladrillo construidas alrededor de 1950 y en viviendas de bajo costo detrás de plazas comerciales.[85] Es fácil pasar por alto a los pobres suburbanos.

Por supuesto, con el paso del tiempo, esta gente pobre en los suburbios se irá volviendo más y más evidente. Y cuando esto ocurra, ¿acaso las iglesias evangélicas de clase media alta huirán de los suburbios, repitiendo los errores del siglo xx cuando huyeron de la pobreza y la mezcla racial de los centros urbanos?[86] ¿Estas iglesias volverán a expresar a los pobres: «¡No en mi propio barrio!» mientras meten los bancos de la iglesia en camiones de mudanza y se marchan aún más lejos de las personas que preocupaban tanto a Jesús? ¿O aceptarán estas iglesias las oportunidades de ministerio que están llegando a su puerta cuando gente pobre de toda lengua, tribu y nación se mude a su barrio? ¿Dirán, como dijo la iglesia primitiva, «¡Sí, en mi propio barrio!»?

Por supuesto, aunque la pobreza sigue creciendo en áreas suburbanas, también sigue manifestándose en otros sitios, desde los barrios del centro de las ciudades hasta los pueblos más rurales. Por eso, sin importar dónde esté tu iglesia o dónde vivas, es probable que no tengas que ir muy lejos para encontrar gente pobre. ¿Qué pueden hacer los cristianos para enfrentar tanta pobreza? Aunque cada contexto es diferente, el siguiente capítulo describe varias estrategias de desarrollo económico que pueden funcionar en una gran variedad de entornos. Pero, primero, revisemos el ambiente económico general que contribuye a la pobreza en Norteamérica y, mientras lo examinamos, es importante tener en cuenta la meta final:

> EL ALIVIO DE LA POBREZA MATERIAL:
> Esforzarse por reconciliar las cuatro relaciones fundamentales para que la gente pueda cumplir con su llamado a glorificar a Dios, al mantenerse a sí misma y a su familia con los frutos de su trabajo.

SISTEMAS QUEBRANTADOS E INDIVIDUOS QUEBRANTADOS

La gente pobre a menudo está a merced de los sistemas creados por los poderosos. Por lo tanto, se deben dirigir los esfuerzos para conseguir el alivio de la pobreza tanto a los sistemas quebrantados como a los individuos quebrantados, empleando, en la medida de los posible, estrategias altamente relacionales. ¿Cómo se traduce esto al contexto norteamericano?

Como hablamos en el capítulo 3, siglos de sistemas quebrantados (algunos intencionalmente opresivos y otros no) han contribuido a la pobreza de los afroamericanos. Muchos lectores son conscientes de que la opresión histórica también ha contribuido de gran manera a la pobreza de los pueblos indígenas norteamericanos. Debido a estos antecedentes históricos, no existe una igualdad de condiciones para ciertos grupos minoritarios, ni siquiera en el comienzo del siglo xxi donde vivimos. Aunque no hubiera discriminación en el presente (y sí que la hay), mucha gente ha entrado en este siglo con desventajas notables que les impiden funcionar en una economía global y cada vez más integrada.

La globalización está exponiendo a los obreros norteamericanos a más competencia con trabajadores con sueldos más bajos en todo el mundo mayoritario. Las economías en crecimiento están expandiendo sus sectores de fabricación y, de esa manera, creando trabajos que la gente más pobre del planeta necesita. De la misma forma, la producción norteamericana se está alejando de la fabricación básica y está concentrándose en sectores que requieren un conocimiento más específico, por lo que ha aumentado en Norteamérica la demanda de trabajadores altamente calificados. Desafortunadamente, las oportunidades de trabajo y los sueldos para obreros en tales sectores son menores de lo que eran en los trabajos tradicionales de fabricación. Esto afecta a los obreros de las fábricas y es muy probable que esta tendencia continúe y hasta se acelere en las décadas venideras. Además, la interconexión actual en la economía global está creando cada vez más volatilidad.

Johnny Price, de quien hablábamos al principio de este capítulo, es un buen ejemplo. Johnny trabajó 19 años en una fábrica textil a unos 30 minutos de Greensboro, en Carolina del Norte. Su sueldo más los beneficios laborales le permitieron conseguir una hipoteca y criar a su familia en un barrio de clase media. Pero los despidos en la empresa para la que trabajaba obligaron a Johnny a regresar a estudiar en la universidad local. Ahora que ha vuelto a estudiar, Johnny espera poder desarrollar las habilidades necesarias para no tener que trabajar por una miseria en alguna tienda cercana.[87] El desempleo y los sueldos míseros en el sector de servicios que sustituyen a trabajos con sueldos más altos son dos de los factores que contribuyen en gran manera a la pobreza en Norteamérica hoy en día.

Los problemas de empleo de la gente pobre no son causados solamente por los sistemas económicos nacionales e internacionales. Muchas personas pobres tienen problemas de conducta que no las transforma en mano de obra ideal. Además, históricamente, algunos de estos comportamientos fueron estimulados por un sistema de asistencia social que sancionaba el trabajo, quitándole los beneficios laborales a la gente cuando sus ganancias aumentaban. En 1996, se reformaron las leyes con respecto a la asistencia social y aumentaron los incentivos al trabajo, al reducir la asistencia social continua a dos años y la asistencia social de por vida a cinco. Es más, se decidió que, para poder recibir beneficios de asistencia social, una persona tendría que estar trabajando, buscando trabajo o recibiendo educación adicional o cursos de formación profesional. Como resultado de estas reformas, trabajar volvió a ser crucial para la supervivencia económica, obligando a los trabajadores a superar cualquier conducta que debilite sus posibilidades de conseguir empleo.

LAS HABILIDADES NECESARIAS PARA LOS OBREROS

La globalización económica destaca la necesidad de un fuerte sistema educativo que ayude a los trabajadores no solo con cursos de formación profesional sino también con la enseñanza de habilidades generales. Además, los trabajadores deben estar motivados para aprender continuamente y poder adaptarse a una economía global que cambia rápidamente. Una persona puede tener un trabajo hoy y perderlo mañana, así que necesita poseer la capacidad de adaptarse, de volver a formarse y de aprender nuevas habilidades.

Desafortunadamente, nada prolonga más la injusticia histórica en Estados Unidos como el financiamiento del sistema de educación pública. Como las escuelas públicas dependen casi completamente de los ingresos fiscales a nivel estatal y local para satisfacer su presupuesto, las escuelas en estados y localidades más pobres obviamente tienen menos recursos por alumno. Además, se ha demostrado que las fórmulas usadas para repartir los fondos nacionales, estatales y locales distribuyen muchos menos recursos a distritos escolares pobres, aumentando así las disparidades que ya existen.[88] El resultado final es una gran diferencia respecto al gasto por estudiante, con algunos distritos escolares que gastan más de un 300% por estudiante que otros.[89] El financiamiento inadecuado de escuelas en comunidades pobres contribuye a la existencia de graduados sin suficiente preparación que ganan sueldos bajos y pagan muy pocos impuestos escolares. Esto genera un círculo vicioso.

Por supuesto, la falta de dinero no es el único problema en las escuelas deficientes. Al bajo rendimiento de los estudiantes se le agregan los corazones pecaminosos, las cosmovisiones distorsionadas y los antivalores, muchos de los cuales (como el nihilismo de barrio) pueden transmitirse mediante las «culturas de pobreza». Pero no debemos olvidar que, antes que nada, las fuerzas locales, nacionales y hasta internacionales (entre ellas, cientos de años de discriminación racial) contribuyeron a la formación de estos barrios. Aun si no hubiera ninguna discriminación racial hoy en día (y enfatizamos que la hay), el sistema educativo de Estados Unidos perpetúa la plaga de la discriminación histórica.

LA IMPORTANCIA DE LA ACUMULACIÓN DE PATRIMONIO

La globalización económica también destaca la necesidad de tener patrimonio, no solo ingresos, para luchar contra la pobreza. Los ingresos son el *flujo* de las ganancias que un hogar recibe de sus sueldos, intereses y dividendos. El patrimonio es el *valor* de los activos que una familia tiene de sus ahorros o su herencia, que incluyen cuentas bancarias, acciones y bonos, y el valor de una casa que ya esté libre de hipotecas.

La acumulación de patrimonio desempeña tres funciones bien distintas en la búsqueda del alivio de la pobreza. Primero, el patrimonio provee un margen de seguridad que personas como Johnny Price necesitan para poder sobrevivir cuando pierden su trabajo. En la mayoría de las recesiones, se despide primero a la gente pobre, pero esta es la que tienen menos recursos para sobrevivir. En un ambiente económico cada vez más inestable, se necesita un patrimonio para sobrevivir a la «tormenta».

Segundo, el patrimonio genera un ingreso adicional: las acciones y los bonos pagan dividendos, las casas aumentan de valor y los autos ayudan a la gente a ir a trabajar para ganar un sueldo. Tercero, el proceso de ahorrar y administrar el patrimonio desarrolla actitudes positivas y dominio propio, y requiere que la gente reemplace la mentalidad de supervivencia; es decir, de «vivir para hoy», por una mentalidad de inversión, o de «vivir para el futuro».[90]

Por desgracia, aunque la política pública estadounidense haya apoyado históricamente la acumulación de patrimonio para la gente de clase media alta, ha desalentado muchas veces a los pobres a que hagan lo mismo. Continuamente, se anima a las personas de clase media alta a acumular patrimonio por medio de, por ejemplo, impuestos diferidos en las cuentas de jubilación (los IRA, los 401k y los 403b; dichas cuentas muchas veces son igualadas por la empresa en la cual estas personas trabajan) y reducciones impositivas de la tasa de interés hipotecario. Al mismo tiempo, la gente pobre se ha visto obligada a agotar sus activos antes de que pueda ser considerada para la asistencia social, ¡y ha sido sancionada con la pérdida de beneficios si de alguna manera logra ahorrar e invertir demasiado! El resultado final es que muchas familias pobres son muy vulnerables a las crisis económicas e incapaces de pensar en su futuro financiero.[91]

No hay mejor ejemplo de una crisis económica que la crisis hipotecaria de créditos de alto riesgo que sacudió al mundo a finales de 2008. Esta crisis demuestra otra característica del sistema económico quebrantado: líderes, agentes hipotecarios y tasadores corruptos que se aprovechan de la gente mal informada que necesita el dinero. No saber cómo administrar el dinero (hacer presupuestos, planear para el futuro y entender transacciones económicas) dificulta la capacidad de mucha gente pobre de obtener el máximo rendimiento de sus ingresos y de establecer su patrimonio.

LAS VIVIENDAS Y LA ATENCIÓN MÉDICA

La crisis hipotecaria de créditos de alto riesgo también destaca otra realidad global que afrontan personas como Johnny Price: una escasez de viviendas económicas. Mientras los sueldos y las oportunidades de empleo para trabajadores de fábricas disminuyen, los gastos de vivienda a largo plazo siguen aumentando. Aun antes de la crisis hipotecaria de créditos de alto riesgo, el 47% de los hogares con bajos ingresos en Estados Unidos estaba «abrumado con deudas» por los costos de la vivienda. Esto significa que gastaban más del 50% de sus ingresos en la vivienda.[92]

Esto nos lleva finalmente al mayor problema general que enfrentan los pobres en Norteamérica: insuficiente acceso a atención médica económica. En 2007, el 42% de los adultos que trabajaban en Estados Unidos no tenía seguro médico o el que tenía no era suficiente, y el 37% declaró que continuó sin la atención médica que necesitaba, debido al aumento en los costos.[93] Además, existen desigualdades socioeconómicas considerables. Los grupos minoritarios y la gente pobre tienen una atención médica bastante inferior si la comparamos con el resto de la población.[94]

En resumen, la gente pobre de Norteamérica podría beneficiarse de lo siguiente: (1) la oportunidad de trabajar en puestos que paguen lo suficiente como para poder mantenerse, (2) la capacidad de administrar su dinero, (3) la oportunidad de acumular patrimonio y (4) un mejor acceso a educación de calidad, a vivienda y a atención médica económica. Además, como todos nosotros, la gente pobre necesita ministerios altamente relacionales (ofrecidos a través del cuerpo de Jesucristo) que le ayuden a superar los efectos de la caída en su corazón, su mente y su conducta personal.

¿CÓMO PODEMOS ABORDAR ESTAS NECESIDADES?

La siguiente sección se enfoca en atender a las tres primeras necesidades mencionadas anteriormente, el empleo, la administración de finanzas y la acumulación de patrimonio, porque todas ellas forman parte de la visión de este libro: ayudar a la gente pobre a mantenerse a sí misma y a su familia con los frutos de su trabajo. Es decir, todas estas necesidades se incluyen en lo que denominamos «desarrollo económico», que formaría parte del alivio de la pobreza. Además, como regla general, es más fácil para las iglesias ayudar con este tipo de intervenciones que incrementar la ayuda para la educación, la vivienda o la atención médica. No obstante, reconocemos que proveer estos servicios es muy importante y que algunas iglesias y ministerios lo han logrado con bastante éxito.

Aunque todas las intervenciones para el desarrollo económico presentadas en este capítulo desempeñen papeles distintos, todas son similares:

- Emplean el desarrollo en vez del auxilio, ya que la gran mayoría de la gente pobre norteamericana es capaz de participar de un proceso que mejore sus vidas.
- Mejoran algún aspecto del sistema económico o capacitan a la gente pobre para usar el sistema actual con eficacia.
- Usan una metodología basada en recursos que comienza con las habilidades, la inteligencia, el trabajo, la disciplina, los ahorros, la creatividad y la valentía de la gente pobre.
- Tienen el potencial de ser diseñadas, implementadas y evaluadas de una manera participativa.
- Proveen la oportunidad de usar un plan basado en la Biblia, permitiendo hacer una presentación clara del evangelio y tratar cuestiones de la cosmovisión.
- Usan equipos de consejeros o mentores de la iglesia que pueden ofrecer amor, apoyo y ánimo y, de esta manera, proveen un enfoque relacional que busca restaurar la dignidad de la gente (la relación con uno mismo), la comunidad (la relación con el prójimo), la administración (la relación con el resto de la creación) y la salud espiritual (la relación con Dios).
- Son implementadas durante períodos relativamente largos, y así dejan tiempo para que el «desarrollo» se lleve a cabo, el proceso continuo de cambio y reconciliación tanto para los «ayudantes» como para los «ayudados».

Ministerios que ayudan con la formación profesional

Clive se crió en una vivienda social pública en el barrio de Cleaborn y Foote en el centro de la ciudad de Memphis (Tennessee), uno de los barrios más pobres de Estados Unidos. Clive tomó el mismo camino que muchos residentes del barrio, y se metió con pandillas, drogas, violencia y terminó en la cárcel. Debido a esto, Clive casi muere a causa de una herida de bala. Hoy, Clive es el «empleado del mes» del almacén donde ha estado trabajando durante el último año. También es seguidor de Jesucristo.[95]

Clive es una más de las 100 personas que se graduaron en 2008 del curso de formación profesional Empleo para toda la vida (JFL, por sus siglas en inglés), ofrecido por Avance Memphis, un ministerio cristiano que ha traído esperanza al barrio de Cleaborn y Foote durante los últimos diez años. Durante los primeros diez meses de 2008, 83 de los graduados de JFL de Avance encontraron trabajo, sin tener que hacer ninguna publicidad. Avance ha tenido incluso que rechazar a algunas personas pobres para sus cursos de formación profesional, porque la demanda es más alta que el número de plazas disponibles. ¡La gente pobre quiere trabajar!

Avance Memphis es uno de los 130 afiliados de la red nacional de JFL, la cual moviliza iglesias y ministerios cristianos a colaborar con sus esfuerzos para ayudar a gente pobre a encontrar y mantener trabajos. Un afiliado de JFL como Avance coordina tres componentes del ministerio:

1. Clases para la gente pobre que insisten en el desarrollo de «habilidades no técnicas» desde una perspectiva bíblica. Las habilidades no técnicas son habilidades generales: una buena ética laboral, cómo trabajar en equipo y cómo comunicarse bien. Por otro lado, las «habilidades técnicas» son conocimientos necesarios para trabajos específicos; por ejemplo, un mecánico de automóviles necesita saber cómo funciona un motor. JFL ayuda a desarrollar las habilidades no técnicas usando un plan de estudios basado en la Biblia que trata temas como la planificación profesional, el valor inherente del trabajo, las buenas actitudes, la integridad personal, el respeto a la autoridad, la resolución de conflictos, la responsabilidad, la puntualidad, la forma de vestirse apropiadamente, etc.

2. Consejeros, llamados «campeones», proveen apoyo y ánimo a los participantes de JFL, ayudándoles a superar los obstáculos que puedan impedir su participación en el curso, a encontrar un trabajo o a enfrentar la vida. Podría existir la posibilidad de que hubiera un mentor o consejero para cada participante, pero es más probable que sean los equipos de consejeros de las iglesias los que sostengan relaciones con la gente necesitada por periodos de tiempo más largos, ya que ser consejero puede llegar a abrumar.
3. Tener convenios con empresas que se comprometan a proveer entrevistas, oportunidades de empleo y ambientes favorables de trabajo para los graduados de JFL. Esto representa una gran oportunidad para los empresarios cristianos de servir al reino, ayudando a las personas pobres a obtener un nuevo comienzo para cumplir con el propósito para el cual Dios los creó. Idealmente, los que lleguen a emplear a estas personas estarán en comunicación con los equipos consejeros para que puedan trabajar juntos para alentar a los graduados de JFL durante los altibajos del trabajo.

JFL representa un gran ejemplo de cómo un ministerio que realice cursos de formación profesional puede aportar una solución al quebrantamiento, tanto de los sistemas como de los individuos, con el fin de fomentar la reconciliación de las cuatro relaciones claves, haciendo que la gente pueda glorificar a Dios a través de su trabajo. Al impartir habilidades sociales, ofrecer estructuras de apoyo y proveer redes para oportunidades de empleo, JFL hace que el sistema económico sea accesible para la gente pobre. Además, una formación basada en la Biblia y una metodología altamente relacional aportarán una solución al quebrantamiento individual. El resultado es que más del 80% de participantes de JFL a nivel nacional mantiene su empleo por un mínimo de un año después de graduarse, un índice de éxito notable.[96]

La enseñanza de habilidades sociales en los ministerios que realizan cursos de formación profesional ofrece un importante primer paso para que la gente pobre encuentre trabajo. Una encuesta a nivel nacional pidió

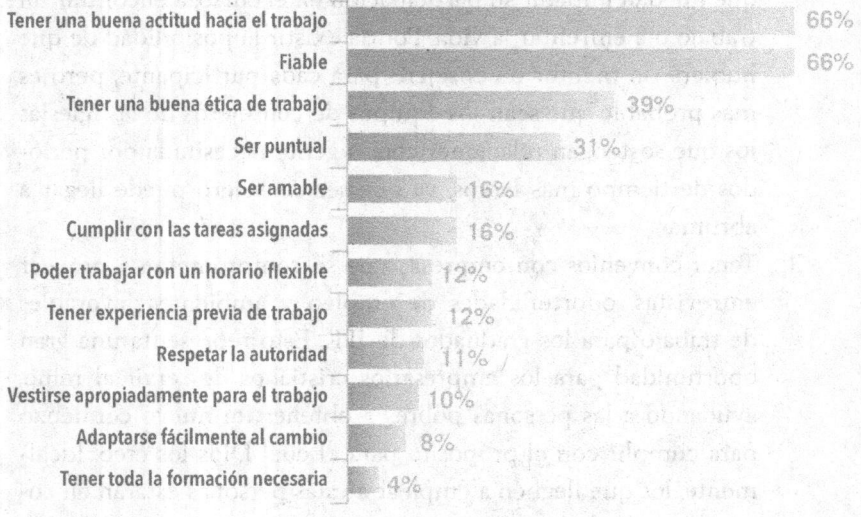

[Figura 8.1]
Adaptado de M. Regenstein, J. Meyer y J. Dickemper Hicks, *Job Prospects for Welfare Recipients: Employers Speak Out* [Posibilidades de trabajo para los que reciben asistencia social: Los empresarios hablan] (Washington, DC: Urban Institute, 1998), New Federalism Issues and Options for States, serie A, n. A-25, agosto.

a las empresas que hicieran una lista de las cualidades que buscaban en los beneficiarios de asistencia social que solicitaban puestos de principiante. De una lista de doce cualidades positivas, se pidió a las empresas que escogieran las tres que consideraban más importantes. La Figura 8.1 resume las respuestas con las cifras que especifican el porcentaje de empresarios que escogieron dicha cualidad como una de las tres más importantes.[97] Los resultados de la encuesta resaltan que tener conocimientos específicos del trabajo (los que se podrían adquirir a través de una formación de «habilidades técnicas») se identificó como la cualidad menos importante, mientras que las cualidades que se pueden obtener a través de la formación de «habilidades sociales» se identificaron como las más importantes.

Los puestos de principiante no pagan bien, y muchas veces la gente pobre necesita formación técnica adicional para que sus sueldos aumenten. Aunque normalmente las iglesias no tienen la capacidad de proveer dicha formación, pueden ayudar a la gente a identificar sus metas vocacionales a largo plazo y a que continúen su educación en universidades locales y escuelas vocacionales. Sabemos que cuesta dinero regresar a la escuela, por lo que este problema se tratará con mayor atención en la sección del libro enfocada en la acumulación de patrimonio.

Ministerios de educación financiera

Isaac, un hombre afroamericano de casi 30 años, conduce su camioneta oxidada que necesita un silenciador nuevo. Una casa de empeños le da a Isaac un cheque de $ 600 USD a cambio del título de la camioneta y las llaves. A fin de mes, deberá a la casa de empeños $ 750 USD, lo cual representa una tasa de interés anual (APR, por sus siglas en inglés) del 300%. Si no paga en 90 días, deberá $ 1172 USD, lo cual refleja un APR del 381%.

«Si no estuviera en una situación tan desesperada, no regresaría. Me da vergüenza estar aquí, porque estos hombres engañan a la gente. Esto es dinero que debería estar invirtiendo en mis hijos», dijo Isaac.[98]

Desgraciadamente, la historia de Isaac es bastante común. Los barrios pobres están repletos de agentes hipotecarios, tiendas de alquiler con opción de compra, prestamistas de sueldo y de devolución tributaria, casas de empeño y concesionarios de préstamos de títulos automovilísticos, los cuales cobran tasas de interés muy altas que sepultan a la gente en un ciclo de deuda. Por ejemplo, los prestamistas que adelantan el sueldo cobran una tasa de interés (APR) de un promedio del 400% por un préstamo de dos semanas de $ 200 a $ 300 USD. La mayoría de los que recibe estos préstamos tiene que refinanciar sus préstamos varias veces, acumulando multas adicionales en el proceso. Una persona que pide un préstamo de adelanto de sueldo gasta un promedio de $ 800 USD para pagar un préstamo de $ 325 USD.[99]

Muchos pobres no entienden los términos de los préstamos que sacan, lo cual los expone al abuso de usureros, muchos de los cuales prestan a través de claros engaños. Hay estudios que han demostrado que una falta de educación financiera es uno de los principales motivos por los cuales la gente cae en engaños como estos.[100]

Mucha gente pobre (y mucha gente en general) carece del conocimiento y la disciplina para administrar bien su dinero, esto sin tener en cuenta el reciente crecimiento de usureros. Esto crea una gran oportunidad para las iglesias y los ministerios de proveer una educación básica en finanzas, usando cualquier plan disponible de estudios basado en la Biblia. Los temas que normalmente se incluyen son la administración cristiana, el armado de presupuestos, el establecimiento de metas, los ahorros, la reducción de deudas, el mantenimiento de registros, el diezmo, los impuestos, el sector bancario, la administración de crédito, y más. Un buen plan de estudios en economía debe formar parte de la caja de herramientas de cada diácono y consejero de la iglesia. La formación se puede realizar de forma individual o en grupos, y un grupo de consejeros o mentores puede asegurar la participación y ofrecer apoyo relacional, caminando al lado de los aprendices durante un largo plazo de tiempo para fomentar el desarrollo verdadero.

No es fácil escoger el mejor plan de estudios. Es importante que tu iglesia o ministerio entienda el nivel de educación, las necesidades de formación, las características culturales, los estilos de aprendizaje y los problemas de cosmovisión de la población a la que irá dirigido. Si estás ministrando entre una variedad de poblaciones, quizás necesites varios planes de estudios. Idealmente, el contenido bíblico del plan de estudios debería estar diseñado para tratar las luchas espirituales y de cosmovisión específicas de los participantes de una manera que afirme su cultura. Un plan de estudios lleno de fotos de caucásicos de clase media no es la mejor forma de afirmar la dignidad de los afroamericanos, los hispanos o los pueblos indígenas pobres de Norteamérica. Tu iglesia o ministerio quizás quiera usar sus propios recursos para contextualizar un plan de estudios ya existente y adaptarlo a la población a la cual quiere dirigirlo.

En Estados Unidos, los ministerios de educación financiera pueden ayudar a mitigar el problema de trabajos con bajos salarios, ayudando a sus estudiantes a usar el crédito sobre la devolución de impuestos de los ingresos ganados (EITC, por sus siglas en inglés) del gobierno. Iniciado en 1975, el EITC da un crédito de impuestos a trabajadores con bajos ingresos por cada dólar ganado. Además, aunque el obrero no pueda tener ninguna devolución de impuestos sobre los ingresos ganados, igual calificaría para el EITC y podría recibir estos fondos en forma de un cheque del gobierno federal. Actualmente, a un trabajador con bajos ingresos con dos hijos o más se lo considera para un crédito a una tasa del 40%, lo cual significaría que un obrero que gane ocho dólares por hora podría recibir $ 3,20 USD adicionales por hora de parte del gobierno federal. Las ayudas disminuyen cuando suben los ingresos de una persona, pero su resultado total aún puede ser decisivo. Por ejemplo, un jefe de familia que trabaja a tiempo completo por ocho dólares la hora gana $ 16.000 al año y se encuentra por debajo de la línea de pobreza para una familia de cuatro. El EITC le da a esta familia otros $ 4536 USD, y le permite vivir por encima de la línea de pobreza.[101]

El EITC cambia el sistema económico para que una persona pobre pueda trabajar para mantenerse a sí misma y a su familia por medio de su trabajo. Con el fuerte apoyo de los dos partidos políticos principales, el EITC ha recibido una amplia expansión, y ahora es el programa federal más grande que provee ayuda a familias trabajadoras con bajos ingresos. En 2003, el EITC levantó el estado económico de 4.400.000 de personas por encima de la línea de pobreza; más de la mitad eran niños. Sin el EITC, se calcula que la tasa de pobreza infantil estaría por encima del 25%.[102]

Desgraciadamente, se estima que del 15 al 25% de las personas que califican para el EITC no lo reclaman.[103] Mucha gente ignora que existe el EITC o simplemente no sabe cómo solicitarlo. Muchas iglesias norteamericanas pueden proveer un gran servicio a los pobres ayudándoles a solicitar el EITC como parte de su ministerio de educación financiera.

Ministerios de ayuda para establecer un patrimonio

Veralisa estaba luchando por salir del programa de asistencia social y mantenerse a sí misma y a sus hijos haciendo joyas, pero sus ingresos anuales eran muy bajos. Además, descubrió que tenía cáncer, posiblemente como resultado de los químicos fuertes que usaba para elaborar las joyas. Una agencia del gobierno la refirió al *Covenant Community Capital* [Comunidad Unida para Conseguir Patrimonio]. Covenant es una organización cristiana en Houston (Texas), que ayuda a familias trabajadoras con bajos ingresos a salir de la pobreza, dándoles educación financiera para que aprendan a administrar su dinero y ayudándoles a adquirir activos que aumenten de valor con el tiempo.

Veralisa se inscribió en el programa de Desarrollo de Cuentas Individuales (IDA, por sus siglas en inglés) de Covenant, el cual iguala los ahorros mensuales de las familias pobres trabajadoras en una proporción de dos a uno. Con gran esfuerzo, Veralisa logró ahorrar parte de sus ingresos para que fueran igualados por el programa y asistió a los cursos de educación financiera y de preparación para compradores de vivienda obligatorios.

Quince meses más tarde, Veralisa se graduó del programa y compró su primera vivienda, mediante un pago inicial de sus propios ahorros más los fondos igualados de Covenant y otros fondos igualados de distintas organizaciones. Con más confianza en sí misma, Veralisa logró incrementar sus ingresos y se inscribió en la Universidad de Houston. Después de tres años, el cáncer de Veralisa está en remisión y ella ha terminado de pagar su hipoteca.[104]

El programa IDA busca que la gente pobre consiga su propio patrimonio, animándola a ahorrar dinero de sus ingresos. Los ahorros de estas personas son igualados en proporciones que oscilan entre uno a uno y tres a uno. Como condición, deben usar este dinero para adquirir un activo (una vivienda, capital para iniciar un negocio, educación, un auto, etc). Los fondos igualados se entregan al vendedor del activo (por ejemplo, un prestamista hipotecario) para asegurar que se usen para su propósito original. Los fondos igualados para el programa IDA pueden venir de iglesias, donantes individuales, fundaciones, instituciones económicas y gobiernos federales y estatales.

Mientras los participantes del programa están ahorrando (un período entre dos y tres años), reciben educación financiera para que puedan mejorar su capacidad de administrar sus recursos. Además, suele haber formación adicional relacionada con el activo que el participante quiere comprar, como, por ejemplo, cursos para la administración de microempresas o de cómo ser un buen dueño de vivienda.

Sin duda, los IDA solo funcionan si los pobres pueden y están dispuestos a ahorrar. Existe un estudio sistematizado que revisó en profundidad el funcionamiento de catorce programas de IDA y que siguió a 2364 participantes durante cuatro años y medio. Este estudio descubrió que el promedio mensual de depósitos de ahorro neto era de $ 19,07 USD y que los participantes hacían depósitos unos seis meses del total del año. Con los fondos igualados, los participantes acumulaban aproximadamente unos $ 700 USD al año. Cuando a la gente pobre se le da incentivos de ahorro similares a los que se les ofrece a los que no son pobres, como los planes que contribuyen a los 401k, la gente pobre puede ahorrar cantidades suficientes para adquirir el patrimonio que tanto necesita.[105]

También se puede utilizar los programas de IDA para ministrar a jóvenes, ayudándolos a desarrollar modelos de ahorro y a pensar en su futuro. Se puede utilizar un espíritu empresarial dinámico y un plan de estudios de educación financiera diseñado específicamente para ellos y que a la vez puede ser utilizado para aumentar los fondos igualados de la parte del ministerio.

La mayoría de las iglesias puede llevar a cabo los IDA, porque pueden funcionar a pequeña escala, de incluso uno a cinco participantes. Los diáconos o líderes de la iglesia pueden administrar el programa, y los fondos igualados pueden provenir de la misma congregación o de otras iglesias en su red eclesial o social.

Los programas de IDA pueden ser buenas estrategias para personas de todas las edades para conseguir patrimonio, aunque en la realidad, van a lograr mucho más que eso. Como los participantes están en el programa por varios años, los equipos de consejería y el personal del programa tendrán muchas oportunidades de caminar a su lado en relaciones reparadoras, ayudando tanto a la gente pobre como a los consejeros a tener un sentido renovado de dignidad y esperanza, a desarrollar nuevos patrones de comportamiento y, lo más importante, a experimentar la sanidad de Jesucristo.

PREGUNTAS Y EJERCICIOS DE REFLEXIÓN

Por favor, escribe las respuestas a las siguientes preguntas:

1. Recapacita nuevamente en las preguntas de las «Reflexiones iniciales» al comienzo de este capítulo. ¿Se te ocurre alguna iglesia norteamericana que haya formado parte de la «huida blanca» del siglo xx, cuando familias e iglesias de clase media alta huyeron de los centros urbanos a los suburbios? ¿Cómo podría esta iglesia expresar un nuevo entendimiento bíblico de justicia para los pobres?
2. Piensa en los lugares donde hay comunidades o individuos pobres cerca de tu iglesia. ¿De qué maneras podrían desarrollar relaciones con ellos, usando los conceptos y las metodologías descritos en los capítulos 5 y 6?
3. Pregunta a aquellos empresarios cristianos que conozcas si estarían dispuestos a ofrecer oportunidades de trabajo a personas pobres. ¿Qué podría hacer tu iglesia para que la idea de dar trabajo a las personas pobres fuera más factible para estos empresarios?
4. ¿Tu iglesia ofrece trabajos temporales a la gente pobre (por ejemplo, trabajar en el jardín, limpiar, hacer reparaciones, etc.)? Si no, ¿no sería buena idea?
5. Visita un barrio pobre y haz una lista del número de agentes hipotecarios, tiendas de alquiler con opción de compra, prestamistas de sueldo y devolución tributaria, casas de empeño y concesionarios de préstamos de títulos automovilísticos que veas. Pídele a alguno que te explique las condiciones de sus préstamos.
6. Considera la posibilidad de recibir cursos de formación profesional, educación financiera y de ministerios para conseguir patrimonio. Investiga los recursos y las oportunidades de formación que ofrece el Chalmers Center (www.chalmers.org).

REFLEXIONES INICIALES

Si estás viviendo en el mundo mayoritario, por favor contesta las siguientes preguntas. Si no, pregúntale a un miembro de una iglesia, un misionero o un empleado de una ONG pequeña que esté trabajando en el mundo mayoritario:

1. *¿Has prestado en alguna ocasión dinero a una persona pobre en el mundo mayoritario?*
2. *¿Tuviste algún problema a la hora de que te devolvieran el dinero?*
3. *¿Qué éxitos y fracasos has experimentado en este tipo de circunstancias?*

Capítulo

9

Y HASTA LOS CONFINES
DE LA **TIERRA**

En 1976, un profesor de economía desconocido en aquel tiempo estaba en un pueblo rural en Bangladesh durante una hambruna devastadora. Allí conoció a Sufiya, una mujer muy pobre que tejía taburetes de bambú en su esfuerzo por mantener a su familia. Sufiya se encontraba atrapada: tenía que pedir prestados $ 0,22 USD al día para comprar los materiales que necesitaba para hacer los taburetes. Los bancos no querían prestarle el dinero, porque el préstamo era muy pequeño y porque no tenían ninguna garantía de que pudiera devolverlo. Por esto, Sufiya se vio obligada a pedir préstamos a usureros, cuyas tasas de interés excesivas le dejaban solo dos centavos de ganancia al día después de una jornada de doce horas. Los vecinos de Sufiya padecían situaciones parecidas, y enfrentaban tasas de interés de entre el 10% a la semana (520% anual) y el 10% al día (3650% anual). El profesor le prestó dinero de su propio bolsillo a Sufiya y a 41 de sus vecinos; un *total* de $ 27 USD.[106] Para asombro de los que observaban, todos los préstamos se devolvieron a tiempo. Contrario a lo que todos creían, este profesor demostró que es posible prestar dinero a gente muy pobre y que lo devuelva.

En los últimos 35 años, este profesor de economía, el Dr. Muhammad Yunus, ganó el Premio Nobel y estableció el Banco Grameen, que provee crédito a la gente más pobre de Bangladesh. El Banco Grameen ha prestado a 7.580.000 pobres unos $ 7.400.000 USD desde su comienzo en 1976. Más del 98% de los préstamos del Banco Grameen han sido devueltos, ¡lo que significa que el dinero de Grameen se pudo prestar a gente pobre una y otra vez!107 Además, el trabajo del Dr. Yunus impulsó el movimiento global de microfinanzas (MF, por sus siglas en inglés) que quiere llegar a proveer préstamos y otros servicios económicos (como ahorros y seguros) a 175.000.000 de las familias más pobres del mundo antes del fin de 2015.[108] Así que, el MF, también llamado «desarrollo de microempresas», se ha convertido en una de las estrategias principales para dar fuerza económica y confianza en sí misma a la gente pobre del mundo mayoritario.

MÁS DIFÍCIL DE LO QUE PARECE

La Iglesia Grace Fellowship se encuentra en los suburbios de una ciudad norteamericana. Durante décadas, esta iglesia ha trabajado con una red eclesial en la parte occidental de Uganda, tratando de ayudar a atender las necesidades espirituales y físicas de sus congregaciones y comunidades. A lo largo de los años, Grace ha gastado mucho dinero ayudando a construir iglesias, administrar orfanatos y pagar los sueldos de los pastores.

Por ser un hombre de negocios, John se estaba empezando a frustrar con la estrategia que Grace estaba siguiendo en Uganda. Aunque creía que la Biblia llamaba a la iglesia a compartir sus bienes con sus iglesias hermanas en Uganda, sentía que lo que se estaba haciendo allí se estaba convirtiendo en un pozo sin fondo. A pesar de recibir ayuda durante décadas, la verdad es que las iglesias en Uganda se encontraban lejos de poder alcanzar una independencia financiera. Las congregaciones y las comunidades todavía eran pobres, y los pastores y el personal seguían necesitando las donaciones de Grace. Parecía que nunca iba a mejorar la situación.

Después de leer sobre el Banco Grameen, John se entusiasmó. Quizás Grace podría ayudar a la red eclesial de Uganda imitando al Banco Grameen; haciendo pequeños préstamos a la gente pobre tanto dentro como fuera de sus congregaciones. Además de ser un gran ministerio, esto podría ayudar a aumentar el ingreso de todos e incrementar las ofrendas a la iglesia. Pasado un tiempo, habría suficiente dinero para financiar los sueldos de los pastores y los miembros del personal y para sostener los ministerios de las iglesias. Y, sobre todo, como el dinero podría prestarse y volver a prestarse, el programa llegaría a ser permanente. John sintió que había encontrado la solución al pozo sin fondo.

John compartió su idea con los otros miembros del comité de misiones, y pronto todos captaron su visión. Unos meses después, John viajó durante dos semanas a Uganda para ayudar a las iglesias a desarrollar un plan de negocios para un programa de microfinanzas (MF). John les dejó un cheque de $ 20.000 USD para poder empezar a hacer los préstamos. Seis meses después, se había prestado todo el dinero. Doce meses más tarde prácticamente nadie había devuelto el dinero, y las iglesias en Uganda le pedían a Grace más dinero para reponer sus fondos del programa MF. El pozo sin fondo era aun más grande que antes.

Aunque hay excepciones, la experiencia de Grace Fellowship es demasiado común. Muchas iglesias, misioneros y ministerios de Norteamérica han intentado utilizar las MF como componente de su compromiso global. Desafortunadamente descubren que imitar al Banco Grameen es mucho más difícil de lo que se imaginaban. Muchas veces, los préstamos no son devueltos, y se agotan los presupuestos del ministerio, causando el fracaso total de algunos programas. En el proceso, todos quedan heridos: las iglesias, los ministerios y los misioneros donantes; las iglesias y los ministerios del mundo mayoritario que reciben la ayuda y, los más importantes de todos, los pobres mismos.

Este capítulo examina el ambiente económico que enfrentan los pobres en el mundo mayoritario y sugiere tres estrategias para que las iglesias, los misioneros y los ministerios puedan utilizar el desarrollo económico para mejorar las vidas de los pobres en el mundo mayoritario: (1) usar formas apropiadas de MF para cada caso; (2) apoyar la formación en administración de microempresas, el manejo de presupuestos familiares y temas parecidos; (3) tratar los negocios como misión. A lo largo de esta exposición, debemos tener en cuenta la meta final:

SISTEMAS QUEBRANTADOS E INDIVIDUOS QUEBRANTADOS

Los sistemas económicos quebrantados contribuyen a la pobreza material, y no hay lugar donde esto sea más cierto que en el mundo mayoritario, donde el desempleo está descontrolado y aproximadamente 2.600.000 de personas viven con menos de dos dólares al día.[109] La gran mayoría de esta pobreza es crónica y requiere un desarrollo a largo plazo y no el auxilio (ver capítulo 4).

> **EL ALIVIO DE LA POBREZA MATERIAL:**
> Esforzarse por reconciliar las cuatro relaciones fundamentales para que la gente pueda cumplir con su llamado a glorificar a Dios manteniéndose a sí misma y a su familia con los frutos de su trabajo.

Muchos economistas creen que la clave para el crecimiento económico en los países del mundo mayoritario es que estos establezcan fábricas industriales a gran escala. Esto crearía más trabajos para la gente pobre y, con el tiempo, la pobreza material llegaría a desaparecer. El problema es que la creación de estas fábricas en el mundo mayoritario no ocurre lo suficientemente rápido como para emplear a las poblaciones crecientes. Como resultado, mucha gente pobre depende del trabajo independiente en granjas pequeñas o en microempresas: negocios sencillos que emplean a menos de diez personas.

Muchos investigadores y profesionales creen que la limitación principal a la que se enfrentan los agricultores y los microempresarios pobres es la falta de acceso a capital para comprar el equipo y los materiales que necesitan. Los bancos tradicionales no están disponibles en muchas regiones, y a los que sí están allí no les resulta rentable dar préstamos o abrir cuentas bancarias a gente muy pobre. Por esto, la gente más pobre del mundo no tiene acceso a los servicios de ahorros y préstamos que nosotros consideramos algo normal, servicios que necesitan para adquirir el capital para sus granjas o sus microempresas.

Debido a la ausencia de este tipo de servicios bancarios, la gente pobre como Sufiya muchas veces se ve obligada a pedir dinero a usureros a altas tasas de interés. Como alternativa, pueden intentar ahorrar poniendo su dinero debajo del colchón, pero es muy probable que se los roben. Además, es difícil guardar secretos en los barrios pobres y parece que cada vez que alguien consigue reunir algún dinero, aparece «algún familiar» que necesita ayuda económica. En el intento de sacar sus ahorros de la casa, a veces la gente pobre entrega su dinero a un usurero de ahorros, quien mantiene sus ahorros en un «lugar seguro» hasta que los necesiten. Estos usureros de ahorros no proveen este servicio gratis; cobran hasta un 80% de interés simplemente por «cuidar» el dinero de alguien.[110] ¡Imagínate ahorrar diez dólares a lo largo de un año y después quedarte con solo dos dólares una vez que le hayas pagado al banco por mantener tu depósito!

¿Por qué la gente pobre está dispuesta a pagar tanto? Porque tiene que pedir dinero prestado o ahorrarlo para poder acumular el capital que necesita para manejar sus cultivos o animales o sus microempresas, los cuales normalmente son su única fuente de ingreso. Sin capital, no pueden comprar la medicina que necesitan para salvar a su bebé de la muerte, costear una boda o un funeral, invertir en la educación de sus hijos o reparar las goteras del techo... Tener acceso a dinero, por medio de un préstamo o de ahorros, es una cuestión de vida y muerte.

En resumen, los sistemas están quebrantados para la gente pobre en el mundo mayoritario, porque a menudo impiden que esta pueda mantenerse a sí misma y a sus familias por medio de su trabajo. Pero es importante recordar que los sistemas no son los únicos quebrantados. Como todos nosotros, las personas pobres a menudo sufren a causa de sus corazones rebeldes, sus cosmovisiones erróneas y sus conductas inmorales. Si nos olvidamos de esto por estar únicamente enfocados en los sistemas quebrantados alrededor de la gente pobre, no podremos traer la reconciliación de las relaciones que son la esencia en la búsqueda del alivio de la pobreza. El evangelio y sus implicaciones para las relaciones del ser humano con Dios, consigo mismo, con su prójimo y con el resto de la creación necesitan presentarse y ejemplificarse claramente en todas las estrategias para la búsqueda del alivio de la pobreza. En particular, en muchos países, los ministerios necesitan enfrentar las mentiras del animismo, un sistema de creencias que atrapa a la gente pobre en un fatalismo autodestructivo, como vimos en el capítulo 3.[111]

LA REVOLUCIÓN DE LAS MICROFINANZAS

El Banco Grameen de Muhammad Yunus demostró que es posible cambiar al menos una parte de un sistema económico quebrantado. Al poner a la gente pobre en grupos de préstamos de su propia elección y luego requerir que todos los miembros garanticen los préstamos de los demás, Grameen demostró que se puede obtener tasas altas de devolución de préstamos por parte de la gente pobre. Además, Grameen demostró que si se prestara suficiente dinero a la gente pobre, los ingresos por intereses devueltos alcanzarían para cubrir los gastos del banco. En pocas palabras, Grameen creó un «banco» que hizo viable prestar dinero a la gente pobre.

Como John, de la iglesia Grace Fellowship, la respuesta de la comunidad donante hacia el invento de Yunus ha sido comprensiblemente optimista. En vez de dar dinero a un orfanato, por ejemplo, lo cual requiere subvenciones continuas, los donantes vieron la oportunidad de dar dinero que se reciclaría permanentemente, mientras los programas de MF prestaban y volvían a prestar sus fondos de préstamos. Como resultado, más instituciones de microfinanzas (MFI, por sus siglas en inglés) como el Banco Grameen han aparecido por todo el mundo mayoritario. Las MFI prestan dinero de donantes e inversores a la gente pobre, recolectan el dinero que se devuelve y lo prestan de nuevo. Gracias a este proceso, mucha gente pobre ha podido tener acceso a capital a tasas de intereses más bajas de las que tendrían con los usureros.

¿Qué hace que las MFI como el Banco Grameen funcionen? Hay muchas cuestiones técnicas, pero la característica clave de su éxito es que una MFI, como cualquier banco, debe convencer a los que les solicitan préstamos de que existirán a largo plazo. Si los que consiguieron los préstamos no creen que la MFI estará en pie mañana, no se preocuparán de devolver sus préstamos hoy, porque la MFI no estará para sancionarlos. Si los que consiguieron los préstamos llegan a creer que la MFI no se quedará, no devolverán el dinero prestado, lo cual causará que la MFI vaya a la quiebra y que no esté mañana. Las expectativas de los que solicitan los préstamos se cumplen por sí mismas.

Los pros y los contras de las MFI

Las MFI que funcionan bien proveen un servicio extraordinario y deberían ser vistas como un enorme recurso para las comunidades pobres. Son muy buenas para inyectar capital rápidamente en las microempresas, y algunas han empezado a agregar creativamente nuevos servicios, como seguros médicos o de vida. Sin embargo, las MFI tienen algunos defectos que debemos señalar:[112]

- *Dificultades a la hora de proveer servicios de ahorro.* Estudios han revelado que mucha gente pobre prefiere ahorrar a pedir dinero prestado. Esto es particularmente cierto entre aquellos que son *extremadamente pobres,* cuyos ingresos están muy por debajo de la línea de pobreza (ver Figura 9.1).[113] Por ser muy vulnerables, les atrae más ahorrar, ya que conlleva menos riesgos que recibir un préstamo.[114] Desafortunadamente, las MFI se han enfocado en prestar dinero y no han provisto opciones de ahorro para la gente pobre. Aunque esto está cambiando en algunos lugares, muchas MFI todavía no pueden dar opciones de ahorro a la gente debido a regulaciones del gobierno.[115]

- *Una incapacidad de atender a los que son extremadamente pobres.* Es difícil encontrar instituciones de microfinanzas que puedan proveer préstamos de menos de $ 40 USD, e incluso muchas no ofrecen ni esa cantidad. Por desgracia, los que son extremadamente pobres no pueden manejar préstamos grandes, y por lo general solicitan préstamos de entre cinco y doce dólares. ¡Recuerda que Suñya quería un préstamo de solo $ 0,22 USD diarios! Préstamos muy grandes y la ausencia de servicios de ahorro hacen que las MFI sean incapaces de ministrar a los extremadamente pobres. Por esto, las MFI pueden ayudar mejor a los de pobreza moderada, cuyos niveles de ingresos están justo por debajo de la línea de la pobreza, y a los que no son pobres aun pero son vulnerables, cuyos ingresos están justo por encima de la línea de la pobreza.

- *Dificultad de ayudar a los pobres que viven en áreas rurales.* Es mucho más barato prestar dinero en áreas con una alta densidad de

población, porque los costos de transporte por cliente son mucho más bajos; por lo tanto, las MFI tienen problemas para poder ayudar a los pobres que viven en áreas rurales, los cuales representan casi el 75% de la población pobre en el mundo mayoritario.[116]
- *Enfoque exclusivo a los negocios.* La gente pobre necesita capital para sus microempresas, las mejoras de la casa, las emergencias y aquellos acontecimientos de la vida como bodas y funerales. Las MFI tienden a centrarse solo en finanzas para microempresas, y desestiman que los pobres también necesitan capital por muchas otras razones.
- *Falta de actividades relacionadas con el evangelismo y el discipulado.* La presión para poder mantener abiertas las puertas está obligando a las MFI a reducir los costos eliminando todos los servicios que no sean préstamos o productos financieros. Por desgracia, esta tendencia ha causado que muchas MFI operadas por organizaciones cristianas de auxilio y desarrollo reduzcan sus actividades relacionadas con el evangelismo y el discipulado.

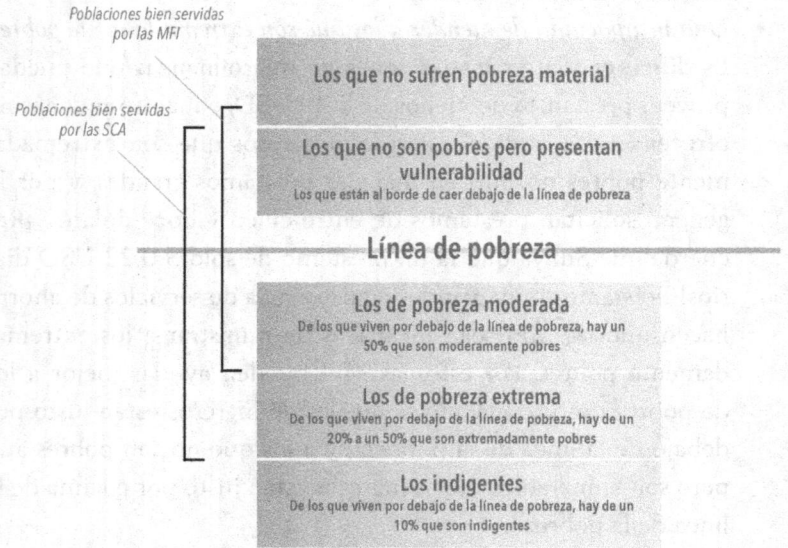

[Figura 9.1]
Adaptado de Monique Cohen, *The Impact of Microfinance*, CGAP Donor Brief [El impacto de las microfinanzas: informe de la CGAP para los donantes] (Washington, DC: CGAP, julio de 2003), 1.

Pero solo los préstamos no pueden reconciliar a la gente con Dios, consigo misma, con su prójimo y con el resto de la creación. «La fe viene como resultado de oír», ¡no por pedir dinero prestado!

CÓMO SER «EL CUERPO» EN EL MUNDO MAYORITARIO

¿Cómo pueden los misioneros y las iglesias en el mundo mayoritario usar el desarrollo económico para ministrar en palabra y en obra, aliviando así la pobreza material en sus comunidades? Como los misioneros y las iglesias del mundo mayoritario están al frente del alivio de la pobreza en estos contextos, el rol apropiado de las iglesias norteamericanas es apoyar y fortalecer a los ministerios de estos misioneros y las iglesias en el mundo mayoritario. La última sección de este capítulo sugiere maneras apropiadas para que las iglesias extranjeras provean dicho apoyo, evitando el paternalismo y utilizando estrategias participativas para trabajar sobre los recursos locales que ya existen.

El modelo para poder proveer MF: ¡No lo intentes en casa!

Muchos misioneros e iglesias (y ministerios pequeños) en el mundo mayoritario buscan un «modelo proveedor», con el cual intentan imitar al Banco Grameen y establecer una MFI pequeña que provea préstamos a la gente pobre. Esto es lo que las iglesias de Uganda mencionadas anteriormente estaban tratando de hacer con el dinero provisto por la iglesia Grace Fellowship.

Desgraciadamente, los misioneros y las iglesias no tienen la capacidad de proporcionar préstamos por dos razones: la primera, no poseen los recursos técnicos, administrativos y financieros para expandirse lo suficiente y lograr que sus programas de préstamos sean sostenibles económicamente. Y, como ya dijimos, cuando los que consiguen los préstamos se dan cuenta de que el programa no es sostenible a largo plazo, dejan de devolver el dinero prestado, obligando al programa a que quiebre. Para que sean viables, las MFI necesitan miles o decenas de miles de clientes; una cantidad que simplemente está fuera del alcance de la mayoría de los misioneros y las iglesias. La segunda razón es que a los misioneros y las iglesias les resulta muy difícil equilibrar la cultura de gracia cristiana con la disciplina necesaria para que se cumpla con la devolución de los préstamos. ¿Cuántos misioneros o pastores estarían dispuestos a forzar la devolución de un préstamo confiscando las garantías de una viuda con cinco hijos? Pero si el misionero o el pastor no obligaran a la viuda a devolver el préstamo, las otras personas que también han recibido préstamos creerían que no tienen que devolver los suyos, y el programa fracasaría. Las MFI son un negocio difícil.

Muchos misioneros e iglesias ignoran esta advertencia y creen que pueden realizar con éxito el modelo de proveer microfinanzas. Pero el mundo está lleno de «restos» de programas de préstamos fracasados que iniciaron misioneros con buenas intenciones. La historia de Grace Fellowship es demasiado común. No intentes el modelo para poder proveer microfinanzas.

El modelo de fomentar las MF: ¡Cómo llevar a cabo las microfinanzas sin dinero donado!

En un barrio pobre de Manila, María se paró al frente de la congregación God's Compassion y dijo: «Mi hijo habría muerto si no hubiera sido por la ayuda de los miembros de la Asociación de Ahorros y Crédito [SCA, por sus siglas en inglés] de esta iglesia. Gracias a ellos, conseguí un préstamo para los medicamentos que precisaba. También oraron por mí y visitaron a mi hijo cuando estaba enfermo». Después, Camila se levantó y explicó cómo los miembros de la SCA la habían animado a solicitar dinero para montar un pequeño negocio de venta de galletas. Los ingresos del negocio la ayudan a satisfacer las necesidades diarias de sus hijos.

La Asociación de Ahorros y Crédito (SCA) afiliada con la iglesia God's Compassion concedió un total de 41 préstamos con intereses relativamente bajos y una tasa de devolución del 100%. Además, los intereses pagados por estos préstamos dieron a los miembros de la SCA dividendos con un promedio del 50% anuales que se sumaron a sus ahorros.

Pero las bendiciones fueron más que económicas. Los miembros de la SCA oraban unos por otros y por sus familias, y Dios contestaba sus oraciones: los esposos encontraron trabajos, se curaron los niños y se restauraron relaciones quebrantadas. Los vecinos de los miembros de la SCA comentaban sobre el amor y la preocupación que los miembros se demostraban entre sí, y estos los invitaron a asistir a sus reuniones y estudios bíblicos semanales. Se permitió que los que no eran miembros pidieran préstamos a una tasa de interés mucho más baja que la que ofrecían los prestamistas locales. Y cuando la SCA comenzó su segundo ciclo de ahorros y préstamos, permitió que estas personas se hicieran miembros.[117]

La SCA de la iglesia God's Compassion representa un fuerte ministerio de palabra y de hecho (tanto para los cristianos como para los no cristianos), que emplea un modelo de fomentar las microfinanzas. Sorprendentemente, esta SCA, que refleja una metodología alternativa a las MF, no requirió ni un centavo de dinero donado ni tampoco la administración extranjera. Una SCA es una cooperativa de crédito muy sencilla en la cual la gente pobre ahorra y presta su propio dinero a los demás. En una reunión semanal, cada miembro contribuye al fondo de la asociación con una cantidad de ahorro establecida por el grupo. Los miembros de la SCA deciden cuánto dinero del fondo se prestará, a quién se le prestará y los términos de los préstamos. Al terminar un período de tiempo predeterminado, por lo general entre seis y doce meses, los ahorros de cada miembro son devueltos, junto con los dividendos que se han ganado del interés cobrado por los préstamos. ¡Es un modelo de microfinanzas sin administradores ni dinero extranjero!

En este modelo, el papel de la iglesia local o del misionero es simplemente facilitar la formación. No tienen que administrar el grupo ni manejar el dinero. En cambio, ellos darán la fuerza necesaria y confianza a los pobres para que puedan hacer estas cosas por sí mismos, preparándolos para crear y administrar un sistema con el cual puedan ahorrar y prestar las cantidades de dinero que necesitan. Además, las reuniones del grupo ofrecen el momento idóneo para realizar actividades relacionadas con el evangelismo y el discipulado dirigidos por el misionero, la iglesia o por los mismos miembros del grupo.

Se ha comprobado que fomentar las SCA es una intervención muy eficaz y estratégica para las iglesias locales y los misioneros del mundo mayoritario por las siguientes razones:

- Las SCA son fáciles de manejar, pueden funcionar a escala pequeña y no requieren que las iglesias o los misioneros presten ni guarden dinero.
- Además de conceder préstamos, las SCA ofrecen a la gente pobre una manera de ahorrar y hasta ganar intereses por sus ahorros.
- Las SCA pueden funcionar tanto en áreas urbanas como en zonas rurales.
- Los préstamos de entre cinco y doce dólares son completamente posibles, como también de cientos de dólares. Por tanto, las SCA pueden funcionar entre personas de diferentes niveles de pobreza, incluidas las que viven en la pobreza más extrema.
- Los préstamos de las SCA pueden usarse para cualquier necesidad del hogar, no solamente para financiar inversiones de negocios.
- Ya que las SCA fueron desarrolladas originalmente por la gente pobre, su promoción se basa en el conocimiento local. Esto, junto con el hecho de que utilizan ahorros locales, hace que promover las SCA sea coherente con una metodología basada en los recursos.
- Las SCA pueden impulsarse mediante métodos participativos y los miembros del grupo pueden hacer sus propias normas en vez de dárselas por escrito, como era habitual en los procesos estandarizados.[118]
- Como las SCA pueden ser iniciadas por los ministerios de las iglesias y los misioneros, es relativamente fácil mantener actividades relacionadas con el evangelismo y el discipulado, ayudando de esta forma a resolver el quebrantamiento individual.

Hay numerosos ejemplos de iglesias y ministerios individuales que fomentan las SCA a pequeña escala como parte de un eficaz ministerio de palabra y de obra; pero de la misma manera, programas a gran escala también son posibles. Por ejemplo, como parte de su trabajo integral a nivel nacional, la Iglesia Anglicana de Ruanda está intentando involucrar a 80.000 personas en las SCA de sus iglesias locales.

¿Cuáles son los problemas para fomentar la promoción de las SCA? Existen dos problemas principales. Primero, a veces la gente pobre tiene problemas para administrar bien a sus grupos, mantener registros precisos o imponer disciplina. Muchas MFI cumplen mejor con este tipo de funciones. Segundo, las SCA no movilizan grandes cantidades de capital de préstamo tan rápido como las MFI. Los miembros del grupo se pueden impacientar con el proceso de ahorrar dinero a través de préstamos, particularmente si sus negocios pueden utilizar préstamos más grandes. No obstante, el modelo de fomentar las microfinanzas es una alternativa posible para tratar el quebrantamiento, tanto a nivel de sistemas como a nivel individual, para cualquier grado de pobreza en el mundo mayoritario.

El modelo de colaboración de MF: unir fuerzas en la lucha contra la pobreza

Cuando las MFI y las iglesias o ministerios tienen una visión integral, pueden unir fuerzas para que cada grupo contribuya con un componente de lo que se necesita para tratar los efectos del pecado, tanto a nivel individual como de sistemas.

Durante la salvaje guerra civil en Liberia, una MFI cristiana quiso ministrar a los que sufrieron a causa de la matanza. La MFI suministró servicios de préstamos y colaboró activamente con las iglesias locales, solicitando su ayuda para atender las necesidades espirituales de los que habían recibido los préstamos. Las reuniones de grupo para los préstamos de la MFI se organizaron intencionalmente en las iglesias locales o cerca de ellas, para que fuera más fácil ministrar. Los pastores y el personal de la iglesia desempeñaron papeles significativos: dirigían estudios bíblicos durante las reuniones, visitaban a los miembros de los grupos, los aconsejaban y les recordaban la importancia de devolver sus préstamos para preservar su integridad. Los pastores decían que se sentían responsables por estas personas, al percibirlas como parte integral del ministerio de sus iglesias.

El gran impacto de esta colaboración fue extraordinario. Las víctimas de la guerra civil generaron suficientes ingresos de sus negocios para evitar el hambre. Como una de las personas que había recibido un préstamo explicó: «Antes [del programa de MF], oré a Dios para que me quitara la vida, porque ya no quería sufrir más. Mis hijos estaban desnutridos y se quejaban de dolores de cabeza. Cuando tenían hambre, fruncían el ceño y no podían sonreír. Ahora, siempre tenemos algo para comer».[119] También había evidencia de mejoras en las inversiones en educación de los que habían recibido los préstamos, en atención médica, en el sentido de dignidad y responsabilidad, en las relaciones entre tribus y en la madurez espiritual.

Los pastores mostraron su satisfacción al ver cómo esta colaboración había fortalecido a sus iglesias. Los miembros de una iglesia que habían recibido préstamos de las MFI usaban sus mejorados ingresos, habilidades, confianza y madurez social para avanzar en todo el ámbito de los ministerios de sus iglesias. Como afirmó un pastor: «Cada semana, durante el tiempo de testimonio de nuestra iglesia, escucho alabanzas y gratitud a Dios [por este ministerio de MF]».[120]

El modelo de colaboración puede ser un método eficaz para traer reconciliación tanto a los sistemas económicos como a los individuos, pero solo en el caso de que la población que haya recibido los préstamos no se encuentre en la categoría de pobreza extrema o indigencia, porque personas en estas situaciones no son capaces de manejar préstamos de las MFI. Las MFI procuran servicios financieros, tales como prestar dinero y controlar la devolución del mismo. Las iglesias y los misioneros pueden ofrecer una variedad de servicios complementarios que las MFI normalmente no pueden proveer, como el evangelismo y el discipulado; consejería individual; ayuda de emergencia; y formación financiera en microempresas, administración económica del hogar y temas relacionados desde una perspectiva y una cosmovisión bíblicas.

Desgraciadamente, aunque el modelo de colaboración puede ser una eficaz estrategia para ministrar de palabra y de hecho, no es común verlo en la práctica. Muchas iglesias y misioneros carecen de una visión integral, porque creen que deben preocuparse únicamente por las necesidades espirituales. Además, a algunas iglesias y misioneros no les gusta la cultura bancaria de las MFI, y consideran que los préstamos, los intereses, la disciplina de devolución y los negocios son algo sucio, en lugar de espiritual y misericordioso. Un fundamento teológico con respecto a la naturaleza integral del reino de Cristo puede tratar estos temas. De manera parecida, las MFI a menudo carecen de una visión integral, con la idea de que el alivio de la pobreza puede alcanzarse simplemente con hacer accesible el capital. Además, como es de entender, las MFI sospechan de las iglesias, cuyas culturas de caridad y gracia en muchas ocasiones han resultado en tasas muy bajas de devolución de préstamos por parte de los miembros de la iglesia. Sin embargo, estos obstáculos pueden superarse, posibilitando la estrategia del modelo de colaboración para tratar el quebrantamiento a nivel de sistemas e individuos en muchos contextos.

El modelo de formación complementaria: no solo de dinero vive el hombre

El movimiento de formación complementaria se basa en la condición de la falta de acceso a capital como problema principal que enfrentan los empresarios pobres. De ahí que no se haya hecho mucho esfuerzo para ofrecerles formación en microempresas. Sin embargo, algunos están empezando a cuestionar la metodología estándar de MF, argumentando que la pobreza es multifacética y no puede superarse solo por medio del capital. En efecto, hay evidencias que sugieren que complementar los servicios de ahorros y los préstamos con temas y metodologías apropiados de formación pueden mejorar los negocios y las vidas de la gente pobre.[121]

El Chalmers Center for Economic Development, la organización para la cual trabajan los autores, ha integrado mensajes de una cosmovisión bíblica dentro de un plan de estudios técnico, originalmente diseñado por una organización de desarrollo no sectaria muy respetada.

Además de enseñar a la gente pobre los principios básicos de administración de microempresas, conocimiento de la economía del hogar y temas de salud (malaria, VIH/SIDA, diarrea), los mensajes de cosmovisión aplican un conocimiento bíblico de las cuatro relaciones clave a las mentiras del animismo, recalcando temas de dignidad, mayordomía y disciplina.

Aunque este plan de estudios sea apropiado para muchos ámbitos del ministerio cristiano, están diseñados específicamente para usarse en reuniones de grupos de SCA, por lo que aumentan la naturaleza integral del modelo de fomentar las MF. Además, las iglesias y los misioneros que busquen el modelo de colaboración podrían proporcionar esta formación complementaria a los clientes de los grupos de las MFI, dando como resultado una metodología más integral en la búsqueda del alivio de la pobreza de la que pueden ofrecer las MFI por su propia cuenta.

Negocios como misión (BAM, por sus siglas en inglés)

Una intervención relacionada con lo que estamos hablando y que ha ganado renovada popularidad en la última década es la denominada Negocios como misión (BAM). Los BAM encuentran sus raíces en los ministerios de Pablo, Aquila y Priscila, quienes usaban su oficio de hacer tiendas de campaña para mantenerse en su trabajo de misioneros. Hoy en día, los BAM adoptan diversas formas, pero la característica que los define es que el misionero posee y opera un negocio legítimo con fines de lucro y que usa como medio de sostén para su ministerio.[122] Al contrario de las otras intervenciones descritas en este capítulo (el modelo para poder proveer MF, el modelo de fomentar MF, el modelo de colaboración de MF y el modelo de formación complementaria), los BAM se enfocan en ayudar a la gente pobre para que posean y operen sus propias microempresas.

Los BAM ofrecen a los empresarios una oportunidad de participar en el movimiento de misiones usando su habilidad empresarial, sus talentos de administración y sus posibles recursos económicos para un ministerio intercultural. Las empresas de los BAM son normalmente negocios de pequeña a mediana escala, que emplean un grupo de doce o hasta mil trabajadores.

Los BAM pueden usarse por distintas razones, como para obtener acceso a un país cerrado, al proveer el ingreso necesario para un ministerio u ofrecer un contexto natural para el desarrollo de relaciones. Muchos misioneros están usando los BAM como un medio para aliviar la pobreza. Dado que uno de los problemas principales de la mayoría del mundo mayoritario es la falta de oportunidades de empleo, tiene sentido empezar y operar negocios que puedan emplear directamente a la gente pobre. Al desarrollar intencionalmente nuevas relaciones con los empresarios, proveedores y clientes, las oportunidades para el evangelismo y el discipulado abundan.

Aunque los BAM son tan antiguos como el Nuevo Testamento, ha habido muy poca investigación sistemática en cuanto a su eficacia como estrategia para aliviar la pobreza en el siglo xxi; por eso, es difícil comparar sus pros y sus contras respecto a las MF. Sin embargo, es posible hacer algunas observaciones:

- Los BAM tal vez impacten *directamente* a menos personas por dólar del ministerio que los modelos de fomentar MF, de colaboración de MF y de formación complementaria. Es imposible explicar en este libro todas las razones que nos llevan a esta afirmación, pero sí debemos tener en cuenta que las empresas de los BAM son más sofisticadas que las microempresas y requieren más habilidad técnica y cantidades de capital por empleado que estas. Esto no significa necesariamente que el retorno de la inversión para el reino es menor en los BAM. Jesús solo tuvo doce discípulos ¡y ellos cambiaron el mundo! Pero uno debe preguntarse si los BAM tienen las suficientes ventajas que justifiquen el gasto adicional por persona pobre directamente afectada.
- Si las comparamos con las microempresas, las empresas de los BAM traen mejoras en la productividad de los trabajadores a través de la tecnología optimizada y de cantidades más grandes de capital. Por esto, aunque menos personas sean directamente afectadas con los BAM, es posible que las que sí lo sean experimenten un incremento mucho más grande en sus ingresos que en las MF.
- Los BAM no son para todos. Muchas iglesias y misioneros no tienen los dones para operar negocios. Además, aunque una persona tuviera esos dones para operar un negocio en Norteamérica, no necesariamente tendría éxito en el mundo mayoritario. La cultura y el ambiente de negocios en algunos contextos pueden ser tan diferentes al ambiente corporativo norteamericano que las habilidades quizás no sean transferibles. Es mucho más simple intentar los modelos de fomentar MF, de colaboración de MF y de formación complementaria que los BAM, reduciendo así el riesgo de daño.

- Las iglesias y los misioneros que quieran intentar los BAM deben tener cuidado de evitar los subsidios que crean dependencia. Por ejemplo, cuando los misioneros que operan negocios en el mundo mayoritario transportan y venden artesanías a las iglesias en Norteamérica, crean una situación peligrosa. Cuando el misionero se jubile, puede que sea imposible que el negocio pague los servicios de administración, transporte y publicidad de los cuales este estaba a cargo. Como resultado, el negocio tal vez fracase y los empleados pobres pueden quedarse sin nada. Las empresas de los BAM tienen que ser negocios verdaderos y cubrir *todos* sus gastos, tanto explícitos como implícitos.

El rol de la iglesia norteamericana

Tanto el mandato bíblico (1 Corintios 12:12-31) como el desarrollo comunitario basado en recursos requieren que la iglesia extranjera aliente (en lugar de frenar) a las partes del cuerpo de Cristo que ya estén trabajando entre la gente pobre en el mundo mayoritario. En particular, debemos tener en cuenta que los misioneros e iglesias del mundo mayoritario son completamente capaces de implementar los modelos de fomentar MF, de colaboración de MF y de formación complementaria.

Entonces, ¿cuál sería el rol apropiado que deberían asumir las iglesias extranjeras? Estas son algunas sugerencias:

- Subsidia económicamente la formación de los misioneros y de las iglesias del mundo mayoritario para que puedan implementar los modelos de fomentar MF, de colaboración de MF y de formación complementaria. No se deben pagar todos los gastos de esta formación, porque la gente generalmente valora más las cosas si han pagado algo para poder tenerlas.[123]
- Conviértete en un capacitador de capacitadores. Aunque los misioneros y las iglesias locales estén mejor posicionados al estar al frente del ministerio de los pobres que los cristianos extranjeros, algunos norteamericanos tienen suficientes dones para enseñarles a los que están al frente los nuevos modelos, herramientas y planes de estudios. Hemos visto que equipos de formación com-

puestos por capacitadores extranjeros y del mundo mayoritario pueden ser un buen medio para apoyar y animar a los que están al frente del ministerio.[124]
- Provee fondos para que las MFI agreguen componentes de evangelismo y discipulado a sus programas. Si una MFI ya es sostenible económicamente, no dones dinero para préstamos, porque ella ya puede recaudar dichos fondos en los mercados internacionales de capital.
- Considera invertir recursos económicos y humanos para apoyar a una empresa de los BAM.
- Defiende las MF y los BAM. Encuentra organizaciones que compartan tu visión y apóyalas a través de la oración, ofreciéndoles redes de contactos y ayuda económica.

PREGUNTAS Y EJERCICIOS DE REFLEXIÓN

Por favor, responde las siguientes preguntas:

1. Si estás ministrando entre la gente pobre en el mundo mayoritario, pregúntate si los modelos de fomentar las microfinanzas, de colaboración de microfinanzas o de formación complementaria podrían beneficiar tu trabajo. Si crees que sí, anímate y anima a los miembros de tu iglesia u organización a recibir formación adicional en estos modelos. Hay recursos y oportunidades de formación disponibles en el Chalmers Center (www.chalmers.org).
2. ¿Crees que tienes dones para ser un capacitador? Ora respecto al papel que podrías desempeñar como capacitador de capacitadores.
3. Pregunta a empresarios de tu iglesia si Dios podría estar llamándolos a participar o a apoyar los BAM.

PARTE

4

EMPEZAR A AYUDAR
SIN HACER DAÑO

REFLEXIONES INICIALES

Por favor, escribe las respuestas a las siguientes preguntas:

1. *Piensa en un momento en el cual hiciste algo que trajo un cambio positivo a tu vida. ¿Qué motivó tus acciones?*
2. *Piensa en esas personas que han tenido un impacto positivo en tu vida. ¿Qué fue lo que hicieron? ¿Qué te gustó de cómo se acercaron a ti estas personas?*

Capítulo 10

PERDONE, ¿TIENE ALGO DE **CAMBIO?**

» ¡Muchas gracias, Jerry! No sé qué habríamos hecho sin ti. Te aseguro que esta será la última vez», dijo Tony.

No, no será la última vez. Volverás el próximo mes y el próximo mes y esto nunca se va a acabar, pensó Jerry cuando Tony se fue de su oficina.

Jerry puso la cabeza entre sus manos y pensó, una vez más, en dejar su trabajo. Jerry lleva ya trabajando ocho años como coordinador de ayuda social para Parkview Fellowship, una iglesia floreciente en una de las calles principales de una ciudad norteamericana mediana. La iglesia está situada en una zona próspera de la ciudad. Durante años, el pastor principal de Parkview ha intentado que piensen menos en sí mismos y que muestren más el amor de Cristo en «Jerusalén como en toda Judea y Samaria y hasta los confines de la tierra». Aunque, al principio, a los miembros de la congregación les costó aceptar lo que el pastor les estaba pidiendo, una vez que lo hicieron, se mostraron muy entusiasmados. En particular, los jóvenes profesionales de la congregación se alegraron al ver que podían llegar a marcar una diferencia en su ciudad y quizás incluso fuera de ella. Estaban determinados a formar una clase de iglesia muy diferente a las congregaciones en las cuales habían crecido.

Jerry era la cara al mundo de la iglesia de Parkview, y era el vínculo principal para la gente necesitada que llegaba a la iglesia pidiendo ayuda. Jerry realmente participó en el plan del pastor, pero se estaba empezando a desilusionar rápidamente. Su vida parecía estar llena de gente como Tony; gente que, por diferentes razones, continuamente tenía problemas para pagar sus facturas, necesitaba ayuda para comprar comida y nunca parecía cambiar. Jerry se sentía como un cajero automático que daba interminables cantidades de dinero siempre al mismo grupo de personas. Se preguntaba si, ayudando a gente como Tony, en realidad la perjudicaba más que ayudarla.

Tenemos que cambiar lo que estamos haciendo —pensaba Jerry—. *¿Pero cómo? ¿Por dónde empezar?*

Solo a unos metros de Jerry, se estaba hablando de algo relacionado con lo que él mismo pensaba. Un grupo de gente de la congregación estaba sentado en la sala de conferencias con Dan, el pastor de las misiones al exterior.

«Dan, te queremos, pero algo tiene que cambiar. Hemos estado escribiendo cheques para costear equipos de misiones a corto plazo durante años, pero la gente en aquellos pueblos africanos sigue tan pobre como lo era antes de que llegáramos. Hemos cavado pozos, construido letrinas, dado ropa usada y donado dinero para construir una nueva iglesia, pero ellos siguen pidiendo más equipos y más dinero para más proyectos. En realidad, estos pueblos parecen depender más de nosotros ahora que antes. Sentimos que el dinero que hemos donado a la iglesia no ha sido bien usado. Algo tiene que cambiar y rápido», dijo uno de ellos.

Dan había estado temiendo esta conversación ya por algún tiempo. Sus órdenes del pastor principal eran encontrar miembros que participaran en las misiones, y al pastor le había agradado la cantidad de gente que había participado en estos viajes a corto plazo. Pero Dan sabía que iba a pasar poco tiempo hasta que la congregación se preguntara qué impacto habían tenido estos viajes y los proyectos que la iglesia estaba patrocinando. Los empresarios de la congregación estaban particularmente frustrados, y se preguntaban cuál sería el «rendimiento de inversión» de sus donaciones. *Tenemos que cambiar lo que estamos haciendo. ¿Pero cómo? Y... ¿por dónde empezamos?*, se preguntó Dan.

Parkview Fellowship no está sola. Muchas iglesias y ministerios están reconsiderando cómo orientar lo que están haciendo con respecto a los pobres. Muchos se están dando cuenta de que han estado «ayudando» de una forma inadecuada y quieren mejorar su «forma de actuar», tanto en su trabajo como fuera del mismo. Pero, ¿cómo pueden mejorar? ¿Qué deberían hacer cuando su despertador suene el lunes por la mañana? ¿Cuáles deberían de ser sus primeros pasos?

Desafortunadamente, como cada situación es diferente, no hay un método que le funcione a todo el mundo. No hay una fórmula que garantice el éxito en el desarrollo de tu trabajo. Sin embargo, este capítulo presenta algunos principios esenciales que pueden ayudar a iglesias y ministerios, al poner en acción lo aprendido en el proceso de desarrollo democrático que presentamos al principio de este libro. El siguiente capítulo resume algunos pasos concretos a seguir cuando «el despertador suene el lunes por la mañana».

Principio n.º 1: desencadenantes del cambio humano

Debemos recordar que un cambio en la forma de actuar es un proceso de cambio continuo en el cual las personas tienen que mejorar su relación con Dios, consigo mismas y con el resto del universo. Esto nos presenta un interrogante: ¿cómo cambian realmente las personas? En última instancia, un cambio positivo no va a ser posible sin el poder del Espíritu Santo, así que orar por un cambio tiene que ser la herramienta principal para este proceso de desarrollo personal. Además, académicos y profesionales han observado pautas de comportamiento bastante regulares que indican cómo las personas experimentan cambios, pautas que deberían usarse para motivar el tipo de cambios que han de ser el núcleo principal en este proceso de desarrollo personal.

Como se representa en la figura, el entorno para cambiar es la experiencia de la propia vida del individuo o del grupo. El cambio comienza cuan-

Ciclo de cambio para individuos y comunidades

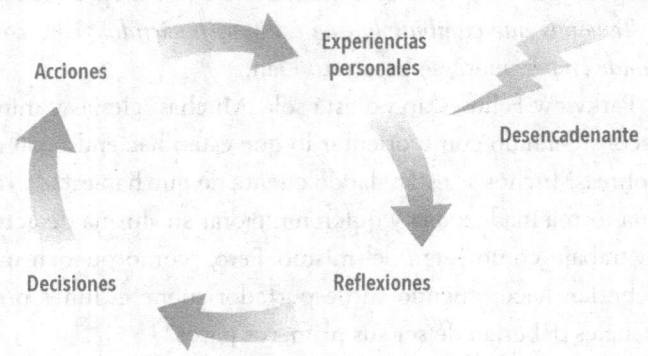

[Figura 10.1]
Adaptada de David A. Kolb, *Experiential Learning: Experience as the Source of Learning and Development* [Aprendizaje experimental: la experiencia como fuente de aprendizaje y desarrollo] (Nueva Jersey: Prentice Hall, 1983).

do algo lo desencadena y provoca que el individuo o el grupo reflexione sobre su situación actual y piense en dónde preferiría encontrarse. Esta reflexión puede conducirlo a dar algún paso para acercarse a la situación deseada. Si actúa, tendrá nuevas experiencias en su vida. Este ciclo necesita repetirse una y otra vez si queremos que las personas continúen haciendo cambios positivos en sus vidas. Por tanto, una parte principal de este desarrollo personal es buscar oportunidades que desencadenen un cambio positivo.

Hay tres desencadenantes comunes para el cambio de individuos o grupos: (1) una crisis reciente; (2) una situación que ha llegado a ser tan agobiante que lleva a buscar un cambio; y (3) la introducción de una nueva forma de hacer o ver las cosas que podría mejorar la vida. El rol de la persona que ayuda es distinto para cada uno de estos desencadenantes. Por ejemplo, una persona que ha sido arrestada por un crimen se está enfrentando a una crisis que puede llevarla a reconsiderar su vida actual. Para ayudar en esta situación, quizá solo sea necesario hacer preguntas que hagan que la persona se autoexamine, y proporcionarle el apoyo necesario para que realice cambios positivos cuando se sienta preparada. ¡Nunca dejes pasar por alto una crisis! Es una gran oportunidad para poder hacer cambios positivos.

Fomentar el segundo desencadenante podría significar dejar de dar limosnas a aquellas personas que no son indigentes, para que puedan sentir la responsabilidad de su situación actual y para que esto los lleve a hacer algo para mejorar sus vidas. Por ejemplo, Jerry quizás debería dejar de pagar las facturas de Tony y ofrecerle un trabajo, lo cual lo ayudaría a solucionar sus problemas a largo plazo.

Ayer, después de que Steve y yo termináramos de hablar sobre el párrafo anterior, oí que alguien llamaba a mi puerta de la cocina. Me encontré con un hombre vestido con andrajos.

«Hola, me llamo William. Me estaba preguntando si podría recoger las hojas de su jardín para ganar algún dinero. Su jardín realmente necesita una limpieza, y yo necesito el dinero», me dijo.

Negociamos un precio justo y él terminó la mitad del trabajo antes de que anocheciera. Le pagué por la parte del trabajo que había hecho, y él prometió volver para terminarlo al día siguiente. Entonces, un poco más tarde esa misma noche, William volvió a llamar a mi puerta y me pidió una limosna. (¡Estuve tentado en darle una copia del borrador de este capítulo!). Me negué a darle la limosna, pero le aseguré que, si volvía al día siguiente y terminaba el trabajo, le pagaría el resto del dinero acordado.

Hoy por la mañana, me enteré de que William ha estado yendo de puerta en puerta en mi vecindario durante semanas pidiendo limosnas. Mis vecinos le han dicho que no, y al parecer por eso ahora está dispuesto a trabajar para ganarse el sustento. Al negarse a dar limosnas a William, nuestro vecindario fomentó con éxito el segundo desencadenante para cambiar la forma de actuar: permitir que William se haga responsable de su propia situación lo obligó a trabajar. El comportamiento de William anteanoche mostró que aún está interesado en que le den limosnas, por lo que nosotros necesitamos insistir en que trabaje si queremos que este desencadenante continúe funcionando.

Hoy, William volvió y terminó de limpiar mi jardín. Le pregunté si quería un trabajo de jornada completa.

«Sí. Tengo experiencia en la operación de grúas, sé manejar una carretilla elevadora y colocar gasolina en aviones, pero hasta ahora, no he podido encontrar trabajo», me dijo.

Le dije a William que debería de volver y preguntarme por más trabajos en el futuro, pero que volvería a recibirlo a las diez de la noche para pedirme una limosna. Me pidió perdón por lo que había pasado la noche anterior y me dio su número de teléfono, pidiéndome que por favor lo llamara si lo necesitaba para más trabajos. Mi oración es que nuestro vecindario siga permitiendo que el segundo desencadenante actúe.

Hay muchas maneras de fomentar el tercer desencadenante. Cualquiera de las intervenciones económicas para el desarrollo tratadas en los capítulos 8 y 9 podrían usarse para introducir nuevas posibilidades, tanto individualmente como para comunidades. La metodología básica de ABCD, que presentamos en el capítulo 5, provee herramientas sencillas pero poderosas que pueden utilizarse para motivar a las personas a considerar nuevas posibilidades. Por ejemplo, si una persona experimenta un profundo sentimiento de inferioridad, puedes serle de gran ayuda al preguntar simplemente: «¿Qué dones y habilidades tienes?». Cuando la gente ha vivido durante siglos sin esperanza, un eficaz desencadenante podría ser simplemente preguntarle: «¿Cuáles son tus sueños?».

Debemos observar que, aunque un desencadenante cause alguna reflexión, esto no significa que el resto del ciclo suceda automáticamente y traiga cambios significativos o que el ciclo pueda incluso llegar a producirse. Es más, hay muchos obstáculos que pueden evitar algún cambio significativo. Una gran parte del proceso de desarrollo aparece cuando se trabaja junto con las personas pobres, ayudándolas a remover los obstáculos que no pueden quitar por sí mismas.

Una de las barreras más importantes que impiden que se produzca un cambio en el desarrollo personal de alguien es que no haya nadie que lo apoye. Todos nos sentimos mejor cuando tenemos a alguien que nos anime, que nos conforte por medio de sus oraciones, nos escuche y nos dé una mano cuando la necesitamos.

Desgraciadamente, muchas veces, cuando una persona busca un cambio significativo, la gente de su entorno se siente amenazada o celosa y empieza a estorbar sus esfuerzos de cambio. Esto nos llevaría al siguiente paso; algo esencial para conseguir el desarrollo participativo basado en recursos.

Principio n.° 2: movilizar a gente solidaria

A Diane la despidieron de su trabajo en el sindicato y terminó sirviendo mesas.

«Me sentía avergonzada. Creo que cualquiera en mi situación de pobreza podría sentirse así, porque aunque trabajé muy duro, soy inteligente y buena persona, realmente no pude conseguir lo que quería», dijo.

En busca de ayuda, Diane se unió a un «grupo de apoyo», un equipo de «aliados» que trabajó codo a codo con Diane y le brindó ánimo, comunidad y relaciones. Unos meses después, ella encontró trabajo, pero esto no hizo que terminara su compromiso con su grupo de apoyo.

«Conducía una hora para ir a trabajar, estaba en mi trabajo ocho horas, tenía otra hora para regresar a casa con mis hijos y volvía a manejar otros 45 minutos para llegar al grupo», explicó. Este grupo le dio a Diane un entorno en el que hizo amigos y desarrolló sus habilidades como líder.

«Estos grupos de apoyo te dan la oportunidad de devolver lo que has recibido, al ayudar a otras personas como me ayudaron a mí. Otros programas de servicio social no te ofrecen esto», cuenta Diane.

En su grupo, Diane aprendió a hacer presupuestos y a manejar el dinero. «Era un ambiente en el que nadie te hacía sentir avergonzado. Puedes ser sincero respecto a tu situación actual [...]. Quizás, en su momento, tomé decisiones que no fueron las más acertadas, pero sabía que tenía que ser responsable por la situación en la que me encontraba si quería que las cosas mejoraran», dijo.[125]

La historia de Diane muestra que el apoyo personal para aquellos individuos y familias que quieren el cambio profundo es indispensable en el proceso de desarrollo personal y comunitario. Como personas que están siendo transformadas por el evangelio y que son llamadas a ser ministros de la reconciliación (2 Corintios 5:18-20), la iglesia local *debería* ser el lugar ideal para que los individuos y las familias necesitadas reciban apoyo a nivel relacional.[126]

Pero, a menudo, la realidad no refleja el ideal. *Normalmente, el mayor reto* que los ministerios encuentran es la falta de personas que estén dispuestas a invertir el tiempo y la energía necesarios para ayudar a un individuo o una familia necesitados. Es muy fácil encontrar gente que quiera ser voluntaria un sábado al año para pintar casas deterioradas, pero encontrar gente que quiera relacionarse con las personas que viven en estas casas día tras día es extremadamente difícil.

Además, dichas relaciones no son automáticamente buenas y pueden causar mucho daño cuando se basan en una dinámica dañina entre personas con complejo de dios y gente con baja autoestima, y esto sucede a menudo cuando los que no sufren pobreza material interactúan con los pobres. Es más, incluso el lenguaje común de «mentor» y «protegido» puede hacer que una relación empiece de mala manera. Así, *Jobs for Life* [Empleo para toda la vida] (www.jobsforlife.org) usa el término «campeones» para la gente que ayuda, y la *National Circles Campaign* [Campaña Nacional Círculos] (www.movethemountains.org) los llama «aliados». Recuerda que el objetivo es que cada uno crezca y supere elementos de su propio quebrantamiento; esto llama a la humildad y reciprocidad de todas las partes implicadas en estas relaciones.

¿Cómo pueden las iglesias y los ministerios encontrar gente solidaria que adopte relaciones de apoyo coherentes con los principios y metas del desarrollo participativo basado en recursos?

Los programas de mentor-protegido se pueden enfocar de muchas y diversas maneras,[127] pero la historia de Diane pone de manifiesto cómo el poder de los grupos de apoyo está ganando terreno en toda Norteamérica.[128] Un grupo está compuesto de dos a cinco voluntarios (llamados «aliados del grupo») los cuales trabajan codo a codo con una familia o un individuo muy pobre, llamado «participante del grupo» o «líder del grupo». Los «aliados» son personas que están dispuestas a usar su tiempo, sus habilidades, sus relaciones sociales tanto personales como profesionales y sus posibles recursos financieros para ayudar a la familia o individuo a que salga de su miseria. El «participante» o «líder» se compromete a usar el grupo para avanzar a un futuro mejor; entre ello, a superar su vergüenza y aislamiento social que es muchas veces la raíz del problema de los que viven en la pobreza más extrema.

Aunque hay muchas maneras de formar y mantener un grupo, la propuesta de *Beyond Welfare* [Más allá de la asistencia social], una organización no denominacional en Awes (Iowa), nos muestra algunos puntos interesantes a su favor:[129]

* *Reunión de grupos grandes.* Cada semana, los aliados, los participantes, sus hijos y cualquiera que esté interesado se reúnen a cenar juntos. Después de cenar, los niños juegan mientras los adultos se reúnen. El contenido de estas reuniones consiste en reafirmar sus principios esenciales, compartir los progresos positivos y tratar algún tema importante. Por último, también podrían incluir cursos de formación profesional para los que no tienen preparación para un trabajo, educación financiera o desarrollo individual de cuentas (ver capítulo 8).

* *Formación de grupos de apoyo.* Si un participante quiere formar un grupo de apoyo, debe preguntar a los aliados que él elija si quieren participar de este nuevo grupo. Estos aliados son libres de unirse o declinar la invitación. Este enfoque es muy interesante; primero porque hace que se supere la incomodidad de muchas situaciones en las cuales mentores y protegidos, que nunca se han conocido antes, son simplemente asignados el uno al otro y se les indica qué hacer para que la situación funcione. Pero ¿qué sucede si no hay una conexión entre ellos? Segundo, es una propuesta interesante porque tiene la ventaja de valerse de un grupo de gente, ya que no es sólo un aliado por participante. Esta idea basada en el equipo tiene ventajas muy significativas: evita que los voluntarios se cansen de ayudar, ya que comparten la «carga» de trabajo; moviliza a un grupo más amplio y diverso de capacidades y habilidades e incrementa el número de relaciones sociales que los voluntarios proveen a los participantes.[130]

* *Reuniones de los grupos de apoyo.* Cada grupo se reúne una vez al mes. El participante debe iniciar la reunión haciendo una presentación de su «camino de sueños» que refleja sus metas futuras. Después, junto con los aliados, el participante expone una serie de pasos necesarios que lo ayudarían a alcanzar sus metas. El participante es el que decide el paso concreto a dar, y tal vez necesite la asistencia de los aliados. Los aliados son libres de decidir si le van a prestar dicha ayuda y cómo se la prestarían.

El participante, con la ayuda y apoyo de los aliados, debe actuar según estos decidan. Su vida comenzará a ser diferente desde ese momento y, con un poco de suerte, mejorará. Este proceso es una aplicación del *ciclo de cambio* mostrado en la Figura 10.1.

Observemos que estos «caminos de sueños» podrían estar unidos a los temas que se tratan en las reuniones de grupos grandes. Por ejemplo, si en una de las reuniones se habla de una clase de educación financiera, el sueño de la persona podría estar orientado a cómo dejar de estar endeudado. Los aliados pueden ayudar al participante mostrándole como podría administrar su dinero, enseñándole a abrir una cuenta de ahorros, etc.

Desde la perspectiva cristiana, el «sueño» del participante es algo que debería estar abierto a discusión. Por un lado, es crucial que el sueño elegido sea algo en lo que el participante realmente cree. ¡Estamos hablando de su vida! Los aliados deben evitar mostrarse paternalistas, queriendo imponerle al participante sus propias metas y sueños. Por otro lado, todos somos propensos a tener metas y deseos pecaminosos que necesitan ser corregidos. Si el participante plantea un sueño fuera del camino de Dios o que simplemente no es realista, con verdadero amor, los aliados deberán ayudar al participante a establecer metas dentro de la voluntad de Dios o más realistas.

Una de las características más importantes de las reuniones grupales es que deben estar estructuradas. Amy Sherman, experta en ministerios holísticos en Norteamérica, ha descubierto que las reuniones de consejería que tienen un determinado punto de atención son menos incómodas y más precisas para todos los que participan que aquellas reuniones sin ningún tipo de estructura o propósito definido.[131] Claramente, cuando estas reuniones se realizan en iglesias o ministerios, el grupo de apoyo proporciona una excelente oportunidad para enseñar el evangelio y buscar nuevos discípulos.

Puedes encontrar ideas útiles (en inglés) para formar grupos de apoyo en *One Candle Power: Seven Principles that Enhance lives of People with Disabilities and Their Communities* [Una vela de poder: Siete principios que mejoran las vidas de la gente con discapacidades y sus comunidades][132] y *All My Life's a Circle, Using the Tools: Circles, MAPS & PATHS*

[Toda mi vida dentro de un grupo de apoyo, usando las herramientas: Grupos, MAPAS Y CAMINOS].[133]

Es importante destacar que los grupos de apoyo y cualquier otra forma de consejería no deben considerarse solo para ayudar a los pobres a superar sus problemas personales. Recuerda que en el capítulo 2 explicamos que no solo los individuos están quebrantados sino también los sistemas económicos, sociales, políticos y religiosos. Este quebrantamiento de sistemas se puede manifestar en una clara opresión (por ejemplo: la era de Jim Crow en los Estados Unidos) o de forma más sutil al suprimir las relaciones esenciales para salir de la pobreza. Por ejemplo, mucha gente consigue trabajos a través de sus redes sociales: alguien se entera de que hay una oferta de trabajo en determinada empresa y busca cartas de referencia de personas que ya están trabajando allí. Los que tenemos acceso a este tipo de redes sociales normalmente no somos conscientes de lo importantes que son para nuestro propio éxito.

Como se destaca en la Figura 10.2, uno de los principales papeles de los aliados es usar sus propias relaciones para ayudar a los participantes a hacer contactos en zonas más amplias de la sociedad y a tratar las injusticias que habitualmente existen en estas zonas. A veces, una simple llamada de teléfono a la «persona correcta» puede resultar en una entrevista de trabajo, en que se considere la solicitud para una hipoteca, o que se revea una decisión injusta. Los cristianos de clase media alta necesitan ser conscientes de que sus redes de conocidos constituyen una enorme fuente de recursos que puede mejorar las vidas de los pobres, no solo como un acto de «misericordia», sino también como acto de «justicia», para mejorar los sistemas rotos que oprimen y marginan a muchas de las personas pobres.

Si la pobreza está arraigada en relaciones rotas tanto de individuos como de sistemas, entonces se necesitan estrategias basadas en las redes relacionales para poder aliviarla. Movilizar equipos de gente que apoyen y sus redes sociales es esencial para cualquier ministerio que busque la superación de la pobreza personal, de comunidad, de administración y de espíritu.

Principio n.º 3: buscar un éxito rápido e identificable

Los cambios son difíciles. Para que la gente esté dispuesta a pasar por el

Redes sociales de los aliados

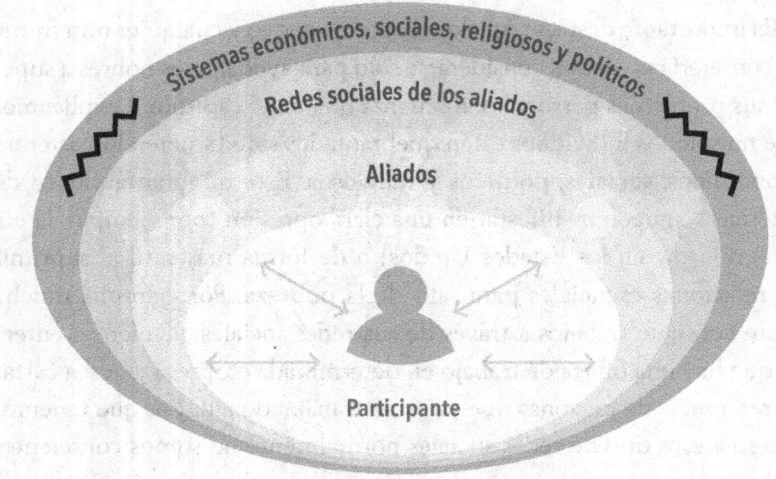

[Figura 10.2]

dolor del cambio, debe tener un entusiasmo y un empuje adecuado que la motive a hacer los cambios iniciales y mantenerlos durante todo el proceso. Como se trata en el capítulo 6, el entusiasmo y el aliento de la gente depende directamente del grado en que participe de la selección, el diseño, la implementación y la evaluación de la intervención planeada. La mera participación no le dará a la gente un entusiasmo y empuje duraderos. Es más, todos hemos participado en cosas que parecen que no nos llevan a ningún sitio y terminamos abandonando. Para motivar a las personas, la participación debería ir acompañada de algo más: *un éxito rápido e identificable que acerque a la persona a las metas que considera importantes.*[134] Piensa en lo que ocurre cuando empiezas un programa de ejercicios para perder peso. Es más fácil volver a caminar o correr cuando pierdes peso después de la primera semana que si no bajas ni un gramo.

Hay que observar que conseguir un éxito rápido e identificable no solo es importante para generar valentía y ánimo en los pobres, sino también en aquellos que los están ayudando: el personal, los voluntarios, los donantes y aquellos que están observando el proceso para poder ver si les gustaría participar. Para ganar ímpetu, es importante encaminarse en la dirección adecuada lo antes posible.

Un buen principio para conseguir un éxito rápido e identificable es «empezar con poco, empezar pronto y conseguir resultados». *Empezar con poco* porque es difícil generar un éxito rápido en un proyecto grande y complejo que lleve mucho tiempo implementar. Es más, es difícil ser verdaderamente participativo en proyectos grandes o complejos, porque a los participantes a menudo les faltan las habilidades necesarias para manejarlos, y se requieren «profesionales» o «expertos» que tomen todas las decisiones. *Empezar pronto* porque, si se invierte mucho tiempo en reunir la información, analizar la situación y hablar sobre lo que se debe hacer, la gente perderá interés y empezará a dudar de que pueda haber un verdadero cambio.

Una manera de empezar pronto y con poco es ver lo que ya se está haciendo y decidir si hay alguna manera de mejorarlo. Puede ser que no se necesite empezar de cero.

Por ejemplo, yo (Steve) estuve hablando con un hombre que había estado usando material donado y voluntarios, a menudo ofrecido por grupos a corto plazo, para hacer pequeños trabajos de rehabilitación en casas de gente pobre en su comunidad. Después de leer la primera versión de este libro, el hombre estaba preocupado porque pensaba que sus acciones habían sido perjudicialmente paternalistas, y se estaba cuestionando todos sus esfuerzos pasados. Nos reunimos y hablamos de la situación. Le pregunté si había alguna forma de pedir a estas familias a las que estaba ayudando que contribuyeran a rehabilitar sus propias casas; ya fuera con dinero, materiales, o simplemente con su trabajo. Este hombre decidió modificar su ministerio por uno basado en el desarrollo de recursos disponibles, en el cual las familias pobres añadirían sus propios recursos a los donados para mejorar sus casas.

De la misma manera, en la iglesia Creekside Community, como describimos en el capítulo 2, reformaron su programa de ayuda navideña, facilitando que los padres de las familias pobres pudieran comprar juguetes donados a bajo precio. Ahora, estos padres les daban los juguetes a sus niños, por lo que reafirmaban su propia dignidad a los ojos de sus hijos.

Así, Jerry podría encontrar trabajos que se necesitaran en el edificio de la iglesia o con ancianos o discapacitados, y ofrecerle a Tony la oportunidad de trabajar por dinero en lugar de darle una limosna.

Siempre que decidas que quieres empezar una nueva intervención, al principio hazlo con pocos participantes. Por ejemplo, en el capítulo 8, se trata la posibilidad de dar cursos de formación profesional a aquellos que no tienen preparación para trabajar, ofrecer educación financiera o enseñar cómo desarrollar cuentas individuales para atender a la gente de una manera integral. En lugar de empezar un programa grande o fundar una nueva organización sin fines de lucro, una iglesia o ministerio debería empezar usando una de estas intervenciones con poca gente. Al empezar con poco y sin demora, es más factible que haya un éxito rápido y reconocible. Esto va a generar un entusiasmo y empuje que hará que crezca el programa a largo plazo.

Principio n.º 4: aprender a medida que se avanza

Algunos lectores deben estar confundidos por la aparente contradicción entre el consejo de «empezar pronto» y el de los primeros capítulos de no precipitarse con ideas, habilidades y recursos de afuera. Es necesario encontrar un equilibrio entre ambos consejos.

Por un lado, si la velocidad de la intervención es demasiado rápida, nos impide escuchar bien, identificar los dones y bienes de los individuos o las comunidades pobres, o nos lleva a querer estar a cargo de todos los aspectos. La velocidad debe ser lo suficiente lenta como para permitir la identificación y movilización de ideas, habilidades, recursos y sueños de las personas pobres. Recuerda que muchos que quieren ayudar se precipitan a arreglar problemas demasiado rápido, por lo que destruyen cualquier iniciativa o sentido de responsabilidad local.

Por otro lado, no necesitamos saber todo de todo el mundo en la comunidad antes de empezar. Si pasamos demasiado tiempo buscando y analizando datos, toda la gente implicada (los pobres, las organizaciones que colaboran, el personal, los voluntarios, los donantes) perderá entusiasmo y empuje.

La teoría del cambio nos ayuda aquí. El ciclo expuesto en la Figura 10.1 es un ciclo en espiral de acción y reflexión, un proceso de aprender a medida que avanzas: caminar *junto* con la gente; intentar hacer algo *juntos*; reflexionar en las propias experiencias *juntos*; decidir intentar algo nuevo *juntos*; reflexionar de nuevo; intentar de nuevo; etc. No necesitas saber todo para empezar el proceso. Tener la actitud de un humilde aprendiz a través del proceso es mucho más importante que poseer un perfecto conocimiento al principio.

Principio n.º 5: empezar con la gente más receptiva al cambio

El desarrollo solo puede ocurrir cuando las personas están dispuestas a cambiar. Si la gente no cree ser la responsable de tomar decisiones que repercutan en cambios positivos en su vida, va a ser muy difícil avanzar.

No queremos que el párrafo anterior se malinterprete, al creer que las personas pobres son siempre las culpables de las situaciones en que se encuentran. Los esclavos americanos no eligieron estar en cadenas. Las víctimas de huracanes no pidieron que un desastre natural las arrasara. Debemos recordar que, debido a la caída de la humanidad en pecado, ambos sistemas e individuos están rotos. Pero más allá de cómo los individuos o las comunidades hayan terminado en una mala situación, una administración fiel de su parte requiere que den los pasos necesarios para poder usar sus habilidades y recursos en pro de un cambio. Debido a nuestra fe en Dios, debemos hacer todo lo que podamos para ayudarlos a remover los obstáculos que ellos no puedan quitar solos.

Como muestra la Tabla 10.1, individuos y comunidades tienen diferentes grados de receptividad al cambio. Por supuesto, debemos amar a las personas con cualquier grado de receptividad, pero nuestra manera de amar a cada una será diferente, porque ellas son diferentes.

En la parte más baja de la Tabla 10.1, está la gente que simplemente no tiene el deseo de cambiar. *Algunas*, no todas, de las personas sin hogar de Estados Unidos encajan en esta categoría. Cuando hemos querido ayudar a estas personas, han dejado claro que no están dispuestas a considerar ningún cambio, por lo cual *no* es amor permitirles que continúen en pecado proveyéndoles limosnas de comida, ropa o refugio. En realidad, una verdadera muestra de amor sería hacerles sentir la carga de sus decisiones, y esperar que esto provoque un cambio positivo.

Algunos lectores podrían objetar a la idea de retener ayuda material, alegando que la Biblia nos prohíbe decir «no» cuando la gente nos pide auxilio. No tenemos suficiente espacio aquí para tratar todo lo que la Biblia dice respecto a este difícil tema, por eso pedimos a los lectores que por favor consulten otras fuentes que traten estos temas ampliamente.[135] Sin embargo, queremos dejar dos puntos en claro:

Primero, los pasajes individuales de la Biblia deben ser interpretados y entendidos dentro de toda la historia bíblica: es decir, la creación, la caída y la redención (que tiene un aspecto actual y uno venidero). Como explicamos en los capítulos 2 y 3, esta narrativa completa de la Biblia, aplicada a la situación extrema de los pobres, significa que debemos ayudarles a recuperar el propósito de vivir para el cual Dios los creó: *ser personas que puedan cumplir con su llamado de glorificar a Dios manteniéndose a sí mismas y a sus familias con el fruto de su trabajo*. Como Dios es coherente, cada mandamiento individual de la Biblia respecto a los pobres debe estar de acuerdo con este objetivo general.[136] Cualquier acción que desacredite este gran trabajo de Dios en las vidas de los pobres es contraria a Sus propósitos.

Esta perspectiva puede ayudarnos a descifrar los textos que a primera vista podrían parecer contradictorios. Por ejemplo, por un lado, hay muchos pasajes de la Biblia en los cuales Dios le dice a Su pueblo que cuide de los pobres en general y de las viudas en particular (por ejemplo: Levítico 19:9-10; Deuteronomio 14:28-29; Mateo 25:31-46; Santiago 1:27 y Juan 3:17-18). Pero este mismo Dios también manda a la iglesia del Nuevo Testamento a no proveer asistencia material a viudas que tengan hijos o nietos o a cualquier viuda que no sea mayor de 60 años, tenga descendientes o no (1 Timoteo 5:3-16). Los estudiosos de la Biblia creen que, probablemente, 60 años fuera la edad máxima hasta la cual podía trabajar una persona en esa época para mantenerse por su cuenta.[137]

Debemos clarificar que incluso la asistencia material para viudas mayores sin descendientes no era automática; estas tenían que ser conocidas por sus buenas obras para recibir cualquier ayuda material.

Pero, entonces ¿Dios no amaba a las viudas? ¿Cómo podemos reconciliar estos pasajes? El misterio desaparece si los interpretamos sin sacarlos del contexto general de la Biblia. Dios quiere que seamos generosos con

Grados de receptividad al cambio

Actitud de la persona pobre	Estrategia para poder progresar con ella
7. «Estoy dispuesto a demostrar la solución a otros y a defender el cambio».	Estas respuestas vienen de una persona cada vez más abierta al cambio, más segura de que puede cambiar, y dispuesta a aprender, recibir más información y mejorar sus habilidades. Será posible progresar con ella para conseguir un cambio positivo; es decir, el «desarrollo». Será relativamente fácil «empezar pronto».
6. «Estoy listo para intentar actuar».	
5. «Veo el problema y me interesa aprender más para saber qué puedo hacer».	
4. «Veo el problema pero tengo miedo al cambio por no saber si podré llevarlo a cabo».	Esta persona tiene temores, muchas veces con fundamento, respecto a posibles pérdidas sociales o económicas si trata de cambiar. Suele tener una vida muy vulnerable y puede entender los riesgos de las soluciones posibles mejor que nosotros. Para trabajar con ella, será necesario escuchar bien sus miedos e inquietudes, modificar las soluciones para reducir los riesgos y crear un entorno de contención.
3. «Veo el problema pero dudo que sea posible cambiar».	Esta persona duda que pueda haber un cambio positivo. Sus dudas incluyen temores justificados sobre la eficacia de una solución propuesta e incluso de la capacidad de la persona que la está ayudando. Quizás, esta persona ya haya intentado cambiar y le haya costado demasiado. Para trabajar con ella, será necesario escuchar bien cuáles son sus miedos, ganarse su confianza y demostrarle que el cambio es posible, al darle ejemplos de cambios positivos en otros que se hayan encontrado en situaciones similares.
2. «Seguramente, hay algún problema, pero no es mi responsabilidad solucionarlo».	Esta persona cree que la causa del problema y su solución están en manos de Dios, del gobierno o de cualquiera que no sea ella. Aunque quizás sea cierto que la responsabilidad de la situación esté ajena a ella, esta persona no dará pasos positivos hasta que no acepte su propia responsabilidad de mejorar su situación.
1. «No hay ningún problema».	Esta persona está satisfecha con las cosas tal cual están y no percibe problemas ni razones para cambiar. Es imposible obligar a alguien a cambiar, pero es más perjudicial para la persona seguir dándole limosnas. Tenemos que permitir que experimente el dolor de sus decisiones, con la esperanza de que esto la lleve a desear un cambio positivo. Quizás esto requiera más tiempo y energía para ayudarla a cambiar, pero no hay garantía de que pueda haber un cambio.

↑ Mayor receptividad a un cambio positivo

↓ Menor receptividad a un cambio positivo

[Tabla 10.1]
Adaptada de Lyra Srinivasan, *Tools for Community Participation, A Manual for Training Trainers in Participatory Techniques* (Washington, DC: PROWWESS/UNDP, 1990), 161.

los pobres con nuestro tiempo y nuestro dinero. Debemos dedicarnos «a ayudar a los hambrientos y a saciar la necesidad del desvalido» (Isaías 58:10a). Pero, mientras lo hacemos, debemos proceder sin olvidar que el objetivo final es que los pobres recuperen su propósito original designado por Dios.

En realidad, 1 Timoteo 5:13 indica que fue este objetivo final el que condujo a Dios a mandar a la iglesia del Nuevo Testamento a retener cualquier ayuda material a todas las viudas que no fueran mayores de 60 años, por miedo de que dicha ayuda las volviera «ociosas [...] chismosas y entrometidas», en lugar de ser siervas productivas del reino. La Biblia *no* prescribe una «generosidad» sin discernimiento; más bien, nos manda a usar la sabiduría y la prudencia para mantener siempre presente el objetivo final: que la gente recupere el propósito para el cual fue creada por Dios.

En segundo lugar, negarse a proveer a los necesitados con limosnas materiales *no* significa que no los quieras ayudar. Por el contrario, nuestro mensaje para ellos debería ser: «Los amamos tanto que deseamos darles mucho más de lo que nos han pedido. Queremos ser parte de su vida y acompañarlos hasta que encontremos las causas de la situación en la que se encuentran, *juntos*. Esto nos va a costar mucho más que la limosna que nos están pidiendo ahora. Pero estamos dispuestos a emprender un camino más costoso con ustedes porque son muy valiosos para Dios».

¡Esto no significa que les estén dando la espalda! Si ellos rechazan este tipo de ayuda, ¡serán ellos los que nos estén dando la espalda a nosotros! Si esto llega a ocurrir, deberíamos decirles que vamos a orar por ellos, que esperamos que vuelvan y que la oferta de ayudarlos de *verdad* sigue en pie; pero que darles asistencia material cuando no la necesitan no es lo que nosotros llamamos amor, y somos llamados a amar *de verdad* al prójimo.

Volviendo a la Tabla 10.1, la gente en las categorías 3 y 4 está dispuesta a cambiar, pero tiene temores que quizás estén justificados. Como tratamos en la sección del «paternalismo del conocimiento» en el capítulo 4, algunas intervenciones que a nosotros, los extranjeros, nos parecen buenas, en realidad podrían ser muy dañinas o arriesgadas para ellos. Es muy importante escuchar a los pobres cuando nos hablan de sus preocupaciones. Ellos no siempre estarán haciendo bien, pero nosotros también nos equivocamos. Una intervención o aproximación debería poder modificarse en función de la información que estas personas nos provean.

Las categorías del 5 al 7 representan a aquellas personas con las que sería más fácil embarcarse en un proceso de desarrollo, ya que son las más dispuestas a seguir los cambios propuestos. Como lo que estamos intentando es conseguir un éxito rápido y reconocible para poder crear entusiasmo y empuje, es aconsejable empezar a trabajar con las personas que estén dentro de estas categorías. Cuando experimenten el éxito, esto ayudará a la gente que esté en las categorías 3 y 4 a superar sus injustificados miedos y preocupaciones. Incluso podría abrir nuevas posibilidades para las personas en las categorías 1 y 2, que quizás no hayan considerado antes.

Es muy útil tener herramientas que midan y revelen la receptividad de la gente al cambio. Estas herramientas necesitan descubrir por lo menos dos cosas: Primero: ¿cómo pueden entender los individuos o grupos cuál es su parte de culpa (pequeña o grande) de la situación en que se encuentran? Como tratamos en el capítulo 2, la pobreza puede ser resultado de la injusticia estructural, desastres naturales, pecados personales o una combinación de varios. Es crucial que las personas identifiquen cualquier parte de su situación que ellos mismos hayan provocado, para que puedan empezar por esa parte específica a tratar. Segundo: ¿cómo pueden entender las personas o los grupos que tienen que ser responsables de tomar acciones para poder mejorar su situación, incluso en aquellos aspectos que estén fuera de su alcance? Las herramientas y los métodos descritos en el siguiente capítulo pueden ayudar a los lectores a discernir estas dos dimensiones de receptividad al cambio.

Recuerda que no solo los que sufren pobreza material necesitan cambiar. Todos necesitamos cambiar, porque somos pobres de diferentes maneras. En consecuencia, como muchas otras iglesias y ministerios, Parkview Fellowship está experimentando sus propios desencadenantes para el cambio, desencadenantes que pueden llevar a conseguir ministerios mucho más transformadores y con más fuerza y confianza en sí mismos. El siguiente capítulo explica los pasos que Parkview puede dar para aplicar los principios descritos en este y continuar con el desarrollo participativo basado en recursos en los diferentes ámbitos en los que esté ayudando.

PREGUNTAS Y EJERCICIOS DE REFLEXIÓN

Por favor, escribe las respuestas a las siguientes preguntas:

1. Piensa en cómo tu iglesia o ministerio ha estado trabajando con los pobres. ¿Has tratado de fomentar desencadenantes para conseguir un cambio positivo, o los has evitado?
2. ¿Qué antecedentes tiene tu iglesia o ministerio respecto a usar grupos de apoyo para ayudar a individuos o familias a cambiar? Si ya están usándolos, ¿cuáles han sido los beneficios y los retos? Si no están usando los grupos de apoyo, ¿crees que podrían ser útiles en tu contexto?
3. Piensa en la manera en la cual tanto tú como aquellas personas de tu entorno consiguieron su trabajo. ¿Qué papel jugaron sus redes sociales para conseguir el trabajo? ¿De qué otra forma podrían ayudarte tus redes sociales a hacer cambios positivos en tu vida? ¿Cómo podrías usar tus contactos para ayudar a la gente pobre?
4. Piensa en algún proyecto que tu iglesia o ministerio intentó poner en marcha sin éxito. ¿Crees que fallaron al no «empezar con poco» o no «empezar pronto»?
5. ¿Existen personas en tu vida a las que hayas intentado ayudar a lograr un cambio positivo pero que no hayan estado abiertas al cambio? Por favor, pídele al Espíritu Santo que toque sus corazones para que se abran a un cambio positivo.
6. ¿Estás respondiendo a los cambios positivos que Dios quiere hacer en tu vida? Pídele a Dios que te ayude a ser más abierto a aquellos cambios que Él quiere hacer en ti.

REFLEXIONES INICIALES

Por favor, escribe las respuestas a las siguientes preguntas:

1. Haz una lista de las diferentes comunidades en las cuales estén trabajando tu iglesia o ministerio y cualquier organización con la que se hayan asociado. ¿Cuál de estas comunidades está considerada pobre? ¿Cuál no sufre de pobreza material pero contiene hogares pobres?
2. Si tu iglesia se asocia con otras iglesias u organizaciones para ayudar a los pobres, tanto en tu propio país como afuera, ¿crees que esas otras iglesias u organizaciones aprecian la ayuda que les brindan? ¿Cómo lo sabes?
3. De la misma manera, ¿valoras la ayuda que otras iglesias u organizaciones te dan a ti, a tu iglesia o a tu comunidad? ¿Por qué sí o por qué no?

Capítulo 11

¡EN SUS MARCAS, LISTOS, YA!

Nota: a medida que leas este capítulo, recuerda que fue originalmente escrito para los cristianos norteamericanos de clase media alta, la mayoría de los cuales asisten a iglesias como la que aparece en la Figura 11.1. Dichas iglesias a menudo se asocian con congregaciones y ministerios localizados en comunidades pobres. Los lectores hispanohablantes necesitarán discernir si su iglesia o ministerio es como la iglesia que aparece en la Figura 11.1 o si se parece más a una de las que están situadas entre las comunidades pobres de esta figura.

Cuando Jerry, Dan y el resto del grupo de dirección de Parkview estudiaron la mejor forma de seguir adelante, se dieron cuenta de que estaban ayudando en tres ámbitos bien diferenciados (ver la Figura 11.1). Primero, aunque Parkview no estuviera situada en una comunidad pobre, por estar localizada en una calle principal, era natural que la gente que viniera de la ciudad o los que estaban de paso pararan allí. Podía tratarse de individuos solos, pero lo más probable era que formaran parte de familias nucleares o extendidas. Segundo, por muchos años, Parkview había estado suministrando ayuda financiera y voluntarios a un ministerio que estaba localizado en un barrio pobre, en la misma ciudad pero a unos kilómetros de Parkview. Y por último, también durante años, Parkview había estado enviando equipos para trabajar con iglesias, organizaciones y misioneros en comunidades pobres en el mundo mayoritario.

ENTORNOS DEL MINISTERIO DE LA IGLESIA DE PARKVIEW FELLOWSHIP

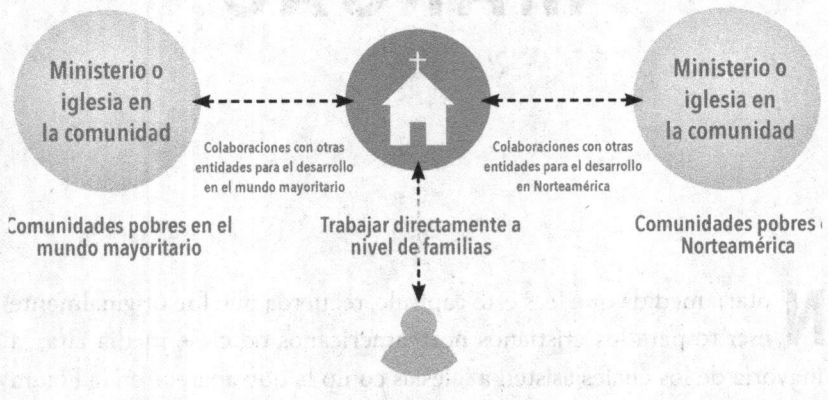

[Figura 11.1]

Con los principios que vimos en el capítulo anterior, sumados a las ideas generales de este libro, este capítulo perfila los pasos que Parkview Fellowship y sus socios deberían seguir para lograr una metodología participativa basada en recursos en los tres ámbitos.

TRABAJAR DIRECTAMENTE A NIVEL DE FAMILIAS EN NORTEAMÉRICA

Como muchas otras iglesias, Parkview Fellowship está localizada en una zona que no es realmente pobre; sin embargo, Parkview sí tiene gente con pobreza material (tanto miembros como asistentes) que solicitan ayuda financiera. Esta gente puede vivir cerca de la iglesia, venir de otras partes de la ciudad o incluso de otras partes. Dada la diversidad de lugares en los cuales vive la gente necesitada, sumado a que la iglesia está situada en un

Trabajar directamente a nivel de familias en Norteamérica

[Figura 11.1a]

lugar donde no hay una pobreza marcada, Parkview debería decidir enfocar su ayuda en los individuos y sus familias en vez de en la zona en la cual está situada. Parkview podría usar los siguientes pasos para avanzar con el desarrollo participativo basado en recursos para estos individuos y sus familias:

Primer paso: evaluar y activar los recursos de la iglesia o el ministerio

Es importantísimo conocer los dones, las habilidades y los recursos disponibles en ese momento en la congregación, así como cualquier debilidad que pueda obstaculizar que estos recursos puedan usarse con eficacia. Aunque los recursos financieros puedan ser de mucha ayuda, el desafío más importante será identificar y usar la ayuda y el apoyo de las personas que estén listas a comprometerse con relaciones duraderas y que infundan fuerza y confianza a los que son pobres. Como se describe en el capítulo 10, hay muchas maneras de aconsejar a otros, pero quizás la ideal sea utilizar la del grupo de apoyo. Es crucial que los mentores estén identificados y listos para entablar relaciones a largo plazo antes de que Parkview pueda tener un papel significativo en el proceso de desarrollo de la gente pobre.

Un enfoque para identificar y movilizar los recursos de Parkview es simplemente pedir a los miembros que completen un breve cuestionario en el cual identificarán sus dones y su disponibilidad para ayudar. Un método más exhaustivo podría ser revisar las experiencias de la iglesia en cuanto a su visión, sus actitudes, sus capacidades generales y sus debilidades para participar de un ministerio integral.

En cualquier caso, Heidi Unruh, una de las principales expertas norteamericanas en el ministerio integral de las iglesias, ha desarrollado una herramienta en inglés muy útil llamada *Ministry Inventory Guide: Assess Your Church's Ministry Capacity and Identity* [Guía para hacer inventario de los ministerios: Cómo evaluar la capacidad y la identidad ministerial de tu iglesia].[138] Recuerda que, aunque una evaluación en detalle pueda ser útil, es importante «empezar con poco y empezar pronto» para que el entusiasmo y empuje no se pierdan.

Segundo paso: averiguar más sobre los ministerios y los servicios que ya existen en tu área

Es probable que haya muchas organizaciones que ya estén proporcionando servicios en el área de Parkview. Al encontrar lo que ya está disponible, Parkview no necesitará repetir servicios y podrá enfocarse en ayudar a los pobres a que usen estos servicios. Parkview no debe referir a estas personas a estos servicios para «librarse de ellas», sino que su meta es desarrollar relaciones a largo plazo que puedan traer un cambio duradero. En el caso de Tony, por ejemplo, Jerry debería decir algo como: «Tony, cuando estábamos revisando tu presupuesto *juntos*, me di cuenta de que tu factura mensual de la luz es demasiado alta. ¿Por qué no vamos a la compañía de electricidad para ver qué sugieren para reducir tus gastos?» Entonces, Jerry podría buscar con Tony la forma de implementar algunas o todas las sugerencias que la compañía eléctrica les dé.

Una excelente fuente de información en inglés sobre servicios existentes en Estados Unidos es la guía de recursos *United Way 2-1-1 Resource Guide* que está disponible para muchos lugares. Si esta publicación no estuviera disponible para Parkview, la iglesia podría examinar las guías telefónicas, buscar en Internet, hablar con las agencias de servicios sociales reconocidas (por ejemplo, el Departamento de Servicios Sociales o el Ejército de Salvación en Estados Unidos), hablar con otras iglesias o ministerios y simplemente hablar con la gente; entre ella, la gente pobre que Parkview conozca. Hay más recursos útiles en inglés en el instituto Asset-Based Community Development Institute de la Universidad de Northwestern,[139] entre los cuales se incluyen formularios y consejos que te ayudarán con este proceso.

Tercer paso: adoptar normas de «primer encuentro» que sean participativas y basadas en recursos

Cada iglesia o ministerio necesita tener normas y procedimientos que los guíen durante su primer encuentro con la gente pobre que pida ayuda. Estas normas y procedimientos, los cuales a veces son llamados «normas de benevolencia», necesitan perfilar las condiciones para recibir la asistencia material y los procedimientos que se seguirán para llegar a un compromiso más profundo. Implementar estas normas requiere una herramienta de diagnóstico que revise los siguientes puntos para cada individuo o familia: (1) ¿Necesitan el auxilio, la rehabilitación o el desarrollo? (2) ¿Están receptivos al cambio? (3) ¿Están abiertos a una continua relación de ayuda con la iglesia o el ministerio?

Si se habla inglés, el ministerio Diaconal Ministries Canada ofrece mucha información sobre este tema. En particular, su guía, *Guidelines for Benevolence* [Directrices para la benevolencia], usa un plan de acción como herramienta de diagnóstico y planeamiento básico para utilizar con aquellos que buscan asistencia material. La estructura de esta herramienta es coherente con un método participativo basado en recursos, como podemos ver en el siguiente ejemplo de preguntas:[140]

- ¿Cuáles son tus metas y tus sueños para la vida?
- ¿Qué recursos, habilidades y bienes puedes usar para lograr estas metas?
- ¿Cuál sería el primer paso que debes de dar para usar tus dones y lograr tus metas?
- ¿Cuál sería tu fecha límite para dar este paso?
- ¿Cómo podríamos ayudarte a alcanzar tus metas?
- ¿Estarías dispuesto a tener una persona de apoyo que te respalde para alcanzar tus metas?
- ¿Cuándo podemos reunirnos de nuevo para revisar cómo van las cosas?

El fin de tener normas de benevolencia es tener una conversación guiada con la persona, que nos ayude a entender mejor su situación y así considerar qué debería hacer para mejorarla, para determinar su disponibilidad al cambio y para explorar el papel que la iglesia o ministerio deben asumir en el proceso. Si no hay una gran crisis en su vida y la persona no está dispuesta a desarrollar un plan de acción, *esta persona (y no tú)* estará rechazando ser ayudada.

Como se resume en la Tabla 11.1, este plan de acción nos dará la oportunidad de aplicar los cinco principios que describimos en el capítulo 10.

Cuarto paso: explorar la posibilidad de empezar un nuevo ministerio

Un espectro participativo

Principio	Aplicación en el plan de acción
1. Fomentar desencadenantes para el cambio humano	El plan de acción puede servir de desencadenante para el cambio, con tan solo pedirle a la gente que considere, quizás por primera vez, cuáles son sus metas y dones, y qué recursos puede utilizar para alcanzar estas metas.
2. Encontrar gente que ayude	El plan de acción pregunta a los pobres si están dispuestos a que la iglesia o ministerio consiga gente que los acompañe y los ayude. Si la persona está de acuerdo, se le puede asignar un «aliado» directamente. Para adoptar un proceso más natural, según las pautas de Beyond Welfare, se pueden reunir grupos grandes y formar distintas unidades de apoyo (ver capítulo 10). Es crucial que los mentores o aliados se hayan designado con anticipación para que estén preparados para entablar relaciones a largo plazo apenas la persona a la que se está ayudando exprese que está lista para el cambio.
3. Buscar un éxito rápido e identificable	El plan de acción debería empezar con algunas metas a corto y mediano plazo, para que sea más probable tener éxito. «¿Por qué no empezamos consiguiendo vacunas de la gripe para tus hijos?». «Si te pago para que recojas las hojas del jardín, podrás tener dinero de inmediato».
4. Ir aprendiendo de la situación de la persona a medida que avanzas	La información que la persona proporciona en su plan de acción ayuda a que sepas mucho sobre ella rápidamente. A medida que profundice la relación con ella, irás descubriendo aún más.
5. Empezar con la gente más receptiva al cambio	La gente que no está dispuesta a elaborar un plan de acción no está receptiva al cambio. Debes orar por ellos, pero recuerda que no los estás rechazando, sino que ellos son los que rechazan tu ayuda.

[Tabla 11.1]

Una vez que cumpla con los pasos previos, Parkview podría ver la oportunidad de introducir un nuevo ministerio que ayude a traer un cambio duradero a las familias pobres que vaya encontrando. A medida que los miembros de Parkview vayan guiando a la gente con los planes de acción que han desarrollado, mientras intentan acceder a los servicios existentes de la ciudad, es probable que empiecen a encontrar brechas entre los servicios existentes y la ayuda que los pobres necesitan para seguir adelante. Estas brechas permitirán que Parkview forme un nuevo ministerio.

Las brechas tal vez se deban a que el servicio no exista o a que sea inadecuado para lograr los objetivos evangélicos del desarrollo participativo basado en recursos. Por ejemplo, seguro que puedes encontrar programas de educación financiera en tu comunidad, pero puede que estos programas que ya existen no enseñen los principios de administración financiera desde una perspectiva bíblica. De este modo, se fracasa al intentar resolver los temas más profundos de la cosmovisión que muchas veces son la raíz de las relaciones rotas de las personas con Dios, consigo mismas, con otros y con el resto de la creación.

Las iglesias y los ministerios deberían «subcontratar» a los proveedores de servicios existentes de aquellas partes del proceso en las cuales ellos no pueden añadir ningún valor. Sin embargo, sería un gran error subcontratar proveedores seculares para cubrir las partes del proceso del desarrollo que les proveen a las iglesias y los ministerios la oportunidad de desarrollar relaciones para predicar el evangelio o discipular a la gente con una cosmovisión bíblica. Por ejemplo, una forma de ayudar a la gente con sus finanzas es animarla a que abra cuentas de ahorro. No tendría sentido que Parkview abriera un banco si hay muchos bancos en la zona que pueden proveer cuentas de ahorro a gente pobre. Como iglesia, Parkview no está preparada para dirigir un banco. No obstante, está claramente mucho más capacitada para enseñar principios bíblicos de mayordomía financiera y para discipular a la gente pobre que un proveedor secular de servicios. Sería un error que Parkview perdiera la oportunidad de influir profundamente en esta porción del proceso de desarrollo.

Además, Parkview podría también encontrar otras iglesias u organizaciones en su comunidad que estén ya ayudando de forma evangélica. Si es así, debería hacer todo lo posible para conectarse con estos ministerios y ayudarlos en lugar de empezar algo redundante. Por ejemplo, puede que haya una organización que ya ofrezca educación financiera basada en la Biblia, por lo que Parkview podría ayudar con mentores, capacitadores, etc. Colaborar con otros creyentes es administrar bien los recursos del reino como parte de nuestro testimonio al mundo, y agrada a nuestro Padre celestial.

Como se trata en el capítulo 8, hay tres intervenciones en el desarrollo económico que podrían ser buenas opciones para Parkview: (1) cursos de formación profesional para desempleados, (2) educación financiera y (3) cuentas de desarrollo individual. La Red de trabajo y ahorro (www.chalmers.org) y Trabajos para toda la vida (www.jobsforlife.org) tienen cursos de capacitación y planes de estudio sobre estas intervenciones que Parkview debería considerar. Como se menciona en el capítulo 10, el modelo de grupos de apoyo en las reuniones de grandes grupos podría ser un excelente lugar en el cual usar estas tres intervenciones.

Como parte del proceso de exploración, Parkview debería realizar un estudio de recopilación y evaluación de datos focalizado en los bienes y servicios existentes relacionados con la intervención que consideren implementar. Por ejemplo, si Parkview quiere empezar un ministerio para desempleados, necesita encontrar los servicios existentes en la comunidad relacionados con la formación profesional para que contribuyan e influencien los servicios ya existentes. Esta evaluación debe concentrarse en los servicios existentes específicos que se necesitan evaluar, no como otras evaluaciones más generales que intentan dar una visión más amplia de la comunidad. La Tabla 11.2 demuestra cómo se realizó un estudio de servicios existentes específicos para descubrir los cursos de formación profesional y los servicios que ayudan a la gente a encontrar empleo en una comunidad en particular. Los datos, que fueron obtenidos del Asset-Based Community Development Institute de la Universidad de Northwestern, pueden ayudar a diseñar e implementar un estudio de recopilación y evaluación de datos focalizado en los bienes y servicios existentes.[141]

Ejemplo de estudio de recopilación y evaluación de datos focalizado en servicios existentes (porcentaje y número de asociaciones locales involucradas en cursos de capacitación y búsqueda de empleo)

Actividad que beneficia a la comunidad	Asociaciones que hayan trabajado en la zona	Asociaciones que están dispuestas pero aún no han trabajado en la zona	Asociaciones que no están dispuestas a trabajar en la zona	Asociaciones listas para colaborar con otros grupos
Asociaciones que empezaron cursos de formación profesional en el barrio	15% (13)	35% (30)	48% (41)	39% (33)
Las que colaboraron en un programa ya existente de cursos de formación	14% (12)	39% (33)	46% (39)	42% (36)
Que realizaron un inventario de habilidades e intereses para el trabajo de los residentes del barrio	8% (7)	44% (37)	45% (38)	42% (36)
Asociaciones que ayudaron a empresas con sus ofertas de trabajo	15% (13)	33% (28)	48% (41)	41% (35)
Aquellas que reclutaron residentes para trabajos locales	19% (16)	33% (28)	44% (37)	45% (38)
Las que informaron a los habitantes del barrio de nuevos trabajos por medio de anuncios	29% (25)	29% (25)	39% (33)	48% (41)
Que informaron a los habitantes de otros barrios de nuevos trabajos por medio de anuncios	25% (21)	31% (26)	44% (37)	47% (40)
Asociaciones que ayudaron a adolescentes a encontrar trabajo	24% (20)	38% 32	36% (31)	49% (42)
Aquellas que conectaron desempleados con empleados de empresas donde había ofertas trabajos	29% (25)	29% (25)	38% (32)	45% (38)
Las que tienen mentores para desempleados o recientemente empleados	19% (16)	34% (29)	44% (37)	41% (35)

Número total de asociaciones entrevistadas: 85

[Tabla 11.2]
Adaptado de Nicol Turner, John L. McKnight y John P. Kretzmann, *A Guide to Mapping and Mobilizing the Associations in Local Neighborhoods* [Guía para planificar y movilizar asociaciones en barrios a nivel local] (Evanston, IL: The Asset-Based Community Development Institute en Universidad Northwestern, 1999), 40.

COLABORACIONES CON OTRAS ENTIDADES PARA EL DESARROLLO DE LAS COMUNIDADES POBRES EN NORTEAMÉRICA

[Figura 11.1b]

El equipo de dirección de Parkview estuvo considerando diferentes ideas para poder ser más fiel a sus principios de desarrollo participativo en todos sus ministerios. Esto se manifestó en su asociación histórica con el Jubilee Center, un ministerio cristiano localizado en Westside, uno de los vecindarios de la ciudad. Westside tiene todas las características de un gueto: desempleo, crimen, familias con un solo padre, escuelas deficientes, casas deterioradas, pandillas y, lo peor de todo, falta de esperanza. Durante años, Parkview ha estado ayudando al Jubilee Center, enviando voluntarios para hacer cosas *para* Westside bajo la dirección del centro. Cada tres meses, los voluntarios de Parkview pasan un sábado reparando y pintando casas, recogiendo la basura y entregando cestas de comida de puerta en puerta. Dado que la mayoría de las personas de Parkview son caucásicos profesionales de clase media alta y Westside está formado por gente de color de bajos ingresos, siempre ha habido situaciones incómodas entre los voluntarios y los residentes. No obstante, la gente que trabaja en el centro (la cual se crió en Westside) siempre ha recibido bien a los voluntarios. Por esto, los voluntarios han seguido yendo, creyendo que la incomodidad era un precio muy bajo a pagar por servir al centro y a su comunidad.

Pero ahora, el equipo de dirección de Parkview está reconsiderando la situación. Se han dado cuenta de que hay muchas similitudes entre pagar la factura de la luz de Tony cada mes y la asistencia material que sus voluntarios estaban ofreciendo a los residentes de Westside. Se empezaron a preguntar si sus voluntarios no estarían realmente debilitando el trabajo del centro, cuyo principal propósito era dar fuerza y confianza en sí mismos a los residentes de Westside, proveerles dignidad y fomentar su autosuficiencia.

Jerry llamó a Michael, el director ejecutivo de Jubilee Center, para comunicarle estas inquietudes. Después de que Jerry terminó de explicarle, hubo un gran silencio. Entonces, con voz temblorosa, Michael respondió: «Jerry, durante los meses pasados, el personal del centro ha estado orando sobre qué hacer. Hace años que tendríamos que haberte dicho algo. Realmente no queremos que tus voluntarios hagan todo lo que hacen por nuestra comunidad. En realidad, creemos que los voluntarios entorpecen nuestro ministerio. Pero Parkview es nuestro principal donante, y sabíamos que tú querías que los voluntarios tuvieran algo que hacer cada trimestre. Teníamos miedo de decirte la verdad por temor a que dejaras de darnos tu ayuda, porque realmente necesitamos el dinero para cubrir nuestros gastos. Siento muchísimo que no haya sido sincero contigo, pero realmente creo que tu llamada es una respuesta a nuestras oraciones».

Jerry también lo lamentaba, porque recordaba cómo el Jubilee Center se había mostrado indeciso cuando él sugirió por primera vez que se enviaran grupos de voluntarios años atrás... pero él había insistido. En aquel momento, a Jerry le habían ordenado conseguir más miembros para este ministerio, y cada voluntario representaba éxito en conseguir sus metas. Jerry le pidió perdón a Michael, y los dos decidieron encontrarse pronto para determinar el mejor plan de acción.

Después de que Jerry colgara el teléfono, puso la cabeza entre sus manos y comenzó a llorar. El Jubilee Center era una de las muchas «colaboraciones» que Parkview tenía con ministerios por toda la ciudad, ministerios que habían acogido «muy bien» a sus voluntarios... con la insistencia de Jerry.

Lo único que quería era que estos barrios cambiaran. Pero yo soy el primero que debe cambiar para que ellos puedan cambiar», pensó Jerry.

¿Cómo puede el Jubilee Center usar una metodología participativa basada en los recursos de su comunidad? ¿Cómo puede Parkview Fellowship *realmente* ayudar al Jubilee Center? ¿Cuáles serían los papeles correctos para cada organización? A continuación, consideraremos dos buenas opciones que ayudan a una iglesia o ministerio localizado en un barrio de bajos ingresos (como el Jubilee Center) a buscar el papel correcto de las iglesias del exterior, como Parkview Fellowship.

CÓMO COLABORAR CON OTRAS ENTIDADES PARA AYUDAR AL DESARROLLO DE LAS FAMILIAS EN NORTEAMÉRICA

La primera opción para el Jubilee Center es ayudar a las familias en Westside. Si Jubilee elige este camino, podría empezar a seguir una dirección participativa basada en recursos simplemente siguiendo los mismos cuatro pasos que Parkview resumió en la sección anterior, llamada: «Trabajar directamente a nivel de familias en Norteamérica». Esto hará que el Jubilee Center dirija un ministerio (por ejemplo, cursos de formación profesional) en el cual se usen propuestas participativas basadas en recursos con las familias que están pidiendo ayuda.

El papel de Parkview en este proceso debería ser principalmente de apoyo, dejando que sea el Jubilee Center quien tome la iniciativa, porque los empleados del centro son los que trabajan y viven en esta comunidad día a día. Estos trabajadores están normalmente en la mejor posición para entender a la comunidad y así poder desarrollar las relaciones a largo plazo que son esenciales para traer un cambio duradero en la comunidad.

Esto no significa que Parkview no pueda hacer preguntas o sugerencias al Jubilee Center. Sin embargo, necesita comprender que la presencia más visible y duradera en la comunidad debe ser la del Jubilee Center. Además, Parkview necesita ser extremadamente sensible a las dinámicas de poder presentes al ser una iglesia caucásica y la mayor donante de un ministerio cuyo personal y comunidad son principalmente gente de color.

Algunas de las funciones de Parkview podrían ser: orar; dar soporte financiero; ofrecer palabras de ánimo; ayudar a conducir ejercicios de planeamiento de bienes; suministrar equipos de mentores para las familias con bajos ingresos; proveer trabajos a los residentes de la comunidad;

conectar a miembros de la comunidad a sus redes sociales; participar de la junta de Jubilee y dar consejos al director ejecutivo de Jubilee, siempre que se soliciten.

Queremos aclarar un punto a algunos lectores que no entendieron el mensaje de este libro cuando se publicó por primera vez. Estos lectores malinterpretaron el mensaje, pensando que nos referíamos a que los individuos y las iglesias con recursos financieros deben dejar de escribir cheques. Sin embargo, ese *no* es nuestro mensaje. Nosotros creemos que los individuos, las iglesias y los ministerios pocas veces deberían solo «escribir cheques» o donar dinero o limosnas materiales directamente a la *gente pobre*. Sin embargo, también creemos que individuos e iglesias que han sido bendecidos con recursos financieros, como Parkview, deberían *incrementar* drásticamente sus donativos financieros a las iglesias y ministerios que buscan un desarrollo participativo basado en recursos y orientado al evangelio. Las iglesias y los ministerios que están comprometidos con el trabajo de desarrollo siempre tienen dificultades para encontrar los fondos que necesitan para costear sus métodos basados en relaciones a largo plazo. En este tipo de métodos, no siempre se pueden medir el éxito o el «retorno de la inversión». Hay ministerios de desarrollo que necesitan desesperadamente donantes que entiendan la esencia del alivio de la pobreza (reconciliar las cuatro relaciones clave) y que estén dispuestos a financiar el proceso largo pero necesario. En resumen, Parkview necesita dar más (mucho más) dinero para aliviar la pobreza. Pero debe hacerlo con prudencia.

Aunque ayudar a nivel de familias es una estrategia legítima, el Jubilee Center necesita estar al tanto del impacto que su ministerio está teniendo en toda la comunidad. Bob Lupton, fundador del Family Consultation Service Urban Ministries [Estrategia con Enfoque a Comunidades Ministerios Urbanos], en Atlanta y uno de los principales expertos en desarrollo comunitario de Norteamérica, descubrió que algunas de las intervenciones que FCS estaba utilizando para ayudar a las familias en realidad estaban dañando a su comunidad. Por ejemplo, mucha de la gente que FSC ayudó a encontrar trabajo y a salir de las viviendas públicas dejó la comunidad para irse a vivir a zonas mejores, por lo que acabó debilitando la comunidad con su ausencia. Como resultado, FCS cambió su metodología de trabajo a nivel de familias por una metodología de trabajo a nivel de comunidad, la cual sería la siguiente opción que el Jubilee Center podría considerar.[142]

CÓMO COLABORAR CON ENTIDADES DE LA ZONA PARA EL DESARROLLO A NIVEL DE COMUNIDAD EN NORTEAMÉRICA

La segunda opción que el Jubilee Center podría elegir sería una metodología de trabajo más exhaustiva para el desarrollo de la comunidad de Westside. A diferencia de Parkview Fellowship, el Jubilee Center se localiza en un área geográfica bien definida cuyos sistemas (familias, escuelas, negocios, iglesias, asociaciones e instituciones) no están funcionando al nivel necesario de una comunidad estable y próspera. Además, un porcentaje elevado de residentes de Westside sufre de un sentimiento de desesperanza y desesperación, y se siente incapaz de lograr un cambio en sus vidas (ver «la pobreza personal» en la Figura 2.2). En este tipo de situaciones, el Jubilee Center podría decidir promover la transformación de la comunidad entera a través de un proceso de «organización de comunidad». Este proceso desarrollaría la dirección local, las relaciones y el ímpetu para llevar a gran escala los cambios necesarios en los sistemas de la comunidad de Westside.

¿Cómo sería el proceso de «organización de comunidad»? No puede haber un mismo método de ayuda para todos. Cada proceso será distinto y se desarrollará a su manera. Por esto, es muy importante tener en mente la meta total. En esencia, la organización de comunidad intenta desarrollar una comunidad de colaboración: un conjunto de individuos, asociaciones e instituciones que actúan *juntos* para movilizar los recursos de la comunidad y resolver sus problemas. Si el Jubilee Center elige usar esta estrategia, le daría la oportunidad de proclamar y demostrar las implicaciones del reino de Cristo a la comunidad como conjunto y buscar la paz y la prosperidad de la ciudad (Jeremías 29:4-7). Por esto, los cristianos deben atraer a la comunidad como un conjunto (desde el departamento de policía, el centro comunitario y hasta el supermercado) si queremos ser testigos de cómo Cristo reconcilia todas las cosas.

Por otro lado, esta metodología terminaría generando un proceso que el Jubilee Center no puede controlar y, a medida que la colaboración comunitaria creciera, el centro quedaría relegado a una voz más entre muchas. Este papel limitado pero a la vez crucial refleja la realidad de que Dios ha creado una diversidad de instituciones legítimas en la sociedad (familias, negocios, gobiernos, colegios, etc.); cada cual, con su propio papel que jugar. Ninguna institución por sí sola debería asumir las responsabilidades que Dios les haya dado a las otras. Las familias no son negocios, y las iglesias no son gobiernos. Cada institución necesita cumplir con el rol que Dios le haya dado, nada más y nada menos.[143]

De hecho, a medida que la colaboración comunitaria se asienta, va buscando actividades (por ejemplo, construir una zona infantil de juegos en un parque, influir en el gobierno local, etc.) que pueden ser buenas y legales pero no entrar en la categoría de lo que muchas iglesias considerarían «ministerios». Llegado este momento, cualquier iglesia que participa de una comunidad de colaboración puede elegir no participar directamente en dichas actividades, incluso aunque reconozca que son legítimas para las otras instituciones de la colaboración. El espacio no permite desarrollar el tema de cómo encontrar los límites apropiados de la colaboración de la iglesia con la comunidad, y reconocemos que muchos cristianos no se ponen de acuerdo en este tema tan difícil. Aquí simplemente queremos decir que, aunque personas y grupos cristianos pueden y deben participar de la vida de la comunidad, una de las muchas cosas que la iglesia debe considerar antes de participar como entidad en cualquier actividad es hasta dónde este compromiso le permitiría articular con claridad el mensaje del evangelio.[144] Por esto, Parkview deberá considerar en sus oraciones las mejores maneras de ayudar y apoyar las actividades que organice el Jubilee Center.

El apéndice describe pasos en el proceso de organización comunitaria que el Jubilee Center puede usar para canalizar el completo desarrollo de su comunidad. Además, el Jubilee Center podría usar los recursos en inglés de Communities First Association (communitiesfirstassociation.org), una organización cristiana que promueve la organización comunitaria en Norteamérica, y también los recursos del Chalmers Center Helping Without Hurting Network (www.chalmers.org).

Como ya explicamos, el papel de Parkview en el proceso de organización comunitaria tiene que ser de *apoyo* al Jubilee Center y al grupo de colaboración que se ha formado. Esto incluiría orar, dar ayuda financiera, ofrecer palabras de ánimo, ayudar a recopilar y evaluar los recursos existentes, suministrar equipos de mentores para las familias con bajos ingresos, proveer trabajos a los residentes de la comunidad, conectar a miembros de la comunidad con sus redes sociales, participar en la junta directiva de Jubilee y dar consejos al Jubilee Center y a la comunidad de colaboración, siempre y cuando se le solicite.

CÓMO COLABORAR PARA EL DESARROLLO DE COMUNIDADES POBRES EN EL MUNDO MAYORITARIO

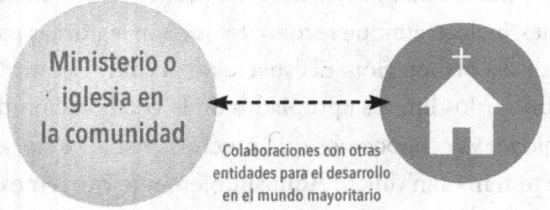

[Figura 11.1c]

En busca de respuestas en sus ministerios internacionales, Dan, el pastor de misiones al exterior de Parkview, decidió pasar un tiempo en el campo misionero. Quería encontrar una alternativa al programa existente de misiones porque sabía que la gente de Parkview tenía razón. Parkview necesitaba encontrar algo que trajera un progreso sostenible en el campo, que redujera la dependencia de los demás y les diera más fuerza y confianza en sí mismos... algo completamente diferente a donar zapatos, dirigir escuelas bíblicas de vacaciones, construir cosas y después volver a casa.

Mientras Dan estaba en Kenia, África, buscando ideas que pudieran ayudar, alguien le sugirió que visitara una pequeña iglesia de la tribu masái que estaba haciendo cosas bastante interesantes. Mientras iba camino a esta iglesia, Dan leyó un libro sobre los masáis. A pesar de que había mucho para admirar sobre su larga y distinguida historia, a Dan le preocupó cómo se trataba a las mujeres en esta cultura. A las mujeres se las consideraba propiedad de sus maridos y se las sometía a trabajos extenuantes, a mutilación genital, a la poligamia, y prácticamente no tenían acceso a formación. Así que, cuando Dan llegó a la iglesia, tuvo la agradable sorpresa de ver a un grupo de mujeres masáis cantando y bailando juntas. La mujer que dirigía el grupo le explicó a Dan que esta era su reunión semanal de su asociación de ahorros y créditos (SCA), mediante la cual se juntaban no solo para ahorrar y prestarse dinero entre ellas, sino también para orar y estudiar la Biblia juntas (ver el capítulo 9 para una descripción más detallada de las SCA).

Las mujeres masáis de esta iglesia explicaban con orgullo cómo un trabajador de una comunidad de desarrollo de su misma red eclesial las había ayudado para formar esta SCA, de la cual no solo eran propietarias sino también directoras. La SCA les había permitido ahorrar y expandir sus pequeños negocios.

«Compré una vaca con un préstamo de 20.000 chelines kenianos [unos $ 300 USD] y después la vendí. ¡Conseguí muy buenos beneficios con la venta! Así, terminé de pagar este primer préstamo y pedí otro mayor. Con este nuevo préstamo, acabo de empezar un negocio que vende pruebas prácticas a estudiantes para prepararse para sus exámenes nacionales. Con las ganancias, podré pagar las cuotas de la escuela de mis hijos. Me siento muy feliz por todo lo que he conseguido», explicó una mujer.

Dan les preguntó qué opinaban sus maridos de este grupo. Una mujer que se dedicaba al comercio de ganado gracias a la SCA, sonrió. «Como caminamos con el Señor, Dios ha ayudado a este grupo de mujeres. Mi marido está muy orgulloso de mí. Los hombres masáis no creen que las mujeres seamos capaces de hacer nada. Gracias a mi esfuerzo, mi marido se dio cuenta de que soy una persona muy competente», explicó.

Las mujeres masáis que no pertenecían a la iglesia también estaban pendientes de lo que ocurría allí. Al ver el trabajo tan duro y los altos ingresos que estas mujeres de la SCA tenían, incluso mujeres no creyentes preguntaban si podían unirse.

Dan tomó muchas notas a lo largo de toda la reunión. Cuando ya se iba, una de las mujeres masáis lo llamó: «Por favor, no te vayas todavía; aún no has escuchado cuales son nuestros planes para el futuro».

Dan volvió a sentarse y dejó que la mujer continuara hablando.

«Soy masái pura, pero algunas mujeres de la tribu ven todo lo que hago con mis negocios y se preguntan si realmente lo seré. No creen que una masái pura pueda lograr todo lo que he logrado. Pero soy masái pura. Mi oración es que, en el futuro, pueda ayudar a las niñas masáis de las regiones más interiores, las que viven lejos de la calle principal donde vivimos nosotros. Los padres no quieren invertir en la educación de sus hijas, porque cuando estas se casen, pasarán a pertenecer a las familias de sus maridos. Yo quiero enseñar a las niñas que viven en las regiones interiores a que tengan fuerza y confianza en sí mismas, para que lleguen a ser como nosotras».

Durante su viaje de vuelta a Nairobi, Dan pensó en estas excepcionales mujeres. Habían pasado de ser propiedad de sus maridos a una situación absolutamente nueva; habían ganado el respeto de sus esposos y el elogio de sus hijos. Ellas no solo querían ser productivas en sus trabajos, sino también misioneras, para ayudar a las niñas masáis a entender que ellas también tenían dignidad y capacidad.

Estas son mujeres como la de Proverbios 31, pensó Dan.[145]

Parecía ser la clase de respuesta que Dan estaba buscando: confianza y fuerza, independencia y cambio duradero. Una vez en Nairobi, Dan habló con los líderes de la red eclesial de la cual la congregación masái era miembro. Ellos le dijeron que esta no era una historia aislada. Formaba parte de una iniciativa a gran escala que la red eclesial estaba implementando para que cientos de iglesias pobres en toda Kenia usaran sus propios recursos humanos, financieros, espirituales y sociales. Esta iniciativa podría traer un cambio duradero a sus miembros y sus comunidades.[146] Dan estaba sorprendido por la forma en que el proceso estaba funcionando sin la necesidad de extranjeros. Dondequiera que miraba, veía keniatas que hacían todo el trabajo de su ministerio. Incluso, el principal préstamo de las SCA vino de las propias mujeres masáis; a quienes se las consideraba la clase más baja de la sociedad. A medida que Dan siguió averiguando, descubrió que, aunque la iglesia occidental sí había jugado un papel importante en esta iniciativa, el rol era bastante más diferente del que Parkview estaba acostumbrada a cumplir.

Dan volvió a casa con la determinación de aplicar todo lo que había aprendido en una nueva relación que Parkview estaba formando con la iglesia Shekinah. La iglesia Shekinah estaba formada por unas 80 personas en una pequeña población del oeste de África. Tanto la congregación como la ciudad eran muy pobres, hasta tal punto que más de la mitad de ellos vivían con menos de dos dólares al día. Una vez que Dan comenzó a compartir sus ideas con Jerry, ambos se dieron cuenta de que había muchas similitudes entre las estrategias que Parkview debía seguir con el Jubilee Center y con la iglesia Shekinah. Los procesos y principios generales necesarios para el Jubilee Center y la iglesia Shekinah eran realmente similares, aunque el barrio en Westside fuera muy diferente de esta pequeña población en África.

Pero, antes de explicar estas similitudes, es importante que remarquemos tres problemas que suelen surgir en las relaciones interculturales y a los cuales Parkview necesitará prestar más atención.

¿Qué hora es?

Como tratamos en el capítulo 7, hay considerables diferencias entre las nociones de tiempo de Parkview Fellowship y sus socios del mundo mayoritario. A pesar de que estas diferencias puedan también existir entre el personal de Parkview y del Jubilee Center y la comunidad de Westside, estas casi desaparecen si las comparamos con las existentes entre Parkview y sus colaboradores del mundo mayoritario. Lo que esto significa es que Parkview necesita entender que las cosas van realmente más despacio en el mundo mayoritario, por lo que sus expectativas tardarán más tiempo en cumplirse. Si no lo entiende, Parkview se frustrará rápido y querrá controlar áreas que no le correspondan, con la suposición errónea de que la falta de movimiento implica una falta de habilidad por parte de la gente del mundo mayoritario.

Pasar del «yo» al «nosotros»

Como mencionamos en el capítulo 7, la cultura dominante norteamericana es sumamente individualista. Parkview deberá ser consciente del desafío y las posibilidades de culturas más colectivistas en el ámbito del mundo mayoritario. Una consecuencia de esto es que Parkview necesita ser particularmente sensible con el papel de los líderes de la comunidad en las culturas colectivistas. Si comete el error de no reconocer su autoridad, la iniciativa podría recibir un rechazo inmediato. Las personas en sociedades colectivistas están más acostumbradas a discutir los problemas y a hacer las cosas en grupo. Esto significa que, normalmente, suele haber más gente dispuesta a ayudar que en otros lugares.

El efecto de los influyentes

Imagina que el individuo más rico de tu país se presenta en la reunión anual de las congregaciones de tu iglesia. Se sienta en el fondo y escucha cómo el líder de tu iglesia presenta los planes de la misma para el próximo año. Justo antes de que se le pida a la congregación que vote si está de acuerdo o no con estos planes, este señor levanta la mano.

«Me gustaría hacer una pequeña sugerencia. Yo sé que algunas iglesias han construido gimnasios como forma de atraer a la comunidad. Siento que quizás esta estrategia podría funcionar también en su iglesia», dice el señor.

Si tu iglesia fuera como muchas otras, un gimnasio podría ser parte de tu plan anual, incluso si no lo hubieran considerado antes del planteo de este hombre. ¿Por qué? Porque todo el mundo pensaría que él pagará este gimnasio. ¿Y quién sabe? Mientras más se comprometa con tu congregación, quizás esté dispuesto a pagar por más cosas, incluso por aquello que tú realmente querías desde el principio.

Así que añaden un gimnasio al plan anual, completamente seguros de que este señor cubrirá los costos. Sin embargo, esto no ocurre, y ahora tu iglesia debe pagar este gimnasio que realmente no quería y para el cual no tiene suficientes recursos financieros o humanos. Como consecuencia, los ministerios a los que tu iglesia realmente quería dedicarse sufren, mientras que el gimnasio se deteriora con el tiempo. ¡Y todo porque este hombre hizo una sugerencia!

Debemos comprender que, aunque parezca una broma, incluso una persona promedio de clase media alta que entra a una iglesia o comunidad pobre del mundo mayoritario, es como este señor. Es cierto: si eres una persona de clase media o alta, ¡tú eres el influyente! Las «sugerencias» rápidamente pueden transformarse en «nuevas directivas», y los resultados pueden ser tan dañinos como el gimnasio. Debemos observar que, a pesar de que esta dinámica estaba presente en la relación de Parkview con el Jubilee Center, está mucho más marcada en la relación que Parkview tiene con sus colaboradores en el mundo mayoritario.

¿Cuál sería la solución a este problema? No hay respuestas simples, pero aquí tienes algunas sugerencias:[147]

- Esfuérzate para desarrollar relaciones verdaderas y transparentes con tus colaboradores a lo largo del tiempo. Si no te separas de ellos, incluso cuando fracasen, esto creará confianza.
- Procura ser menos visible. Ayuda a los capacitadores locales de las iglesias del lugar para que «el influyente» no sea visto ni oído.
- Debes ser extremadamente prudente a la hora de hacer «sugerencias». Escucha más y habla menos.
- Asegúrate de que la gente local (tanto los colaboradores de ese ministerio como la gente que esté ayudando) estén contribuyendo con su propio tiempo, dinero u otro tipo de recursos al proyecto. Esto ayudará a medir su receptividad al cambio y su grado de entusiasmo y empuje. Cuando a la gente le cuesta algo participar, esto los ayuda a expresar sus inquietudes acerca de los trabajos, porque sienten que son parte del proceso. Incluso los más pobres deberían contribuir con algo de valor para ellos, ya que son los que van a recibir cualquier tipo de beneficio que salga del proyecto. El gimnasio quizás no se habría aprobado si se le hubiera solicitado a cada miembro de la congregación una ofrenda de $ 500 USD para su construcción.

Para los que hablan inglés, la guía y los videos de *The Beauty of Partnership Study Guide* [Guía de estudio de la belleza de la colaboración] son una excelente fuente para preparar a la gente de clase media alta para las alegrías y desafíos de las colaboraciones entre diferentes culturas.[148] También, *Lausanne Standards: Affirmations & Agreements for Giving & Receiving Money in Mission* [Los estándares de Lausanne: afirmaciones y acuerdos para dar y recibir dinero en misiones] proporciona pautas muy útiles que pueden ayudar a adoptar buenas transferencias de recursos materiales entre culturas dentro del cuerpo de Cristo (www.lausannestandards.org).

CÓMO COLABORAR PARA EL DESARROLLO A NIVEL DE FAMILIAS EN NORTEAMÉRICA

Una opción para la iglesia Shekinah en Kenia, parecida a lo que podría hacerse en el Jubilee Center en el barrio pobre en Estados Unidos, sería buscar el desarrollo a nivel de familias (tanto dentro de la congregación como fuera de ella) en lugar de intentar ayudar al conjunto de la comunidad. Los pasos a seguir por Shekinah serían también similares a los del Jubilee Center:

1. Evaluar y activar los dones y recursos de Shekinah
2. Evaluar los activos existentes en la comunidad de Shekinah
3. Diseñar un proyecto o ministerio
4. Implementar el proyecto o ministerio
5. Evaluar y celebrar

La Iglesia Shekinah podría usar las herramientas del método de Aprendizaje y Acción Participativos (PLA). El método PLA fue llamado con anterioridad Valoración Rural Participativa (pra, por sus siglas en inglés). El PLA no es solo una metodología sino también una forma de pensar que usa técnicas para buscar un cambio de poder de aquellos que lo tienen hacia aquellos que no. Con este método, se podrían llegar a oír las voces de los que no son oídos. El PLA utiliza técnicas visuales en el proceso de planeamiento (por ejemplo, imágenes dibujadas en el suelo) en lugar de técnicas que requieren habilidades verbales o la alfabetización (tales como tablas o gráficos escritos en paredes). De este modo, se ayuda no solo a la gente analfabeta a participar sino también a aquella que, por su timidez, no se atreva a hacerlo.[149] Dadas las dinámicas de poder que existen entre Parkview y Shekinah y las que pueden existir dentro de Shekinah o su comunidad, el PLA podría ser un método útil para impulsar el desarrollo participativo basado en recursos.

La Umoja [«fraternidad» en swahili], una iniciativa de Tearfund, una organización cristiana de ayuda y desarrollo del Reino Unido, ha producido recursos en inglés que se pueden descargar de Internet para usar las herramientas del PLA para ayudar a iglesias y ministerios del mundo mayoritario a realizar el proceso de cinco pasos descrito anteriormente.[150] Cuando estudies el PLA, presta atención a la «Fase 1: imaginarse y equipar la iglesia» para ayudar a Shekinah a ministrar a nivel de familias. Se pueden descargar herramientas adicionales del PLA en *Empowering Communities Participatory Techniques for Community-Based Programme Development* [Técnicas participativas y potenciadoras para programas de desarrollo basados en la comunidad][151]. Más formación en PLA y en técnicas relacionadas con ella están disponibles en inglés a través de cursos en línea, en Village Earth (villageearth.org). Además, cuando Shekinah llegue al Paso n.º 3, en el cual se diseña un proyecto o ministerio en particular, puede que necesite asistencia técnica adicional. Por ejemplo, si Shekinah decide que su proyecto sea usar asociaciones de ahorros y créditos como las que se usan en la iglesia masái, esto puede requerir formación complementaria para poder fundar estar asociaciones.

¿Cuál sería el papel de Parkview Fellowship en este proceso? De nuevo, el rol principal de Parkview debería ser apoyar y animar a Shekinah a usar sus propios dones y recursos para ministrar. Los roles apropiados para Parkview serían:

- Subsidiar la formación de Shekinah en el proceso del PLA, pero no pagarla por completo, ya que Shekinah debería pagar algo por la formación que está recibiendo. Los que podrían recibir la formación serían, por ejemplo, organizaciones de ayuda y desarrollo que trabajen en la zona, organizaciones de la región que estén especializadas en el PLA, agencias gubernamentales locales o misio-

- neros o trabajadores de desarrollo de la comunidad que ya hayan sido formados en la teoría y prácticas del PLA.
- Apoyar con oración y con palabras de ánimo.
- Ayudar a encontrar asistencia técnica adicional si fuera necesaria para el diseño del proyecto o ministerio (Paso n.º 3).
- Procurar asistencia financiera limitada para proyectos, pero solo cuando los recursos locales sean insuficientes. Debería ser obligatoria cierta contribución local.

Este fue el principal papel que una organización de misiones noruega tuvo en su relación con la denominación keniata a la cual pertenecía la iglesia masái. En respuesta a la petición de la denominación keniata de asistencia técnica, los noruegos pagaron a un consultor que formó a un miembro de la comunidad como facilitador para el desarrollo de la misma. Este facilitador recibió los conocimientos y habilidades que necesitaba para poder ayudar a las congregaciones pobres de toda la red eclesial a usar sus propios dones y recursos. Los noruegos proporcionaron parte de la asistencia financiera que ayudó a pagar los gastos y el salario del facilitador keniata, permitiéndole que fuera con ellos a las iglesias en las que estaban desarrollando sus ministerios sin ningún tipo de ayuda financiera exterior.[152, 153]

CÓMO COLABORAR PARA EL DESARROLLO A NIVEL DE COMUNIDAD EN EL EXTERIOR

Una estrategia alternativa para la iglesia de Shekinah es intentar provocar un proceso que podría traer el cambio para todo el pueblo donde está ubicada la iglesia, y no solo para las familias que Shekinah está ayudando. Este enfoque es similar a la segunda opción descrita anteriormente para el Jubilee Center. Es decir, adoptar una estrategia de «colaboración comunitaria» que busque la movilización de individuos, asociaciones e instituciones de una comunidad en su totalidad. A pesar de que este proceso podría ser más lento y complicado que si Shekinah simplemente trabajara sola, podría traer grandes cambios a la ciudad, permitiendo que Shekinah representara el amor de Cristo y la reconciliación a gran escala.

El proceso que Shekinah debería usar para provocar este cambio es similar al que vamos a describir para el Jubilee Center en el apéndice. Su principal diferencia es que la herramienta básica a usar en Shekinah es el PLA mientras que, para el Jubilee Center, la estrategia es mantener conversaciones con los miembros y hacer un estudio de recopilación y evaluación de datos de los bienes y servicios existentes.

Los materiales didácticos descritos anteriormente para que Shekinah use con las familias también pueden usarse para trabajar con la comunidad.[154] El papel de Parkview deberá de ser el mismo: apoyar a Shekinah en su proyecto más que dirigirlo. Parkview podría querer *ayudar* a pagar el salario y los gastos de un trabajador local de la comunidad para facilitar el proceso de PLA para Shekinah y su comunidad, pero solo si Shekinah y cualquier otra organización o red eclesial que participe del proceso también contribuye.

EL PASO MÁS IMPORTANTE

En resumen, no hay una fórmula mágica que Parkview y sus colaboradores puedan usar para asegurar el cambio duradero en cualquiera de los ámbitos que están trabajando. Conseguir el desarrollo es un proceso complicado que, en última instancia, depende de la obra reconciliadora de Jesucristo (Colosenses 1:19-20) y del poder del Espíritu Santo. Conseguir este desarrollo no es algo que «puedas comprar» cuando y donde tú quieras. Sin embargo, los procesos y recursos descritos en este capítulo pueden guiar a los lectores a lo largo del difícil viaje del desarrollo. «Unas palabras finales» en la última parte del libro nos recuerdan que hay un paso más (el más importante) que debe darse antes de que el viaje pueda siquiera empezar.

PREGUNTAS Y EJERCICIOS DE REFLEXIÓN

Por favor, escribe las respuestas a las siguientes preguntas:

1. ¿Tu iglesia o ministerio tiene normas de benevolencia? Si las tiene, ¿son coherentes con una metodología participativa de desarrollo basado en recursos? Si no las tiene, ¿crees que podrían beneficiarle? Si crees que sí, ¿cómo podrías iniciar el proceso para establecer normas de benevolencia en tu iglesia o ministerio?
2. ¿Tu iglesia o ministerio está colaborando con alguna otra iglesia o ministerio de tu zona o en otras partes del mundo? Si no es así, ¿por qué no? ¿Qué repercusiones tienen Juan 17:20-23 y Filipenses 2:1-11 sobre la importancia de unir fuerzas con otros cristianos y sobre la actitud que debemos tomar ante estas colaboraciones? ¿Cuáles son las acciones específicas que tu iglesia o ministerio podrían considerar para ser un mejor colaborador?
3. Quizás sin saberlo, ¿tu iglesia, tu ministerio o tú como individuo han provocado «el efecto del influyente» en la relación con tus colaboradores? Si es así, ¿cómo podrías solucionar este problema?
4. ¿Han sufrido tu iglesia, tu ministerio o tú como individuo «el efecto del influyente» debido a la conducta de algunos de tus colaboradores? ¿Qué fue lo que pasó? ¿Qué podrías haber hecho para evitarlo? ¿Hay algo que podría hacer tu iglesia o tu ministerio para evitar «el efecto del influyente» en el futuro?
5. ¿Ha tenido tu iglesia o ministerio necesidad de arrepentirse de alguna de las formas en que trató a sus colaboradores? Piensa cómo podrías preguntarles a tus colaboradores si tu iglesia, ministerio o tú como individuo los han presionado alguna vez. ¿Cómo podrías hacerlos sentir «seguros» para que te digan la verdad?
6. ¿Crees que existe alguna situación en la cual tu iglesia, tu ministerio o tus colaboradores están ayudando a alguna familia a expensas de la comunidad como conjunto? ¿Qué podrían hacer tú o tus colaboradores para trabajar más eficazmente con las comunidades a las que están ayudando?

7. Piensa en los tres ámbitos de los que hablamos en la Figura 11.1. ¿En cuál está trabajando o colaborando tu iglesia o ministerio? ¿Qué pasos específicos deberás considerar en cada contexto para seguir los caminos que se describen en este capítulo hacia una dirección más participativa basada en recursos?

UNAS PALABRAS **FINALES**: EL PASO MÁS **IMPORTANTE**

Con este libro, hemos intentado presentarles a los lectores a los principios y prácticas para aliviar la pobreza a nivel de familias y de comunidad. Hemos descrito herramientas, técnicas, intervenciones y procesos que las iglesias y ministerios pueden usar para trabajar más eficazmente con los pobres. Creemos que todos estos métodos son extremadamente útiles, y rogamos a los lectores que los usen con diligencia, no solo en sus propias comunidades sino también en las del exterior, si se diera el caso.

Pero hay un último paso a dar que es tan importante como usar conversaciones, recopilar y evaluar datos de bienes y servicios, usar el PLA o cualquier otra técnica o herramienta de las que hayamos hablado. De hecho, este es el paso más importante; el paso que debe emplearse desde el principio y repetirse a lo largo de todo el proceso para aliviar la pobreza. Este es el paso del arrepentimiento... *nuestro arrepentimiento.*

En el capítulo 2, describimos la ecuación que a menudo define las relaciones entre los pobres y los que no lo son, afianzando actitudes y comportamientos de ambas partes que tienden a ser destructivos para todos.

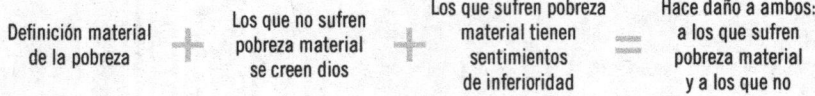

| Definición material de la pobreza | + | Los que no sufren pobreza material se creen dios | + | Los que sufren pobreza material tienen sentimientos de inferioridad | = | Hace daño a ambos: a los que sufren pobreza material y a los que no |

Hay que recalcar que los dos primeros términos de esta ecuación requieren arrepentimiento por parte de los que no sufren pobreza material. Es más, como ya explicamos, sin dicho arrepentimiento, nuestros esfuerzos para ayudar a los pobres materialmente pueden hacer daño; no solo a ellos, sino también a nosotros. Sin arrepentimiento, nuestros esfuerzos para ayudar continuarán caracterizándose por dar recursos materiales *a* los pobres más que caminar *con* ellos de forma humilde mientras llamamos al Rey Jesús a sanar los orígenes de la totalidad de nuestras pobrezas.

Debemos insistir en que dicho arrepentimiento no es simplemente una técnica que debemos usar para ayudar a los pobres. Al contrario, es algo necesario para que nosotros podamos superar nuestra propia pobreza. Efectivamente, la pobreza material es una manifestación de un quebrantamiento más profundo. En el capítulo 3, pudimos ver que «el entendimiento material de pobreza» y el «complejo de dios» a menudo caracterizan a los que no sufren pobreza material, y son síntomas de algo más profundo que golpea hasta lo más recóndito de nuestro ser: la cosmovisión moderna que ha dañado tanto a la civilización occidental sin siquiera darse cuenta.

Como describimos en el capítulo 3, muchas iglesias han unido el teísmo bíblico y la perspectiva moderna, generando un «gnosticismo evangélico»: una cosmovisión que confina a Dios a un reino espiritual desconectado del resto de la creación. Fundamentalmente, el gnosticismo evangélico no entiende quién es realmente Jesucristo, y reemplaza al Jesús bíblico por un superhéroe que envía a nuestras almas fuera de este mundo; un mundo que no le interesa demasiado y del cual está desconectado. El superhéroe no tiene nada que ver con nuestra existencia diaria humana, y tan solo promete que, un día, exportará nuestras almas a una existencia nueva sin cuerpo físico llamada «el cielo»; una existencia que, con toda franqueza, no suena muy atrayente. Somos humanos, y solo podemos imaginarnos ser lo que somos: humanos.

En contraste, el Jesús de Colosenses 1 es el Creador, Protector y Reconciliador de todas las cosas, el Rey cuyo reino está curando todas nuestras enfermedades y eliminando toda nuestra pobreza. El Jesús de Colosenses 1 no nos pide que dejemos de ser humanos ni en este mundo ni en el venidero. Al contrario, a este Jesús le importan nuestros cuerpos y almas y le importa el mundo entero que experimentamos con este cuerpo y esta alma. Como Tim Keller explica:

> Jesús, a diferencia del fundador de cualquier otra religión, ofrece esperanza para la vida humana cotidiana. Nuestro futuro no es una forma de conciencia etérea e impersonal. No flotaremos en el aire; más bien, comeremos, nos abrazaremos, cantaremos, nos reiremos y bailaremos en el reino de Dios, con un grado de poder, gloria y alegría que al presente no podemos imaginar...[155]

Si eres un cristiano al cual Dios ha bendecido con recursos materiales, tenemos buenas noticias para ti. Si das los primeros pasos para ayudar a los pobres (arrepintiéndote primero de la cosmovisión moderna), puedes encontrar una solución para *tu* anhelo más profundo. El Jesús de Colosenses 1, el Rey que está conectado a tu mundo; el Rey que cura tus enfermedades; el Rey que te reconcilia con Dios, contigo mismo, con otros y con el resto de la creación, es el Rey que puede hacer que los pobres y tú vuelvan a ser humanos de verdad.

Como puedes ver, en un mundo caído, todos somos mendigos sin hogar. Como explica Keller, cada uno de nosotros (seamos ricos o pobres) como el hijo pródigo, anhelamos volver a casa a un festín, a un banquete donde todas nuestras necesidades físicas sean totalmente satisfechas y todas las relaciones sean restauradas; un banquete en el cual experimentaremos lo que significa ser humano por primera vez. Como mendigos, podemos regresar a casa a una fiesta maravillosa; no a través de recursos materiales o de tecnología superior (los dioses del modernismo), sino al aceptar al Jesús de Colosenses 1, el Maestro del único banquete que realmente nos satisface.[156]

> Sobre este monte, el Señor Todopoderoso
>   preparará para todos los pueblos
>   un banquete de manjares especiales,
>   un banquete de vinos añejos,
> de manjares especiales y de selectos vinos añejos.
> Sobre este monte rasgará
>   el velo que cubre a todos los pueblos,
>   el manto que envuelve a todas las naciones.
> Devorará a la muerte para siempre;
>   el Señor omnipotente enjugará las lágrimas de todo rostro,
>   y quitará de toda la tierra
>   el oprobio de su pueblo.
> El Señor mismo lo ha dicho. (Isaías 25:6-8)

Apéndice

EL PROCESO DE ORGANIZACIÓN DE LA COMUNIDAD

Como refleja la Figura A.1, la dinámica central del proceso de organización de la comunidad implica moverse repetidamente a través de las tres actividades interactivas.[157] El objetivo del proceso es crear una «colaboración comunitaria»: un grupo de individuos, asociaciones (incluidas iglesias) e instituciones que cooperen juntas usando los recursos de la comunidad para resolver los problemas y producir un cambio positivo; es decir, lograr el «desarrollo». El tamaño de esta comunidad de colaboración puede empezar con poco e ir creciendo, según la visión de futuro de sus miembros. Este apéndice muestra los pasos clave que serían necesarios en cada parte de este proceso continuo.

EL PROCESO DE ORGANIZACIÓN DE LA COMUNIDAD

Descubrir lo que nos preocupa

Cuando hablamos de «descubrir lo que nos preocupa», nos referimos a encontrar los problemas por los cuales la gente en la comunidad *estaría dispuesta a actuar*. Estos problemas son el reflejo de las preocupaciones,

El proceso de organización de comunidad

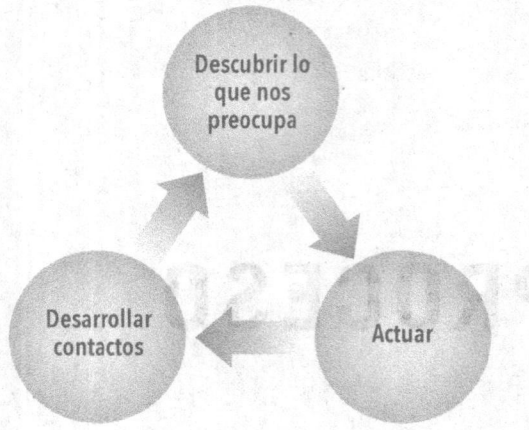

[Figura A.1]
Adaptado de *When People Care Enough to Act: ABCD in Action* [Cuando la gente se preocupa lo suficiente como para actuar: ABCD en acción], de Mike Green con Henry Moore y John O'Brien (Toronto, Canadá: Inclusion Press, 2006), 93.

sueños y dones de los propios miembros de la comunidad y no de las personas de afuera que están intentando ayudarlos. A menudo, aquellos que tratan de ayudar a la comunidad se frustran cuando sus miembros no están interesados en actuar según sus sugerencias, por lo que determinan que estas personas simplemente no están motivadas para mejorar sus vidas. Este podría ser el caso, pero otra posibilidad es que quizás, a los miembros de la comunidad simplemente no les preocupen los mismos problemas que ven las personas que quieren ayudarlos, por lo que tampoco estarían dispuestos a actuar.

Los pasos para «descubrir lo que nos preocupa» son:

Descubrir lo que nos preocupa. Primer paso: el Jubilee Center llevará a cabo conversaciones de aprendizaje.

Un empleado (o más) del Jubilee Center, a menudo llamado el «organizador de la comunidad», debería empezar a mantener conversaciones con los miembros de la comunidad, las cuales serán la herramienta principal para la organización de la misma.[158] Estas conversaciones (de 45 a 60 minutos con cada individuo, asociación e institución de la comunidad) se orientarán a descubrir qué le importa de verdad a la gente como para actuar. Además, estas conversaciones iniciales permitirán al personal del Jubilee Center desarrollar fuertes lazos con la comunidad, explorar intereses mutuos, encontrar más gente a la que entrevistar e identificar a los «líderes-conectores», de los cuales hablaremos más adelante.[159] No sería aconsejable que los voluntarios de Parkview Fellowship ayudaran en estas conversaciones iniciales, ya que es muy importante que el Jubilee Center sea la «cara» visible durante los inicios de estas nuevas relaciones que se están comenzando a crear con las personas de la comunidad.

Descubrir lo que nos preocupa. Segundo paso: el Jubilee Center formará un grupo de «líderes-conectores».

Al considerar todas estas entrevistas, el Jubilee Center debería ser capaz de identificar a los líderes-conectores de la comunidad. Estos líderes serán la clave para poder activar los recursos de la comunidad y de esta forma traer un cambio más amplio a la misma. Un buen líder-conector tiene las siguientes cualidades:

- Tiene la habilidad de motivar a los individuos, asociaciones o instituciones de la comunidad
- Se interesa lo suficiente como para actuar en uno o más de los principales problemas importantes para la comunidad como conjunto
- Está dispuesto a compartir sus conocimientos, conexiones e influencias para el bien de todos en lugar de limitar su acceso para preservar su propia categoría.

El organizador de la comunidad del Jubilee Center debería preguntar a los líderes-conectores si están dispuestos a trabajar juntos para formar una «colaboración comunitaria» que pueda resolver alguno de los problemas de la comunidad. El organizador debería compartir los resultados de las conversaciones llevadas a cabo con los miembros de la comunidad que estén relacionados con los principales problemas de la comunidad y que parezcan ser los que están más interesados en resolver. Ejemplos típicos podrían incluir temas como la violencia, el desempleo, los bajos porcentajes de gente dueña de sus propias viviendas, el alto número de adolescentes que abandonan sus estudios, los usureros, etc.

Descubrir lo que nos preocupa. Tercer paso: el grupo de «líderes-conectores» debe considerar dirigir más conversaciones con los miembros de la comunidad.

Es muy importante que los líderes-conectores estén continuamente en contacto con los individuos, asociaciones e instituciones que están dispuestos a participar en la búsqueda del alivio de la pobreza y que sepan qué problemas estarían dispuestos a abordar. Podría ser que simplemente con las conversiones iniciales y con los conocimientos de los líderes-conectores sea suficiente para que estos puedan movilizar una cantidad suficiente de personas para resolver el problema. Si esto no fuera posible, con la ayuda del organizador de la comunidad, los líderes-conectores deberían realizar más conversaciones con los miembros de la comunidad para (1) identificar mejor a los individuos, asociaciones e instituciones de las redes de los líderes-conectores y de la comunidad en general para que se unan a la colaboración comunitaria; y (2) recopilar más información que ayude a identificar el problema principal (el prioritario) que la colaboración comunitaria intentará resolver.

Actuar

Como ya hemos comentado, es importante no pasar años recolectando y analizando datos. El entusiasmo y empuje se establecen cuando las acciones producen cambios lo suficientemente visibles. Por esto, es muy importante actuar lo más pronto posible.

Actuar. Primer paso: el grupo de líderes-conectores *elige el problema prioritario a resolver.*

Según las prioridades de la comunidad expresadas en las conversaciones y en su propio conocimiento y disposición para actuar, los líderes-conectores deben elegir un problema que sea prioritario para resolver por parte de la colaboración comunitaria. El facilitador del Jubilee Center debería animar al grupo a elegir una estrategia que tenga las siguientes características:
- Que tenga muchas probabilidades de alcanzar un éxito rápido e identificable. Recuerda, empezar con poco, empezar pronto y triunfar. «Acabar el hambre en el mundo» no sería una buena

elección como problema prioritario. «Acabar con los usureros en nuestra comunidad» podría serlo.
- Que pueda movilizar y conectar a individuos, asociaciones e instituciones dentro de la comunidad más que antes.
- Que pueda crear nuevas conexiones con recursos externos de la comunidad.

Actuar. Segundo paso: el grupo de líderes-conectores forma una comunidad de colaboración para poder resolver el problema elegido como prioritario.

Una vez que se determina el problema prioritario, el grupo de líderes-conectores podría usar la información recopilada de las conversaciones y su propio conocimiento para invitar a más gente a unirse a la colaboración comunitaria y actuar en el problema prioritario. La colaboración comunitaria a menudo tendrá un nombre; por ejemplo, «La Asociación de la Esperanza», pero no va a necesitar, de momento, convertirse en una organización formal sin fines de lucro (en Estados Unidos, una 501c3). Los invitados serán individuos, asociaciones e instituciones que hayan expresado su disposición a abordar el problema prioritario. Como ya hemos dicho, no es necesario reunirse con la comunidad entera; es mejor reunirse con el número necesario de personas para seguir avanzando. Es muy importante incluir en la colaboración comunitaria a aquellos pobres que formen parte del problema prioritario, porque su voz es la que es necesario escuchar.

Actuar. Tercer paso: la colaboración comunitaria investiga una estrategia para poder resolver el problema prioritario.

Con la asistencia del organizador de la comunidad, la colaboración comunitaria necesita encontrar lo que ya se haya implementado en otras comunidades para resolver el problema satisfactoriamente. Por ejemplo, si la colaboración comunitaria está intentando resolver los problemas con los prestamistas, se podría hablar con bancos y asociaciones de créditos, consultar con consejeros financieros, buscar soluciones por Internet, asistir a conferencias que traten este tema, etc. En el proceso, la colaboración comunitaria podría ir descubriendo estrategias e intervenciones que quizás podrían funcionar en su comunidad como, por ejemplo, ver cómo otras comunidades han usado con éxito la educación financiera para que la gente con pocos ingresos evite a los usureros. Además, podrían encontrar planes de estudios o cursos de capacitación y considerar la posibilidad de implementarlos en su comunidad.

Actuar. Cuarto paso: la comunidad de colaboración realiza un estudio de recopilación y evaluación de bienes y servicios existentes en la comunidad.
Los miembros de la colaboración comunitaria tal vez sean conscientes de algunos de los recursos de la comunidad como resultado de las conversaciones y por su propio conocimiento. Aún así, deberían realizar un estudio de recopilación y evaluación de bienes y servicios existentes en la comunidad relacionado con la estrategia que están considerando para resolver el problema prioritario. Para una descripción más detallada del estudio de recopilación y evaluación de datos, ver *Cuarto paso: explorar la posibilidad de empezar un nuevo ministerio* en la sección del capítulo 11, «Trabajar directamente con las familias en Norteamérica». Por ejemplo, con el problema de los usureros, un estudio de recopilación y evaluación de bienes y servicios de la zona debería revisar las instituciones financieras en la comunidad y los servicios que ofrecen. Este estudio también debería evaluar qué servicios se ofrecen en la comunidad, como por ejemplo, para educación financiera.

Muchas iniciativas de estudios de recopilación y evaluación de datos cometen el error de dedicar meses o años a recopilar y procesar un volumen de información que nunca llegan a usar. Por esto, debemos insistir que el propósito de este estudio no es simplemente recopilar información sobre los recursos que ya existen en la comunidad (ver Principio n.° 4: «Aprender a medida que se avanza»). Este estudio tiene dos finalidades: (1) que la intervención propuesta no sea redundante; y (2) que permita a la colaboración comunitaria desarrollar relaciones con individuos, asociaciones e instituciones a los que se pueda movilizar para resolver el problema prioritario. Este sería un buen momento para que los voluntarios de Parkview Fellowship ayudaran a recolectar y sintetizar los datos recogidos.

Actuar. Quinto paso: la colaboración comunitaria inicia un proyecto.
Uniendo todo lo aprendido en la investigación inicial y el estudio de recopilación y evaluación de recursos, la colaboración comunitaria diseña e inicia un proyecto para intentar resolver el problema prioritario. Esto

podría originar el comienzo de una nueva organización, que sería la que pondría en marcha dicho proyecto, pero sería mejor que fuera una o más asociaciones e instituciones ya existentes (incluyendo las iglesias) las que implementen el proyecto. Es imprescindible que el proyecto elegido y su diseño sean coherentes con los principios del desarrollo participativo basado en recursos. Sería muy desafortunado que la colaboración comunitaria eligiera un proyecto como el de proveer «auxilio» para la gente que necesite «desarrollo»; por ejemplo, dar comida gratis a menudo a gente que puede trabajar para ganársela.

Este proyecto podría proveer una gran oportunidad para que el Jubilee Center emprenda un ministerio mucho más profundo. Por ejemplo, si el proyecto elegido fuera usar educación financiera para incrementar las habilidades de la gente en temas económicos y así intentar que evitaran a los usureros, el Jubilee Center podría ofrecerse a impartir estas clases.

Y cuando lo haga, debería emplear todos los principios del desarrollo participativo basado en recursos y enfocado en el evangelio. Sería necesario incluir a los equipos de mentores de la iglesia y un plan de estudios basado en la Biblia que señale a Jesucristo como el reconciliador de todas las cosas. En otras palabras, cuando el proyecto se realice en el Jubilee Center, ¡será como si se hubiera usado una estrategia de trabajo con familias más que con la comunidad! La diferencia es que, al desarrollar la colaboración comunitaria, el Jubilee Center habría comenzado un proceso que ayudaría a resolver varios problemas y traería cambios más amplios a la comunidad a lo largo del tiempo.

Actuar. Sexto paso: la colaboración comunitaria evalúa y celebra

Al final del primer ciclo del proyecto, la colaboración comunitaria debería juntarse para evaluar el éxito del proyecto y celebrar los logros. Es crucial que las voces de todos los miembros que han colaborado hayan sido oídas, especialmente la de cualquier persona pobre que haya participado en el proyecto.

Desarrollar contactos

En el proceso de «descubrir lo que nos preocupa» y de «actuar», los miembros de la comunidad de colaboración profundizan las relaciones entre ellos y desarrollan nuevas relaciones. Estas profundas y nuevas relaciones les darán la oportunidad de basarse en lo que ya han hecho para descubrir lo que ahora les preocupa; es decir, nuevas motivaciones para actuar que puedan llevar a un nuevo ciclo de cambios positivos.

¿QUÉ VIENE DESPUÉS?

En este punto del ciclo, la colaboración comunitaria debería responder dos preguntas. En primer lugar ¿deberían seguir trabajando con el problema prioritario inicial e intentar resolverlo a un nivel más profundo o sería mejor empezar con un nuevo problema?

Si siguen con el problema prioritario y lo tratan más profundamente, el impacto quizás alcanzaría a muchas más personas de lo que se planeó inicialmente. Esto significaría expandir la intervención inicial. Por ejemplo, si el proyecto inicial fue proveer educación financiera, profundizar implicaría proveer más cursos por año o añadir desarrollo de cuentas individuales al programa de educación financiera. Cualquiera de estas acciones ayudaría a reducir el problema de los usureros. Otra alternativa sería que la colaboración comunitaria decidiera tratar otro problema, completamente nuevo, en conjunto.

La segunda pregunta que debería responder la colaboración comunitaria es: ¿Podrían usar los contactos que han hecho para ampliar la colaboración comunitaria, o deberían mantenerla del mismo tamaño? Muchos investigadores y profesionales piensan que la meta es que la comunidad de colaboración siga creciendo para que traiga cambios a gran escala en las instituciones y estructuras sociales que afectan a los miembros de la comunidad.

COMENTARIOS **FINALES**

Hemos visto mucha información, pero este libro es apenas una introducción. Cada tema que hemos tratado tiene que ser desarrollado y examinado más a fondo. Te animamos a buscar más información a través de las organizaciones y recursos que mencionamos en el texto y en las notas. En particular, el Chalmers Center for Economic Development provee recursos adicionales y formación sobre los temas presentados en este libro (www.chalmers.org).

Es nuestra oración que Dios use este libro de alguna manera con el fin de preparar a Su iglesia para que predique las buenas nuevas del reino de Dios de palabra y de obra a los pobres... a ese grupo que, de alguna manera, nos incluye a cada uno de nosotros.

Los autores

AGRADECIMIENTOS

Las ideas de este libro reflejan una década de colaboración entre los autores y otros miembros del personal del Chalmers Center for Economic Development, un equipo interdisciplinario que lleva mucho tiempo trabajando para ayudar a las iglesias alrededor del mundo a ministrar a las necesidades económicas, espirituales y sociales de los pobres. Cuando gente con diferentes puntos fuertes y debilidades intenta resolver problemas junta, «el hierro se afila con hierro», un proceso natural con el que nos hemos sentido enormemente bendecidos. Queremos agradecer a cada miembro del personal del Chalmers Center, tanto a los que están como los que estuvieron, por el sinnúmero de maneras en las que han contribuido con las ideas de este libro.

Por supuesto, numerosas voces adicionales han hablado a nuestras vidas, incluidas las de investigadores, eruditos, profesionales y gente pobre. Nos sentimos profundamente en deuda con todos aquellos quienes, con su continua paciencia, nos han ayudado a aprender y a crecer.

Queremos agradecer a Covenant College, donde enseñamos en el departamento de Economics and Community Development [Economía y Desarrollo Comunitario]. Estamos profundamente agradecidos al consejo de administración, al profesorado, al personal y a los estudiantes que crean una exquisita comunidad que busca a diario descubrir las implicaciones del «Jesús de Colosenses 1».

Estamos profundamente agradecidos por el apoyo financiero de las generosas donaciones recibidas por el Chalmers Center a través de los años. Sin estos fondos, muchas de las ideas de este libro tal vez no se podrían haber publicado. En particular, este libro fue escrito con los fondos fiduciarios donados por Dick y Ruth Ellindas. Todos los derechos de autor de la venta de este libro serán usados para apoyar el trabajo del Chalmers Center.

Queremos dar las gracias a la Ugandan Christian University [Universidad Cristiana de Uganda], que acogió afectuosamente a Brian Fikkert y a su familia durante cinco meses en 2006. Muchas de las historias y experiencias descritas en este libro surgieron de la investigación y los viajes de Brian en su tiempo sabático.

Queremos expresar nuestro agradecimiento al equipo entero de Moody Publishers, especialmente a Dave DeWit, Travey Channon y a nuestra paciente editora, Cheryl Dunlop.

Muchas gracias a nuestras esposas e hijos por soportarnos de maneras que reconocemos y otras que quizás ni llegamos a ver. ¡Habrá muchas joyas en las coronas de nuestras esposas algún día!

Para terminar, estamos agradecidos a Jesucristo, quien está reconciliando todas las cosas, incluso a nosotros.

Steve Corbett
Brian Fikkert
Lookout Mountain, Georgia
Enero de 2012

NOTAS

Capítulo 1: ¿Por qué vino Jesús al mundo?

1. Partes de este capítulo han sido adaptadas con el permiso de: Brian Fikkert, «Educating for Shalom: Missional School Communities», capítulo 18 en *Schools as Communities: Educational Leadership, Relationships, and the Eternal Value of Christian Schooling* (Colorado Springs, CO: Purposeful Design Publications, 2007), 357-76.
2. Timothy J. Keller, *Ministries of Mercy: The Call of the Jericho Road*, 2° ed. (Phillipsburg, N.J.: Presbyterian and Reformed, 1997), 52-53.
3. Charles Marsh, *The Last Days: A Son's Story of Sin and Segregation at the Dawn of the New South* (Nueva York: Basic Books, 2001), 44.
4. Robert Marsh, «The Sorrow of Selma», citado en Charles Marsh, *The Last Days*, 51.
5. Dennis E. Johnson, *The Message of Acts in the History of Redemption* (Phillipsburg, N.J.: Presbyterian and Reformed, 1997), 87-89.
6. Jeffrey D. Sachs, *The End of Poverty: Economic Possibilities for Our Time* (Nueva York: Penguin Press, 2005), 28.
7. Las cifras son constantes, paridad de poder adquisitivo en USD 1993. Son estimaciones que usan la información del Banco Mundial, *World Development Indicators 2008* (Washington D.C.: Banco Mundial, 2008).
8. United Nations Development Programme, *Human Development Report 2007/2008* (Nueva York: Palgrave Macmillan, 2007), 25.

9. Mark R. Gornik, *To Live in Peace: Biblical Faith and the Changing Inner City* (Grand Rapids, MI: Eerdmans, 2002), 73.
10. Rodney Stark, *The Rise of Christianity: A Sociologist Reconsiders History* (Princeton, NJ: Princeton University Press, 1996), 155.
11. Ibíd., 166.
12. Ibíd., 84.
13. Philip Jenkins, *The Next Christendom: The Coming of Global Christianity* (Oxford: Oxford University Press, 2002), 92.
14. Marvin N. Olasky, *The Tragedy of American Compassion* (Wheaton, IL: Crossway, 1992).
15. George Marsden, *Fundamentalism and American Culture* (Oxford: Oxford University Press, 1980).
16. James F. Engel y William A. Dyrness, *Changing the Mind of Mission: Where Have We Gone Wrong?* (Downers Grove, IL: InterVarsity, 2000), 23.

Capítulo 2: ¿Cuál es el problema?

17. Banco Mundial, *Hear Our Voices: The Poor on Poverty*, DVD (Nueva York: Global Vision, 2000).
18. Cita de Deepa Narayan con Raj Patel, Kai Schafft, Anne Rademacher, Sarah Kock-Schulte, *Voices of the Poor: Can Anyone Hear Us?* (Nueva York: Oxford University Press para el Banco Mundial, 2000), 65.
19. Ibíd., 37.
20. Ibíd., 70.
21. Ibíd., 38.
22. Ibíd., 39.
23. Ibíd., 35.
24. Ibíd., 43.
25. Ibíd.
26. Ibíd., 50.
27. Hay muchos lugares y tipos de pobreza en Norteamérica; entre ellos, hay barrios, comunidades rurales, inmigrantes y los pobres de los nuevos suburbios.
28. Cornel West, *Race Matters* (Nueva York: Vintage Books, 1993), 19-20.
29. Definir qué es «suficiente» en lo que se refiere a cosas materiales no es un ejercicio insignificante, pero va más allá del alcance de la presente discusión.
30. Existe un fundamento bíblico de la suma importancia de estas cuatro relaciones. Mateo 22:37-40 nos enseña a amar a Dios y después al pró-

jimo como a nosotros mismos, afirmando que toda la Ley y los profetas dependen de estos mandamientos. Y el primer mandamiento que se encuentra en Génesis 1:28 es que los seres humanos deben ser los administradores del resto de la creación.
31. Bryant L. Myers, *Walking with the Poor: Principles and Practices of Transformational Development* (Maryknoll, NY: Orbis Books, 1999), 86.
32. Jayakumar Christian, *Powerless of the Poor: Toward an Alternative Kingdom of God Based Paradigm of Response* (Pasadena, CA: tesis doctoral para el Seminario Teológico Fuller, 1994).
33. Robert Chambers, *Rural Development: Putting the Last First* (Londres: Longman Group, 1983).
34. Amartya Sen, *Development as Freedom* (Nueva York: Anchor Books, 1999).

Capítulo 3: ¿Ya llegamos?
35. La historia de Alisa Collins se encuentra en *Legacy*, de Tod Lending, DVD (Chicago: Nomadic Pictures, 1999).
36. Mark R. Gornik, *To Live in Peace: Biblical Faith and the Changing Inner City* (Grand Rapids, MI: Eerdmans, 2002), 170-73.
37. Ibíd., 175.
38. Ibíd., 177.
39. Scott D. Allen y Darrow L. Miller, *The Forest in the Seed: A Biblical Perspective on Resources and Development* (Phoenix, AZ: Disciple Nations Alliance, 2006), 15.
40. Citada de Lending, *Legacy*.
41. David Hilfiker, *Urban Injustice: How Ghettos Happen* (Nueva York: Seven Stories Press, 2002), 50.
42. LeAlan Jones y Lloyd Newman con David Isay, *Our America: Life and Death on the South Side of Chicago* (Nueva York: Washington Square Press, 1997), 97.
43. Carl Ellis, «The Rise of Ghetto Nihilism», presentación dada en el Second Annual Christian Economic Development Institute del Chalmers Center for Economic Development, Covenant College, Lookout Mountain, GA, mayo de 2004.
44. Ver Ruby K. Payne y Bill Ehlig, *What Every Church Member Should Know About Poverty* (Baytown, TX: RFT Publishing, 1999).
45. Esta historia está tomada de Disciple Nations Alliance, *Aturo Cuba's Ministry Among the Pokomchi in Guatemala* (Phoenix, AZ: Disciple Nations Alliance, 2004), 2.

46. Jones y Newman, *Our America*, 141.
47. Esta sección fue extraída de los siguientes libros: Hilfiker, *Urban Injustice;* William Julius Wilson, *The Truly Disadvantaged: The Inner City, the Underclass, and Public Policy* (Chicago, IL: Univ. of Chicago Press, 1987); y William Julius Wilson, *When Work Disappears: The World of the New Urban Poor* (Nueva York: Knopf, 1996).
48. Gornik, *To Live in Peace*, 45-46.
49. Michael O. Emerson y Christian Smith, *Divided by Faith: Evangelical Religion and the Problem of Race in America* (Nueva York: Oxford University Press, 2000).
50. Darrow L. Miller con Stan Guthrie, *Discipling the Nations: The Power of Truth is to Transform Cultures* (Seattle, WA: YWAM, 2001), 31-46.
51. Ver Bryant L. Myers, *Walking with the Poor: Principles and Practices of Transformational Development* (Maryknoll, NY: Orbis Books, 1999), capítulo 8, para una discusión más profunda acerca de este punto.

Capítulo 4: No toda pobreza es creada igual

52. Jessica Murray y Richard Rosenberg, «Community-Managed Loan Funds: Which Ones Work?», Consultative Group to Assist the Poor, Nota n.° 36, mayo de 2006.
53. The Sphere Project, *Humanitarian Charter and Minimum Standards in Disaster Response*, 2004 edición revisada, disponible en www.sphere-project.org.
54. Alvin Mbola, «Bad Relief Undermines Worship in Kibera», *Mandate*, Chalmers Center for Economic Development, 2007, n.° 3, disponible en www.chalmers.org.
55. Esta es una modificación de la definición del paternalismo encontrada en Roland Bunch, *Two Ears of Corn: A Guide to People-Centered Agricultural Improvement* (Oklahoma City, OK: World Neighbors, 1982).
56. Ver Michael P. Todaro y Stephen C. Smith, *Economic Development*, 9° ed. (Nueva York: Addison, Wesley, Longman, 2006).
57. Ruby K. Payne y Bill Ehlig, *What Every Church Member Should Know About Poverty* (Baytown, TX: RFT Publishing, 1999).
58. Un ejemplo excelente de cómo la iglesia ha cambiado de trabajar con auxilio a trabajar con desarrollo en el ministerio se describe en Tara Bryant, «Broken but Beautiful», *Mandate*, Chalmers Center for Economic Development, 2007, n.° 1, disponible en www.chalmers.org.

Capítulo 5: Dame a los que están cansados, a tus pobres y sus bienes

59. John P. Kretzmann y John L. McKnight, *Building Communities from the Inside Out: A Path Toward Finding and Mobilizing a Community's Assets* (Chicago, IL: ACTA Publications, 1993).
60. Robert Chambers, *Whose Reality Counts? Putting the Last First* (Londres: Intermediate Technology Publications, 1997).
61. David L. Cooperrider y Suresh Srivastva, «Appreciative Inquiry in Organizational Life», *Research in Organizational Change and Development*, 1987, n.º 1: 12969.
62. Bryant L. Myers, *Walking with the Poor: Principles and Practices of Transformational Development* (Maryknoll, NY: Orbis Books, 1999), 179.
63. Tara Bryant, «Broken but Beautiful», *Mandate*, Chalmers Center for Economic Development, 2007, n.º 1, disponible en www.chalmers.org.

Capítulo 6: El «McDesarrollo»: más de dos mil quinientos millones de personas mal atendidas

64. Roland Bunch, *Two Ears of Corn: A Guide to People-Centered Agricultural Improvement* [Dos mazorcas de maíz: Una guía para el mejoramiento agrícola orientado a la gente] (Oklahoma City, OK: World Neighbors, 1982), 18-19.
65. William Easterly, *The White Man's Burden: Why the West's Efforts to Aid the Rest Have Done So Much Ill and So Little Good* (Nueva York: The Penguin Press, 2006), 4.
66. Shaohua Chen y Martin Ravallion, «The Developing World Is Poorer Than We Thought, But No Less Successful in the Fight Against Poverty» (Washington, DC: World Bank Development Research Group, agosto de 2008), documento de trabajo sobre investigación de políticas n.º 4703, 20.
67. Anónimo, «Short-Term Missions Can Create a Long-Term Mess», *Mandate*, Chalmers Center for Economic Development, 2007, n.º 3, disponible en www.chalmers.org.
68. Lissette M. Lopez y Carol Stack, «Social Capital and the Culture of Power: Lessons from the Field», capítulo 2 en *Social Capital and Poor Communities*, editado por Susan Saegert, J. Phillip Thompson y Mark R. Warren (Nueva York: Fundación Russell Sage, 2001), 39.
69. Daniel Watson, «A Family's Journey Toward Restoration», *Mandate*, Chalmers Center for Economic Development, 2008, n.º 2, disponible en www.chalmers.org.

70. Ver, por ejemplo, Laura Hunter, «A Participatory Party in Mozambique», *Mandate*, Chalmers Center for Economic Development, 2008, n.° 2, disponible en www.chalmers.org.

Capítulo 7: Cómo abordar misiones a corto plazo sin hacer daño a largo plazo

71. Los datos de este párrafo fueron extraídos del discurso de Roger Peterson, que dio en la sesión plenaria de la conferencia *Short-Term Missions Long-Term Impact?* patrocinada por la Interdenominational Foreign Missions Association y la Sociedad Evangélica Misionológica, 28 de septiembre de 2007, Minneapolis, MN.
72. Miriam Adeney, «When the Elephant Dances, the Mouse May Die», *Short-Term Missions Today*, edición inaugural, 2000.
73. Discurso en sesión plenaria de Peterson.
74. Bryant L. Myers, *Walking with the Poor: Principles and Practices of Transformational Development* (Maryknoll, NY: Orbis Books, 1999), 65-66.
75. Adeney.
76. Anónimo, «Short-Term Missions Can Create a Long-Term Mess», *Mandate*, Chalmers Center for Economic Development, 2007, n.° 3, disponible en www.chalmers.org.
77. Discurso en sesión plenaria de Peterson.
78. Rick Johnson, «Going South of the Border, A Case Study: Understanding the Pitfalls and Proposing Healthy Guidelines», *Mission Frontiers*, enero de 2000.
79. Kurt Alan Ver Beek, «Lessons from a Sapling: Review of Research on Short-term Missions, Study Abroad and Service-Learning», ponencia en proceso (Grand Rapids, MI: Calvin College, 2006).
80. Ibíd.
81. Randy Friesen, «The Long-Term Impact of Short-Term Missions», *Evangelical Missions Quarterly*, 41(4), 2005: 448-54.

Capítulo 8: Sí, en tu propio barrio

82. Eval Press, «The New Suburban Poverty», *The Nation*, 23 de abril de 2007.
83. Alan Berube y Elizabeth Kneebone, *Two Steps Back: City and Suburban Poverty Trends 1999-2005* (Washington, DC: Brookings Institution, diciembre de 2006), Living Cities Census Series.
84. Bob Lupton, «Suburbanization of Poverty», *Urban Perspectives*, FCS Ministries, marzo de 2008, disponible en www.fcsministries.org.
85. Ibíd.

86. Harvie M. Conn, *The American City and the Evangelical Church, A Historical Overview* (Grand Rapids, MI: Baker, 1994).
87. Press, «The New Suburban Poverty», *The Nation*.
88. The Education Trust, *Funding Gaps 2006*, Washington, DC, 2006.
89. U.S. Census Bureau, *Public Education Finances: 2006*, Washington, DC, abril de 2008.
90. Ver Ruby K. Payne y Bill Ehlig, *What Every Church Member Should Know About Poverty* (Baytown, TX: RFT Publishing, 1999).
91. Ver Michael Wayne Sherraden, *Assets and the Poor: A New American Welfare Policy* (Armonk, NY: M.E. Sharpe, 1991); y Thomas M. Shapiro y Edward N. Wolff, eds., *Assets for the Poor, the Benefits of Spreading Asset Ownership* (Nueva York: Russell Sage Foundation, 2001).
92. Joint Center for Housing Studies of Harvard University, *The State of the Nation's Housing 2008* (Cambridge, MA: President and Fellows of Harvard College, 2008), 4.
93. Commonwealth Fund Commission on a High Performance Health System, *Why not the Best? Results from the National Scorecard on U.S. Health System Performance, 2008* (Nueva York: Commonwealth Fund, julio de 2008), 12.
94. Ibíd., 36.
95. Michael Rhodes, «Jobs, Money, and Jesus: The Gospel in Inner-City Memphis», *Mandate*, Chalmers Center for Economic Development, 2008, n.º 3, disponible en www.chalmers.org.
96. De la página *web* de *Jobs for Life*: www.jobsforlife.com.
97. Marsha Regenstein, Jack A. Meyer, y Jennifer Dickemper Hicks, *Job Prospects for Welfare Recipients: Employers Speak Out* (Washington, DC: Urban Institute, 1998), New Federalism Issues and Options for States, Serie A, n.º A-25, agosto.
98. Dean Foust, «Predatory Lending: Easy Money», *BusinessWeek*, 24 de abril de 2000.
99. *Predatory Payday Lending Traps Borrower* (Durham, NC: Center for Responsible Lending, 2005).
100. Danna Moore, *Survey of Financial Literacy in Washington State: Knowledge, Behavior, Attitudes, and Experience* (Pullman, WA: Social and Economic Sciences Research Center of Washington State University, 2003), informe técnico n.º 03-39.
101. Bradley R. Schiller, *The Economics of Poverty and Discrimination*, 10.º ed. (Upper Saddle River, NJ: Pearson Education, 2008), 291.

102. Steve Holt, *The Earned Income Tax Credit at Age 30: What We Know* (Washington DC: Brookings Institution, 2006), Metropolitan Policy Program, Research Brief, febrero.
103. Ibíd., 11.
104. Stephan Fairfield, «A Penny Saved Is a Penny Matched», *Mandate*, Chalmers Center for Economic Development, 2008, n.° 1, disponible en www.chalmers.org.
105. Margaret Clancy, Mark Schreiner y Michael Sherraden, *Final Report: Saving Performance in the American Dream Demonstration* (St. Louis, MO: Center for Social Development, en la Universidad Washington, 2002).

Capítulo 9: Y hasta los confines de la Tierra

106. Muhammad Yunus, *Banker to the Poor: Micro-Lending and the Battle Against World Poverty* (Nueva York: Public Affairs, 1999).
107. Grameen Bank, *Grameen Bank Monthly Update*, extracto n.° 1, ejemplar n.° 345, 11 de octubre de 2008.
108. Ver la página *web*: Microcredit Summit Campaign, http://www.microcreditsummit.org.
109. Shaohua Chen y Martin Ravallion, *The Developing World Is Poorer Than We Thought, But No Less Successful in the Fight Against Poverty* (Washington D.C.: The World Bank, 2008), documento de trabajo sobre investigación de políticas 4703, 20.
110. Stuart Rutherford. *The Poor and Their Money* (Nueva Delhi: Oxford University Press, 2000).
111. Un buen recurso para aprender más es Gailyn Van Rheenen, *Communicating Christ in Animistic Contexts* (Grand Rapids, MI: Baker, 1991).
112. Para una discusión más profunda acerca de las MFI cristianas, ver David Bussau y Russell Mask, *Christian Microenterprise Development: An Introduction* (Oxford, Inglaterra: Regnum, 2003).
113. La línea de pobreza es el nivel de ingreso que divide al «pobre» del «no-pobre». La línea de pobreza internacional que generalmente se usa es un USD por día.
114. Ver Brian Fikkert, *Christian Microfinance: Which Way Now?* ponencia en proceso #205, Chalmers Center for Economic Development en Covenant College, www.chalmers.org.
115. A veces las MFI pretenden ofrecer servicios de ahorro cuando en realidad lo que requieren a los que soliciten los préstamos pongan dinero como a depósito con la MFI como garantía de los mismos. Estos «aho-

rros» normalmente no son accesibles para los clientes de la MFI hasta que sus préstamos sean pagados haciendo que este dinero sea inútil para auxilio en casos de emergencia.

116. Martin Ravallion, Shaohua Chen y Prem Sangraula, *New Evidence on the Urbanization of Global Poverty* (Washington, DC: World Bank, 2007), documento de trabajo sobre investigación de políticas 4199.
117. Brian Fikkert, «Fostering Informal Savings and Credit Associations», *Attacking Poverty in the Developing World: Christian Practitioners and Academics in Collaboration*, editado por Judith M. Dean, Julie Schaffner y Stephen L. S. Smith (Monrovia, CA: World Vision and Authentic Media, 2005), capítulo 6, 77-94.
118. Ver Laura Hunter, «A Participatory Party in Mozambique», *Mandate*, Chalmers Center for Economic Development, 2008, n.° 2, disponible en www.chalmers.org.
119. Citado en David Larson, *A Leap of Faith for Church-Centered Microfinance*, ponencia en proceso n.° 204, Chalmers Center for Economic Development en Covenant College, www.chalmers.org, 10.
120. Ibíd., 13.
121. Dean Karlan y Martin Valdivia, *Teaching Entrepreneurship: Impact of Business Training on Microfinance Clients and Institutions*, ponencia en proceso en el Departamento de Economía, Universidad de Yale, octubre de 2008; Jennefer Sebatad y Monique Cohen, *Financial Education for the Poor*, Financial Literacy Project, ponencia en proceso, n.° 1, Microfinance Opportunities, abril de 2003; Bobbi Gray, Benjamin Crookston, Natalie de la Cruz y Natasha Ivans, *Microfinance Against Malaria: Impact of Freedom from Hunger's Malaria Education when Delivered by Rural Banks in Ghana*, trabajo de investigación n.° 8, Freedom from Hunger, enero de 2007.
122. Ver Tetsuanao Yamamori y Kenneth A. Eldred, eds., *On Kingdom Business: Transforming Missions Through Entrepreneurial Strategies* (Wheaton, IL: Crossway: 2003); Steve Rundle y Tom Steffen, *Great Commission Companies* (Downers Grove, IL: InterVarsity, 2003).
123. Formación disponible en múltiples formatos en el Chalmers Center for Economic Development (www.chalmers.org). Contacta a Chalmers si quieres apoyar la formación de misioneros e iglesias autóctonas.
124. El Chalmers Center Global Fellowship of Trainers tiene un programa que prepara y equipa a gente para convertirse en capacitador de capacitadores. Encuentra más información en www.chalmers.org.

Capítulo 10: Perdone, ¿tiene algo de cambio?

125. Scott C. Miller, *Until It's Gone: Ending Poverty In Our Nation, In Our Lifetime* (Highlands, TX: aha! Process, Inc. 2008), 19-20.
126. Desafortunadamente, muchas iglesias necesitan reconsiderar el alcance de sus propias culturas —actitudes, estilos de orar, de vestir, lenguaje, normas y composición racial— que las hacen muchas veces inaccesibles a los pobres.
127. En la red Faith and Service Technical Assistance Network, se pueden encontrar muchos recursos útiles en inglés. En particular, ver *Mentoring Programs Toolkit: Equipping Your Organization for Effective Outreach*, disponible en http://*www.urbanministry.org/wiki/mentoring-programs toolkit-equipping-your-organization-effective-outreach*.
128. Miller, *Until It's Gone*.
129. Ver Mike Green con Henry Moore y John O'Brien, *When People Care Enough to Act: ABCD in Action* (Toronto, Canadá: Inclusion Press, 2006), 44-53.
130. Amy L. Sherman, *Establishing a Church-based Welfare-to-Work Mentoring Ministry: A Practical "How-To" Manual* (Washington DC: Hudson Institute, 2000).
131. Amy L. Sherman, *The ABCs of Community Ministry: A Curriculum for Congregations* (Washington DC: Hudson Institute, 2001).
132. Cathy Ludlum, *One Candle Power: Seven Principles that Enhance Lives of People with Disabilities and Their Communities* (Toronto, Canadá: Inclusion Press International, 2002).
133. Mary A. Falvey, Marsha Forest, Jack Pearpoint y Richard L. Rosenberg, *All My Life's a Circle, Using the Tools: Circles, MAPS & PATHS*, 2.ª edición (Toronto, Canadá: Inclusion Press International, 2003).
134. Esta sección recurre considerablemente a Roland Bunch, *Two Ears of Corn: A Guide to People-Centered Agricultural Improvement* [Dos mazorcas de maíz: Una guía para el mejoramiento agrícola orientado a la gente]. (Oklahoma City, OK: World Neighbors, 1982), 21-36.
135. Ver por ejemplo, Craig Blomberg, *Neither Poverty Nor Riches: A Biblical Theology of Material Possessions* (Grand Rapids, MI: Eerdmans, 1999).
136. Para ver una discusión de la importancia de interpretar los textos individuales sin sacarlos del contexto general narrativo de la Biblia, ver Dan McCartney y Charles Clayton, *Let the Reader Understand: A Guide to Interpreting and Applying the Bible*. (Phillipsburg, NJ: Presbyterian and Reformed Publishers, 2002).
137. Blomberg, *Neither Poverty Nor Riches*, 209.

Capítulo 11: ¡En sus marcas, listos, ya!

138. Heidi Unruh, *Ministry Inventory Guide: Assess Your Chuch's Ministry Capacity and Identity*, del Congregations, Community Outreach, and Leadership Development Project, 2007, disponible en: http://www.urbansermons.org/f/ministry-inventory-guide-assess-your-churchs-ministry-capacity-and-identity.
139. En particular, ver Nicol Turner, John L. McKnight y John P. Kretzmann, *A Guide to Mapping and Mobilizing the Associations in Local Neighborhoods* (Evanston, IL: The Asset-Based Community Development Institute at Northwestern University, 1999). Ver capítulos 1-2.
140. Diaconal Ministries Canada, *Guidelines for Benevolence*. (Burlington, Canadá: Diaconal Ministries Canada), disponible en www.diaconalministries.com/resources/pguidelines.html.
141. En particular, ver Nicol Turner, et. al., *A Guide to Mapping...*, capítulos 3-4.
142. Robert D. Lupton, *Compassion, Justice, and the Christian Life: Rethinking Ministry to the Poor* (Ventura, CA: Regal Books, 2007), 104-09.
143. Algunos lectores pueden reconocer este idea de las «esferas de soberanía», desarrollada por Abraham Kuyper.
144. Para una discusión más amplia de este punto, ver Tim Keller, «The Gospel of the Poor», *Themelios*, diciembre de 2008, 33 (2).
145. Esta historia está adaptada de Brian Fikkert, «Proverbs 31 Women in Tribal Dress», *Mandate*, Chalmers Center for Economic Development, 2007, n.º 2.
146. Los lectores que estén interesados pueden leer más sobre este increíble ministerio de Roy Mersland, «Innovations in Savings and Credit Groups—Evidence from Kenya», *Small Enterprise Development*, vol. 18, n.º 1, marzo de 2007, 50-56.
147. Todos estos principios se pueden ver en inglés en Chalmers Center's ASSET (Advancing Stewardship, Social Enterprise, and Training) Program. Para más información, www.chalmers.org.
148. Werner Mischke, ed., *The Beauty of Partnership Study Guide* (Scottsdale, AZ: Mission One, 2010), disponible en www.beautyofpartnership.org.
149. Para ver más sobre este tema, ver Robert Chambers, *Whose Reality Counts? Putting the Last First.* (Londres: Intermediate Technology Publications, 1997), 154-56.
150. Francis Njoroge, Tulo Raistrick, Bill Crooks y Jackie Mouradian, *Umoja: Transforming Communities Facilitator's Guide and Co-ordinator's Guide* (Teddington, Reino Unido: Tearfund, 2011), disponible en http://tilz.tearfund.org/Churches/Umoja.

151. Bérengère de Negri, Elizabeth Thomas, Aloys Ilinigumugabo, Ityai Muvandi y Gary Lewis, *Empowering Communities Participatory Techniques For Community-Based Programme Development, volúmenes 1 y 2, Trainer's Handbook and Participant's Manual* (Nairobi, Kenia: The Centre for African Family Studies en colaboración con The Johns Hopkins University Center for Communication Programs y el Academy for Educational Development), 1998, disponible en http://pcs.aed.org/empowering.
152. Ver Mersland, «Innovations in Savings and Credit Groups—Evidence from Kenya».
153. El Chalmers Center for Economic Development está poniendo en práctica un modelo similar en África occidental, aunque con algunas importantes modificaciones, así como en su programa ASSET (Advancing Stewardship, Social Enterprise, and Training). Ver www.chalmers.org para más información en inglés.
154. Ver Francis Njoroge, et. al, *Umoja*. Los pasos 2-5 en esta guía son particularmente importantes para guiar el proceso de organización de la comunidad. Se pueden encontrar herramientas PLA adicionales que pueden ser útiles en Jules N. Pretty, et al., *Participatory Learning and Action: A Trainer's Guide*.

Unas palabras finales: el paso más importante

155. Timothy Keller, *The Prodigal God: Recovering the Heart of the Christian Faith* (Nueva York: Dutton, 2008), 104.
156. Ibíd., 107, 132-3.

Apéndice: El proceso de organización de la comunidad

157. Esta sección se basa en Mike Green con Henry Moore y John O'Brien, *When People Care Enough to Act: ABCD in Action* (Toronto, Canadá: Inclusion Press, 2006).
158. Ibíd., 96-100 trata las cualidades de un buen organizador de comunidad.
159. Ibíd., 102-04 describe los elementos clave que se deben tomar en cuenta en las conversaciones con los miembros de las comunidades, y provee ejemplos.

Equipa tu iglesia para ayudar sin hacer daño.

Aplica los principios de *Cuando Ayudar Hace Daño* con recursos y herramientas del Centro Chalmers. Si usted está en los EE.UU. o América Latina, usted puede aprender acerca de cómo su iglesia puede caminar al lado de las personas que son pobres.

The Chalmers Center

Visite chalmers.org/comoayudar

www.ingramcontent.com/pod-product-compliance
Lightning Source LLC
Chambersburg PA
CBHW011340090426
42744CB00014B/1981